U0718445

国家社科基金重大招标项目"中国共产党百年奋斗中坚持敢于斗争经验研究"
（项目编号：22ZDA015）阶段性成果

读懂伟大斗争

张　浩 ◎ 著

人民日报出版社

北京

图书在版编目（CIP）数据

读懂伟大斗争 / 张浩著 . -- 北京：人民日报出版社 , 2024.9. -- ISBN 978-7-5115-8460-1

Ⅰ . D23

中国国家版本馆 CIP 数据核字第 2024D824D0 号

书　　名：读懂伟大斗争
　　　　　 DUDONG WEIDA DOUZHENG
著　　者：张　浩

出 版 人：刘华新
策 划 人：欧阳辉
责任编辑：毕春月　刘思捷
装帧设计：新成博创 XIN CHENG BO CHUANG

出版发行：人民日报出版社
社　　址：北京金台西路 2 号
邮政编码：100733
发行热线：（010）65369509　65369527　65369846　65363528
邮购热线：（010）65363531　65363527
编辑热线：（010）65369521
网　　址：www.peopledailypress.com
经　　销：新华书店
印　　刷：大厂回族自治县彩虹印刷有限公司
法律顾问：北京科宇律师事务所　（010）83622312

开　　本：710mm×1000mm　　1/16
字　　数：242 千字
印　　张：16.5
版次印次：2024 年 9 月第 1 版　2024 年 9 月第 1 次印刷

书　　号：ISBN 978-7-5115-8460-1
定　　价：58.00 元

目 录

导　论

第一章　为人类解放而斗争

第一节　马克思主义是在斗争中前进的理论 / 013
一、在与青年黑格尔派的斗争中创立唯物史观 …………013
二、在对蒲鲁东的价值理论批判中揭示剩余价值的来源 …016
三、在同形形色色的机会主义的斗争中发展科学社会主义 …019

第二节　为实现崇高理想而斗争 / 022
一、为人类求解放 …………023
二、为推翻旧世界、建立新世界而不息战斗 …………024

第三节　依靠人民群众进行伟大斗争 / 027
一、群众史观明确人民群众是进行伟大斗争的主体力量 …027
二、依靠群众是伟大斗争取得胜利的根本保证 …………028
三、动员群众是伟大斗争取得胜利的实践要求 …………030

第四节　只有无产阶级政党才能领导伟大斗争 / 031
一、无产阶级必须建立自己独立的革命政党才能领导伟大斗争 ……032

二、无产阶级政党的先进性决定了它能领导伟大斗争 …………033
　　三、无产阶级政党必须保持团结统一才能领导开展伟大斗争 ………034

第五节　结合实际采取合适斗争方式 / 036
　　一、实行暴力革命 …………036
　　二、进行合法斗争 …………037
　　三、从事生产斗争 …………038
　　四、开展科学实验 …………039

第二章　在全体人民面前高举斗争旗帜

第一节　为捍卫马克思主义进行斗争 / 042
　　一、批判俄国自由主义民粹派 …………043
　　二、批判"合法马克思主义" …………044
　　三、批判伯恩施坦修正主义 …………045
　　四、批判经济派 …………047
　　五、批驳马赫主义 …………048

第二节　为夺取政权和捍卫政权而斗争 / 049
　　一、关于俄国革命的理论斗争 …………050
　　二、领导指挥十月革命 …………051
　　三、捍卫新生的苏维埃政权 …………053
　　四、在理论上为十月革命和苏维埃辩护 …………054

第三节　依靠人民群众进行斗争 / 055
　　一、深刻论述党和人民群众的关系 …………056
　　二、依靠人民群众发动革命 …………057
　　三、依靠人民群众捍卫政权 …………058

目录

第四节　组织政党进行斗争 / 059
　　一、第二国际时期关于无产阶级建党的争论 …………………060
　　二、无产阶级要赢得斗争就必须组建马克思主义政党 ………061
　　三、必须在斗争中加强党的建设 ………………………………065

第五节　根据形势发展采取合适的斗争方式 / 067
　　一、关于无产阶级应该采取何种斗争方式的争论 ……………068
　　二、列宁在斗争实践中对各种斗争方式的灵活运用 …………069
　　三、原则与策略的有机统一体现了列宁高超的斗争艺术 ……071

第三章　为着一个光明的中国而斗争

第一节　要革命就必须有一个革命的党 / 075
　　一、推进马克思主义中国化为伟大斗争提供强大思想武器 …076
　　二、制定正确的纲领和路线为伟大斗争指明前进方向 ………078
　　三、同党内"左"和右的错误倾向进行坚决斗争 ……………081

第二节　人民群众是真正的铜墙铁壁 / 084
　　一、为了人民进行斗争 …………………………………………085
　　二、兵民是胜利之本 ……………………………………………087
　　三、群众路线是克敌制胜的重要法宝 …………………………090

第三节　正确的战略策略是赢得伟大斗争的重要保证 / 093
　　一、注重斗争的战略问题 ………………………………………093
　　二、政策和策略是党的生命 ……………………………………097

第四节　以坚定斗争意志在不同领域进行不同形式的伟大斗争 / 100
　　一、枪杆子里面出政权 …………………………………………100
　　二、必须准备进行同过去时代的斗争形式有着许多不同特点的
　　　　伟大斗争 ……………………………………………………106

三、一切反动派都是纸老虎 …………………………………………109

第四章 改革是中国的第二次革命

第一节 改革开放也是一场革命，要杀出一条血路 / 116
一、不改革开放，只能是死路一条 …………………………………117
二、把改革当作一种革命 ……………………………………………120
三、大胆地试，大胆地闯 ……………………………………………122

第二节 与思想政治领域一些不良倾向及腐败现象作斗争 / 125
一、反对资产阶级自由化 ……………………………………………125
二、要警惕右，但主要是防止"左" …………………………………128
三、深入开展反腐败斗争 ……………………………………………131

第三节 与来自外部的风险挑战进行斗争 / 134
一、同霸权主义作斗争 ………………………………………………135
二、中英就香港问题的谈判斗争 ……………………………………138
三、开展防止和平演变的斗争 ………………………………………142

第四节 高超斗争智慧的充分彰显 / 146
一、解放思想与实事求是相统一 ……………………………………146
二、坚持原则与务实灵活相统一 ……………………………………148
三、胆子要大与步子要稳相统一 ……………………………………150

第五章 必须经得起改革开放和执政的考验

第一节 捍卫中国特色社会主义的伟大斗争 / 153
一、捍卫中国特色社会主义的时代背景 ……………………………154
二、捍卫中国特色社会主义的斗争实践 ……………………………155
三、捍卫中国特色社会主义的斗争经验 ……………………………158

第二节　建立社会主义市场经济体制的伟大斗争 / 159

　　一、建立社会主义市场经济体制的时代背景 …………………160

　　二、建立社会主义市场经济体制的斗争实践 …………………161

　　三、建立社会主义市场经济体制的斗争经验 …………………165

第三节　贯彻执政为民理念的伟大斗争 / 166

　　一、贯彻执政为民理念的时代背景 ……………………………167

　　二、贯彻执政为民理念的斗争实践 ……………………………168

　　三、贯彻执政为民理念的斗争经验 ……………………………169

第四节　应对风险考验的伟大斗争 / 170

　　一、应对风险考验的时代背景 …………………………………171

　　二、应对风险考验的斗争实践 …………………………………171

　　三、应对风险考验的斗争经验 …………………………………175

第五节　深入推进反腐败的伟大斗争 / 176

　　一、深入推进反腐败斗争的时代背景 …………………………177

　　二、深入推进反腐败斗争的具体实践 …………………………178

　　三、深入推进反腐败斗争的主要经验 …………………………180

第六章　坚决破除一切妨碍科学发展的思想观念和体制机制弊端

第一节　必须加快转变经济发展方式 / 183

　　一、科学发展是解决我国所有问题的关键 ……………………183

　　二、转变经济发展方式是党在经济发展领域的一场伟大斗争 ………185

　　三、在新的历史条件下加快转变经济发展方式 ………………186

第二节　努力构建社会主义和谐社会 / 188

　　一、社会和谐是中国特色社会主义的本质属性 ………………189

　　二、构建社会主义和谐社会是新形势下开展伟大斗争的必然选择 …190

三、构建社会主义和谐社会必须继续发扬伟大斗争精神 …… 191

第三节　紧紧依靠人民群众 / 193
　　一、人民拥护是党执政最牢固的政治基础 …… 194
　　二、紧紧依靠人民群众贯彻以人为本的科学发展观 …… 196
　　三、群众拥护是开展伟大斗争的力量源泉 …… 198

第四节　积极防范风险 / 200
　　一、新形势下风险挑战更加严峻 …… 200
　　二、妥善应对风险挑战是加强党的执政能力建设的重要内容 …… 202
　　三、积极防范风险挑战是新形势下开展伟大斗争的题中之义 …… 204

第五节　深入开展反腐败斗争 / 207
　　一、反腐败关系人心向背和党的生死存亡 …… 208
　　二、构建科学严密完备管用的反腐倡廉制度体系 …… 209
　　三、在伟大斗争中开创反腐败新局面 …… 211

第七章　依靠顽强斗争打开事业新天地

第一节　进行伟大斗争是实现中华民族伟大复兴之路上的必修课 / 214
　　一、应对百年未有之大变局必须进行伟大斗争 …… 214
　　二、实现中华民族伟大复兴必须进行伟大斗争 …… 215
　　三、加强新时代党的建设必须进行伟大斗争 …… 216

第二节　坚持以人民为中心推进伟大斗争 / 217
　　一、为了造福人民进行伟大斗争 …… 218
　　二、紧紧依靠人民进行伟大斗争 …… 219

第三节　锻造敢于斗争、敢于胜利的伟大政党 / 220
　　一、中国共产党组织和领导人民进行伟大斗争的历史必然 …… 220
　　二、中国共产党组织和领导人民进行伟大斗争的坚实基础 …… 221

三、中国共产党组织和领导人民进行伟大斗争的经验总结 …………223

第四节 积极推进不同领域的伟大斗争 / 225
    一、在经济领域进行伟大斗争 …………………………………225
    二、在文化领域进行伟大斗争 …………………………………227
    三、在社会领域进行伟大斗争 …………………………………229
    四、在生态文明建设领域进行伟大斗争 ………………………230
    五、在军队建设领域进行伟大斗争 ……………………………232
    六、在外交工作领域进行伟大斗争 ……………………………233
    七、在党的建设领域进行伟大斗争 ……………………………234

第五节 务必敢于斗争、善于斗争 / 236
    一、发扬斗争精神 ………………………………………………237
    二、掌握斗争策略 ………………………………………………239
    三、增强斗争本领 ………………………………………………241

结　语

后　记

导 论

"发展中国特色社会主义是一项长期的艰巨的历史任务，必须准备进行具有许多新的历史特点的伟大斗争。"① 这是党的十八大报告提出的一个重要论断。习近平总书记曾经谈到，这句话是他在主持起草工作时就主张要写上去的："这句话含义很深，特别是强调了要注意我们这个时代的新的历史特点，这里面就有我们要面对的机遇和挑战。"② 2019 年 9 月 3 日，在中央党校（国家行政学院）秋季学期中青年干部培训班开班式上，习近平总书记在讲话中 56 次提到"斗争"一词。在党的二十大报告中，习近平总书记在开篇就强调"务必敢于斗争、善于斗争"，要"依靠顽强斗争打开事业发展新天地"。在战争的硝烟已经远远散去、人民安居乐业的和平年代，为什么还要如此强调继续进行伟大斗争？

在马克思主义语境中，"斗争"一词侧重于指向现存世界的革命化，既包括行为上的揭露、批判、克服、打击等，也包括精神上的奋斗意志。斗争本身源自矛盾的普遍存在，矛盾不灭，斗争永远不会停止。马克思主义认为，矛盾是事物联系的实质内容和事物发展的根本动力，矛盾无时不在、无处不有，社

---

① 《十八大以来重要文献选编》上，中央文献出版社 2011 年版，第 11 页。
② 《习近平著作选读》第 1 卷，人民出版社 2023 年版，第 140 页。

读懂伟大斗争

会是在矛盾运动中前进的，有矛盾就会有斗争。敢于斗争、善于斗争，体现马克思主义的立场观点方法，体现马克思主义唯物辩证法的实践要求。马克思主义政党只有深刻认识和准确把握社会矛盾运动规律，敢于斗争、善于斗争，才能在斗争中牢牢把握历史主动，不断发展自己、壮大自己，推动事业发展和社会进步，完成自身历史使命。坚持敢于斗争、善于斗争，是马克思主义政党坚持以马克思主义为指导的内在要求，也是马克思主义政党应有的政治品质。

马克思主义是指导斗争的思想武器。马克思指出："批判的武器当然不能代替武器的批判，物质力量只能用物质力量来摧毁；但是理论一经掌握群众，也会变成物质力量。"[1]《共产党宣言》就是一部斗争的宣言书，全文共32处用到"斗争"一词，充满斗争精神。比如，"至今一切社会的历史都是阶级斗争的历史""而一切阶级斗争都是政治斗争""共产党人为工人阶级的最近的目的和利益而斗争，但是他们在当前的运动中同时代表运动的未来"。恩格斯也指出："谁要是像马克思和我那样，一生中对冒牌社会主义者所作的斗争比对其他任何人所作的斗争都多（因为我们把资产阶级只当做一个阶级来看待，几乎从来没有去和资产者个人交锋），那他对爆发不可避免的斗争也就不会感到十分烦恼了。"[2]列宁同样多次在其著作中提到"斗争"，他指出："社会主义只有同资本主义作斗争才能发展。世界上还没有一个不经过斗争就自动下台的统治阶级。"[3]正是在马克思主义斗争理论的指引下，巴黎公社吹响了无产阶级革命的号角，苏联、东欧开展了社会主义建设的探索实践。可以说，一部马克思主义发展史，也是马克思主义者进行不懈斗争的历史。

十月革命一声炮响，给中国送来了马克思列宁主义。在历史大潮中，应运而生的中国共产党充分认识并深刻总结了不同时代背景下所面临的历史问题与社会矛盾，通过长期艰苦卓绝的斗争，中华民族迎来了从站起来、富起来到

---

[1]《马克思恩格斯选集》第1卷，人民出版社2012年版，第9页。
[2]《马克思恩格斯选集》第4卷，人民出版社2012年版，第554页。
[3]《列宁全集》第35卷，人民出版社2017年版，第371页。

导 论

强起来的伟大飞跃。革命战争年代，面对残酷的斗争环境，毛泽东提出"枪杆子里面出政权"的重要论断。新中国成立后，随着党所处历史方位的变化，毛泽东明确指出："从现在起，五十年内外到一百年内外，是世界上社会制度彻底变化的伟大时代，是一个翻天覆地的时代，是过去任何一个历史时代都不能比拟的。处在这样一个时代，我们必须准备进行同过去时代的斗争形式有着许多不同特点的伟大的斗争。"① 面对改革开放后的新形势，邓小平指出："我们的生产力发展水平很低，远远不能满足人民和国家的需要，这就是我们目前时期的主要矛盾，解决这个主要矛盾就是我们的中心任务。"② 他还强调："社会主义社会目前和今后的阶级斗争，显然不同于过去历史上阶级社会的阶级斗争，这也是客观的事实，我们不能否认，否认了也要犯严重的错误。"③ 由此可见，我们党关于伟大斗争的重要论述一以贯之。

中国共产党在内忧外患中诞生、在历经磨难中成长、在攻坚克难中壮大，锤炼了不畏强敌、不惧风险、敢于斗争、勇于胜利的风骨和品质。这是中国共产党最鲜明的特质和特点。无论弱小还是强大，无论顺境还是逆境，我们党都初心不改、矢志不渝，团结带领人民历经千难万险、付出巨大牺牲，攻克了一个又一个看似不可攻克的难关，创造了一个又一个彪炳史册的人间奇迹。新民主主义革命时期，我们党团结带领人民以武装的革命反对武装的反革命，推翻帝国主义、封建主义、官僚资本主义三座大山，创造了新民主主义革命的伟大成就，建立了人民当家作主的中华人民共和国，为实现中华民族伟大复兴创造了根本社会条件。社会主义革命和建设时期，我们党团结带领人民，消灭在中国延续几千年的封建剥削压迫制度，确立社会主义基本制度，推进社会主义建设，战胜帝国主义、霸权主义的颠覆破坏和武装挑衅，创造了社会主义革命和建设的伟大成就，为实现中华民族伟大复兴奠定了根本政治前提和制度基础。

---

① 《毛泽东文集》第8卷，人民出版社1999年版，第302页。
② 《邓小平文选》第2卷，人民出版社1994年版，第182页。
③ 《邓小平文选》第2卷，人民出版社1994年版，第182页。

改革开放和社会主义现代化建设新时期，我们党确立在社会主义初级阶段的基本路线，团结带领人民坚定不移推进改革开放，战胜来自各方面的风险挑战，开创、坚持、捍卫、发展中国特色社会主义，创造了改革开放和社会主义现代化建设的伟大成就，为实现中华民族伟大复兴提供了充满新的活力的体制保证和快速发展的物质条件。中国特色社会主义进入新时代，以习近平同志为核心的党中央坚持和加强党的全面领导，团结带领人民统筹推进"五位一体"总体布局、协调推进"四个全面"战略布局，坚持和完善中国特色社会主义制度、推进国家治理体系和治理能力现代化，坚持依规治党、形成比较完善的党内法规体系，战胜一系列重大风险挑战，创造了新时代中国特色社会主义的伟大成就，为实现中华民族伟大复兴提供了更为完善的制制保证、更为坚实的物质基础、更为主动的精神力量。总之，中国共产党是敢于并善于领导人民百折不挠开展斗争并在斗争中不断取得胜利的党，中国共产党的历史，就是一部伟大斗争史。

我们党依靠斗争走到今天，也必然要依靠斗争赢得未来。当前，我们已经实现第一个百年奋斗目标，正朝着第二个百年奋斗目标胜利进军。我们前所未有地靠近世界舞台中央，前所未有地接近实现中华民族伟大复兴的目标，前所未有地具有实现这个目标的能力和信心。行百里者半九十，越是接近伟大目标，越要发扬斗争精神，增强斗争本领，敢于进行具有许多新的历史特点的伟大斗争，争取伟大斗争的胜利。

首先，伟大斗争是由我们要进行的伟大事业决定的。越是伟大的事业，往往越充满艰难险阻，越需要进行艰苦卓绝的斗争。我们正在进行的中国特色社会主义事业，是前无古人的开创性事业，前进道路不可能一帆风顺，必须准备进行具有许多新的历史特点的伟大斗争。中国特色社会主义事业是向着共产主义远大目标奋斗的事业，在这一过程中，要克服各种难以想象的困难，既要与传统的落后观念和因素进行斗争，也要与腐朽的资产阶级观念和因素进行斗争，更要与存在于党内的各种腐败分子进行斗争。习近平总书记指出："我们

导　论

要永远保持清醒头脑，继续发扬筚路蓝缕、以启山林那么一种精神，继续保持空谈误国、实干兴邦那么一种警醒，敢于战胜前进道路上的一切困难和挑战，使中国特色社会主义道路始终成为中华民族创造辉煌的必由之路，始终成为中华民族实现伟大复兴的必由之路，始终成为中华民族为人类作出新的更大贡献的必由之路。"①

其次，伟大斗争是由我们要实现的宏伟目标决定的。中华民族有着5000多年的悠久历史和辉煌文明，为人类文明进步作出了卓越贡献。但是，近代以后，由于西方列强入侵和封建统治腐败，中国逐步成为半殖民地半封建社会，中华民族遭受了前所未有的劫难。此时期，中华民族面临着双重历史任务，一个是求得民族独立和人民解放，另一个是谋求国家繁荣富强和人民幸福。为了民族复兴的伟大梦想，无数仁人志士和革命先烈前仆后继，进行了可歌可泣、不屈不挠的斗争，但都以失败告终。中国先进知识分子从马克思列宁主义的科学真理中看到了解决中国问题的出路。在马克思列宁主义同中国工人运动相结合的过程中，1921年7月，中国共产党应运而生。从此，中国人民谋求民族独立、人民解放和国家富强、人民幸福的斗争就有了主心骨。中国共产党一经成立，就把实现共产主义作为党的最高理想和最终目标，义无反顾肩负起实现中华民族伟大复兴的历史使命，团结带领人民进行了艰苦卓绝的斗争，谱写了气吞山河的壮丽史诗。100多年来，中国共产党团结带领中国人民进行的一切奋斗、一切牺牲、一切创造，归结起来就是一个主题：实现中华民族伟大复兴。中国特色社会主义进入新时代，意味着近代以后久经磨难的中华民族迎来了从站起来、富起来到强起来的伟大飞跃，迎来了实现中华民族伟大复兴的光明前景。今天，我们比历史上任何时期都更接近、更有信心和能力实现中华民族伟大复兴的目标。同时要看到，越接近目标，面临的风险就越大，遇到的问题就越复杂，斗争的尖锐性就越强。习近平总书记反复强调，中华民族伟大复

---

① 习近平：《在2015年春节团拜会上的讲话》，《人民日报》2015年2月18日第2版。

兴不是轻轻松松、敲锣打鼓就能实现的，必须勇于进行具有许多新的历史特点的伟大斗争，准备付出更为艰巨、更为艰苦的努力。

再次，伟大斗争是由我们要应对的巨大挑战决定的。当前和今后一个时期，我国发展进入各种风险挑战不断积累甚至集中显露的时期，遇到的阻力和压力会更大，面临的外部风险会更多，同各种敌对势力的斗争会更激烈。如果没有强烈的问题意识，就不能有效破解改革和发展过程中的各种难题，中国特色社会主义事业就难以推进。人到半山、船到中流，愈进愈难、愈进愈险，唯有站在时代前沿和战略全局的高度，对潜在的风险作出科学预判，知道风险在哪里、表现形式是什么、发展趋势会怎样，才能做到在各种重大斗争考验面前"任凭风浪起，稳坐钓鱼船"。因此，我们党要团结带领人民有效应对重大挑战、抵御重大风险、克服重大阻力、解决重大矛盾，进行具有许多新的历史特点的伟大斗争，任何贪图享受、消极懈怠、回避矛盾的思想和行为都是错误的。全党要充分认识新时代伟大斗争的长期性、复杂性、艰巨性，发扬斗争精神，提高斗争本领，不断夺取伟大斗争新胜利。

党在不同历史阶段进行的斗争，因所处时代不同，面临的历史任务不同，需要解决的主要矛盾不同，斗争内容和形式呈现出阶段性特征，斗争也必然具有不同的历史特点。新民主主义革命时期，由于帝国主义和中华民族、封建主义和人民大众之间的社会主要矛盾是敌我之间的阶级矛盾，斗争也就只能是血与火的你死我活的斗争；社会主义革命和建设时期，社会主义基本制度的确立使阶级之间的敌我矛盾得到解决，"国内主要的阶级斗争已经基本上结束"[①]，"团结—批评—团结"成为解决人民内部矛盾最主要的办法；改革开放和社会主义现代化建设新时期，人民日益增长的物质文化需要同落后的社会生产之间的矛盾成为社会主要矛盾，解放生产力、发展生产力就成为所有斗争中最重要的内容；中国特色社会主义进入新时代，社会主要矛盾转化为人民日益增长的

---

① 《建国以来重要文献选编》第 10 册，中央文献出版社 2011 年版，第 202 页。

导 论

美好生活需要和不平衡不充分的发展之间的矛盾，中华民族伟大复兴进入不可逆转的历史进程，新时代伟大斗争具有了不同于以往的时代特点。

对于新时代伟大斗争的特点，可以从以下几个方面来把握。

首先，从主体特征看。其一，党在新时代进行的伟大斗争是目的和方向相统一的斗争。习近平总书记强调："共产党人的斗争是有方向、有立场、有原则的，大方向就是坚持中国共产党领导和我国社会主义制度不动摇。"① 方向引领行动，策略决定成败。坚持中国共产党人的斗争方向，就是坚持以人民为中心的根本立场，坚持中国共产党是中国特色社会主义事业的领导核心，坚持马克思主义的指导思想，坚持中国特色社会主义的基本方向。人民是历史的创造者，党的力量在人民，根基在人民，血脉在人民。习近平总书记指出："为什么人的问题，是检验一个政党、一个政权性质的试金石。带领人民创造美好生活，是我们党始终不渝的奋斗目标。"② 要赢得新时代具有许多新的历史特点的伟大斗争，就必须毫不动摇地坚持为人民服务的政治立场，始终把人民利益摆在至高无上的地位。其二，党在新时代进行的伟大斗争是意志和精神相统一的斗争。主体在斗争实践中处于能动的地位，主体的斗争意志和斗争精神在新时代伟大斗争中发挥了尤为重要的作用。坚定的理想信念是斗争意志中最核心的部分，不仅为斗争胜利提供思想源泉和精神动力，而且构成斗争精神的核心内容。敢于斗争、敢于胜利，体现了斗争精神的内在要求。在习近平新时代中国特色社会主义思想的指导下，广大党员干部把初心使命转化为锐意进取、开拓创新的精气神和埋头苦干、真抓实干的实践，始终把党的原则、党的事业和人民利益放在第一位，在大是大非面前敢于较真碰硬、针锋相对、寸步不让，体现了坚韧不拔的斗争意志和不屈不挠的斗争精神。其三，党在新时代进行的伟大斗争是使命和任务相统一的斗争。中国共产党是使命型政党，在百余

---

① 《习近平著作选读》第 2 卷，人民出版社 2023 年版，第 258 页。
② 《习近平著作选读》第 2 卷，人民出版社 2023 年版，第 37 页。

读懂伟大斗争

年革命、建设和改革的历史进程中,始终牢记伟大历史使命和宏伟建设蓝图。党的十八大以来,中国特色社会主义进入新时代。党面临的主要任务是实现第一个百年奋斗目标,开启实现第二个百年奋斗目标新征程,朝着实现中华民族伟大复兴的宏伟目标继续前进。以习近平同志为核心的党中央,以伟大的历史主动精神、巨大的政治勇气、强烈的责任担当,统筹国内国际两个大局,全面贯彻党的基本理论、基本路线、基本方略,统揽伟大斗争、伟大工程、伟大事业、伟大梦想,坚持稳中求进工作总基调,采取一系列战略性举措,推进一系列变革性实践,实现一系列突破性进展,取得一系列标志性成果,攻克了许多长期没有解决的难题,办成了许多事关长远的大事要事,推动党和国家事业取得历史性成就、发生历史性变革。

其次,从对象特征看。其一,新时代伟大斗争的对象体现着人与自身关系。党的十八大以来,中国共产党敢于坚持自我革命,始终保持从严管党治党、勇于自我革命的政治清醒和思想行动自觉,积极开展批评和自我批评,以加强党的长期执政能力建设、先进性和纯洁性建设为主线,以党的政治建设为统领,以坚定理想信念宗旨为根基,以调动全党积极性、主动性、创造性为着力点,不断提高党的建设质量,把党建设成为始终走在时代前列、人民衷心拥护、勇于自我革命、经得起各种风浪考验、朝气蓬勃的马克思主义执政党,确保党在新时代坚持和发展中国特色社会主义的历史进程中始终成为坚强领导核心。其二,新时代伟大斗争的对象体现着人与社会关系。中国共产党作为社会主义现代化建设的领导核心,肩负着以自我革命引领社会革命的历史重任。党的十八大以来,以习近平同志为核心的党中央坚持全面深化改革,全面推进经济建设、政治建设、社会建设、文化建设与生态文明建设,将新时代党的伟大斗争对象拓展至经济、政治、文化、社会、生态文明建设、国防和军队建设、港澳台工作、外交工作、党的建设等诸多方面,有效破除了利益固化的樊篱,有力推动了社会主义现代化。其三,新时代伟大斗争的对象体现着人与自然关系。人与自然是生命共同体,一部自然变迁史就是一部人类文明演化史,战胜

导 论

自然灾害和推进生态治理需要全人类的共同努力。在与自然灾害进行斗争实践的过程中，我们党团结全国各族人民，坚持以防为主、关口前移、重心下沉的基本原则，做好灾害监测预警工作，打好防范和抵御风险的有准备之战，努力把自然灾害风险和损失降至最低。与自然灾害进行的伟大斗争，是建设社会主义生态文明的重要实践。党的十八大以来，党和政府把生态环境风险纳入常态化管理，系统构建全过程、多层次生态环境风险防范体系。经过伟大斗争，生态环境在群众生活幸福指数中的占比越来越高，人民群众的生命安全和环境健康得到进一步提升。

再次，从方法特征看。其一，党在新时代进行的伟大斗争坚持马克思主义的斗争原则。新时代伟大斗争坚持遵循人类社会发展规律、共产党执政规律、社会主义建设规律，始终以坚持党的宗旨和使命为前提，始终坚持以人民为中心的发展思想，坚持全体人民共同富裕的原则，是在坚持党的领导、人民当家作主和依法治国相统一的基础上进行的伟大斗争。在进行伟大斗争的过程中，中国共产党坚持具体问题具体分析，正确区分矛盾性质，这种斗争的原则性和灵活性的结合，使伟大斗争成为推动各项事业可持续发展的不竭动力。其二，党在新时代进行的伟大斗争遵循人类社会的斗争规律。中国共产党坚持一切从实际出发，不断提高认识规律、把握规律的自觉性。例如，在经济战线的斗争方面，党中央要求立足新发展阶段，贯彻新发展理念，构建新发展格局，与不平衡不充分的发展进行斗争，推动经济高质量发展。只有在斗争过程中不断学习、积累，增强自身的斗争本领，才能取得斗争实效。其三，党在新时代进行的伟大斗争讲究具有时代特征的斗争策略。近年来，我国面临的国内外形势更为严峻复杂。为确保中华民族伟大复兴进程不被迟滞中断，中国共产党在各领域各方面的伟大斗争中始终坚持抓主要矛盾和矛盾的主要方面，坚持有理有利有节，合理选择斗争方式、把握斗争火候，在领土和主权完整、中华民族和中国人民的根本利益等原则问题上寸步不让，在各领域的斗争策略问题上灵活机动，始终根据形势需要把握时、度、效，及时调整斗争策略，以达到斗争策略

读懂伟大斗争

和斗争实效在新的历史条件下的有机统一。

总之,伟大斗争的内涵十分丰富,应对其进行多维度的分析和解读。我们要读懂伟大斗争,正确把握伟大斗争的科学内涵,全面领会伟大斗争的重大意义和鲜明特质,就必须将其放在马克思主义发展史中来理解,放在中国共产党奋斗史中来理解,放在特定的时代语境中来理解。

第一章

为人类解放而斗争

马克思主义是马克思、恩格斯在批判地继承和吸收人类关于自然科学、思维科学、社会科学优秀成果的基础上,于19世纪40年代创立,并在实践中不断丰富、发展和完善的关于如何实现人类解放的科学理论体系。马克思主义是关于全世界无产阶级和全人类彻底解放的学说,是无产阶级及其政党十分严整而彻底的世界观,是指导无产阶级进行解放运动的理论,是无产阶级根本利益的科学表现。

斗争精神是马克思主义固有的理论品格,马克思、恩格斯在创立马克思主义过程中,对"伟大斗争"进行了深入阐述。在马克思、恩格斯的论著中,"斗争"是出现频率极高的一个词。马克思第一次使用"伟大斗争"一词是在1839年《关于伊壁鸠鲁哲学的笔记》一文中,他认为,如果这个时代以伟大斗争为标志,那它是幸运的。在这里,马克思赞赏一个充满"伟大斗争"的时代,在哲学叙事中将"伟大斗争"看成一种积极的斗争态度和努力。此后,马克思、恩格斯又多次使用"伟大斗争"一词。1845年,恩格斯在《英国工人阶级状况》中指出,"罢工是工人的军事学校,他们在这里为投入已经不可避免的伟大斗争做好准备"①。在这里,"伟大斗争"指的是英国的社会战争,即无产阶级和资产阶级之间的决战,而英国的工人运动是为伟大斗争做准备。1852年,马克思在《路易·波拿巴的雾月十八日》一文中分析巴黎无产阶级的六月起义时指出,"无产阶级至少是带着进行过世界历史性的伟大斗争的光荣而失败的"②。在这里,马克思认为"伟大斗争"指无产阶级推翻旧世界、建立新世界的伟大革命,具有世界历史性。在1871年的《法兰西内战》一文中,马克思在社会更替的意义上指出,"伟大斗争"在即将诞生的新社会和即将灭亡的旧社会之间必然会出现。马克思认为,工人的革命行为即使偶尔会伴随着破坏文物现象,那也只是"正在诞生的新社会与正在崩溃的旧社会之间所进行的伟大斗争中不可避免和较为次要的伴生现象"③。可见,马克思、恩格斯将无产阶级推翻资产阶级这一世界历史性运动称为"伟大斗争"。

马克思主义不是书斋里的学问,而是为了改变人民历史命运而创立的,是在人民求解放的实践中形成的,也是在人民求解放的实践中丰富和发展的,它不但解释世界而且改变世界,充分体现了其自身的革命性和斗争性。马克思、恩格斯关于伟大斗争的思想有着丰富论述,明确无产阶级要为实现人类解放的崇高理想而进行伟大斗争,强调要依靠人民群众进行伟大斗争,指出只有无产阶级政党才能领导伟大斗争,主张结合当时中心任务和实际情况采取多种方式开展伟大斗争,这一思想集中回答了关于伟大斗争"为何目的""依靠谁""谁领导""采取何种方式"等一系列基本问题,是我们理解"伟大斗争"的理论源头。

---

① 《马克思恩格斯文集》第1卷,人民出版社2009年版,第459页。
② 《马克思恩格斯文集》第2卷,人民出版社2009年版,第478页。
③ 《马克思恩格斯文集》第3卷,人民出版社2009年版,第177页。

第一章　为人类解放而斗争

第一节　马克思主义是在斗争中前进的理论

马克思、恩格斯作为马克思主义的创始人，他们的一生是为全人类解放而艰苦斗争的一生，他们的理论更是在斗争中不断前进的理论。习近平总书记指出："马克思主义产生和发展、社会主义国家诞生和发展的历程充满着斗争的艰辛。"① 马克思、恩格斯在与青年黑格尔派的斗争中创立唯物史观，在对蒲鲁东的价值理论批判中发现剩余价值学说，在同形形色色的机会主义的斗争中发展科学社会主义。可以说，正是在与这些唯心主义哲学、一切旧唯物主义哲学、机会主义不懈斗争的过程中，马克思、恩格斯使社会主义从空想变为科学，为推动无产阶级开展伟大斗争实践提供了科学的理论武器。

一、在与青年黑格尔派的斗争中创立唯物史观

19 世纪 30 年代，黑格尔逝世，黑格尔哲学体系解体，黑格尔学派内部分裂为两个阵营，一个是老年黑格尔派，另一个是青年黑格尔派。青年黑格尔派坚持唯心主义，鼓吹英雄史观，反对哲学与革命实践活动相结合，宣扬"自我意识哲学"或"批判哲学"，试图把一切外部现实的斗争都变成纯粹思想观念的斗争，甚至将精神与物质、英雄与群众对立起来，认为人类社会的历史就是精神反对物质、英雄反对群众的历史。该学派被视为最激进的黑格尔哲学左派，代表人物有施特劳斯、鲍威尔、费尔巴哈、施蒂纳等人。马克思、恩格斯曾是青年黑格尔派，深受黑格尔哲学的影响。但是后来，他们逐渐意识到在一些重大哲学问题上同青年黑格尔派的观点存在严重的思想分歧，于是开始走上了批判黑格尔唯心主义哲学、与青年黑格尔派进行斗争的道路。

1844 年 8 月 28 日，马克思、恩格斯在巴黎法兰西剧院旁的雷让斯咖啡馆会面，这次历史性会面使两位思想巨人意识到彼此世界观和政治立场的一致

---

① 《习近平谈治国理政》第 4 卷，外文出版社 2022 年版，第 547 页。

读懂伟大斗争

性,他们从此结下了为人类解放事业共同战斗的伟大友谊,进行了长达40年的持续合作,"开始了创立唯物史观的新时期"①。他们首先进行的工作,就是与青年黑格尔派进行斗争,着手清算青年黑格尔派的唯心史观,彻底清除旧哲学的不良影响,进而创立新的科学世界观。

1844年9月至11月,马克思、恩格斯合写了第一部著作《神圣家族》,在这部论战性的著作中,他们以战斗的唯物主义者的姿态对青年黑格尔派的"自我意识哲学"和唯心史观进行了全面批判,初步阐述了唯物史观的一些基本观点。针对鲍威尔等人的"自我意识哲学",马克思以现实的果实为例,具体分析了从现实果实到果实概念的抽象思辨过程,唯物辩证地解决了思维与存在的关系问题;针对鲍威尔等人将历史的本质归结为自我意识的唯心主义观点,马克思、恩格斯指出:"历史不过是追求着自己目的的人的活动而已"②,也就是说,不是观念决定历史,而是物质生产决定历史,揭示了物质生产在历史中的决定性作用;针对青年黑格尔派"作为积极的精神的少数杰出个人与作为精神空虚的群众、作为物质的人类其余部分相对立"③的观点,马克思、恩格斯反驳说,"历史活动是群众的活动,随着历史活动的深入,必将是群众队伍的扩大"④,明确了人民群众是历史的真正主体。列宁认为,这部著作"奠定了革命唯物主义的社会主义的基础"。

就在《神圣家族》一书完稿后不久,1845年春天,马克思写了《关于费尔巴哈的提纲》这一光辉哲学文献,系统批判了费尔巴哈等人的旧唯物主义观点并阐述了辩证唯物主义新世界观。马克思认为,费尔巴哈的旧唯物主义虽然批判了唯心主义,但在人类解放的问题上,由于主张通过协调人与人之间的感情关系的办法,而不是通过社会变革和阶级斗争的方法去实现,因此它不是指

---

① 庄福龄:《简明马克思主义史》,人民出版社2004年版,第37页。
② 《马克思恩格斯文集》第1卷,人民出版社2009年版,第295页。
③ 《马克思恩格斯文集》第1卷,人民出版社2009年版,第291页。
④ 《马克思恩格斯文集》第1卷,人民出版社2009年版,第287页。

第一章　为人类解放而斗争

导工人运动的理论,不能成为无产阶级改造世界的思想武器;必须与费尔巴哈的旧唯物主义划清界限。在这部著作中,马克思第一次提出了马克思主义哲学区别于旧唯物主义的一个根本观点,就是实践的观点,认为实践是历史发展的基础,同时是哲学理论的基础,把革命实践作为马克思主义哲学的出发点和落脚点。恩格斯评价其"作为包含着新世界观的天才萌芽的第一个文件,是非常宝贵的"①,是历史唯物主义的起源。

1845年秋至1846年5月,马克思、恩格斯撰写了《德意志意识形态》,深入批评了费尔巴哈、鲍威尔和施蒂纳等人所代表的唯心史观哲学,以及当时德国流行的"真正社会主义""德国社会主义"等各种虚假的社会主义流派,系统阐述和论证了唯物史观的基本原理。该著作从批判性视角出发,强烈驳斥了青年黑格尔派颠倒的世界观,系统阐述了科学的唯物史观,实现了哲学发展史上的伟大变革。例如,马克思、恩格斯坚持用唯物史观论证研究现实的人的活动及其物质生活条件是科学历史观的前提,强调考察人类历史时要从"实际活动的人"②出发,而不是费尔巴哈所理解的抽象的"人",如果从抽象的"人"出发去考察历史,就不可能科学正确地揭示社会历史的本质和规律;马克思、恩格斯论述了个人得以全面发展的可能性,反对施蒂纳坚持"利己主义者"的"唯一性"和"独自性",认为个人只有在集体中才能获得全面发展其才能的手段,并在此基础上构想了将来的共产主义社会。马克思、恩格斯还指出,"从施特劳斯到施蒂纳的整个德国哲学批判都局限于对宗教观念的批判"③,"这些哲学家没有一个想到要提出关于德国哲学和德国现实之间的联系问题"④,揭示了青年黑格尔派在历史观上的唯心主义。同时,马克思、恩格斯在著作中明确提出了人类历史的发展过程是生产力和生产关系的矛盾运动过

---

① 《马克思恩格斯全集》第21卷,人民出版社1965年版,第412页。
② 《马克思恩格斯文集》第1卷,人民出版社2009年版,第525页。
③ 《马克思恩格斯文集》第1卷,人民出版社2009年版,第514页。
④ 《马克思恩格斯文集》第1卷,人民出版社2009年版,第516页。

程，科学预言了资本主义灭亡和共产主义胜利的历史发展必然趋势。《德意志意识形态》是马克思、恩格斯再次会面的重大理论成果，在马克思主义思想发展史上具有里程碑意义，是无产阶级科学世界观和方法论的展现。《德意志意识形态》在马克思主义哲学史上第一次对唯物史观做了经典表述，揭示了社会发展包括共产主义运动发展的一般规律，论证和发展了无产阶级的科学世界观，是科学社会主义诞生的理论基础，标志着唯物史观的创立和马克思主义哲学的成熟。

二、在对蒲鲁东的价值理论批判中揭示剩余价值的来源

蒲鲁东是法国小资产阶级的哲学家、经济学家和社会学家，是无政府主义理论的创始人。马克思、恩格斯于1842年10月第一次接触到蒲鲁东的著作，当时他们对蒲鲁东的总体评价是肯定的。马克思将蒲鲁东的著作称为"智慧的作品"，认为"他的第一部著作《什么是财产？》无疑是他最好的著作。这一著作如果不是由于内容新颖，至少是由于论述旧东西的那种新的和大胆的风格而起了划时代的作用"[1]。恩格斯也认为，蒲鲁东在揭露私有制以及这一制度造成的竞争、道德沦丧和贫困上，表现了"丰富的智慧和真正的科学研究"精神，这是他"从来没有见过的"。[2] 可以说，蒲鲁东对资产阶级私有制的批判对于马克思、恩格斯政治立场的转变，对于他们从所有制的角度来分析问题，确实产生了一定影响。

马克思于1844年7月在巴黎居住期间，开始同蒲鲁东有私人交往。他们经常会面，争论问题。1846年初，马克思、恩格斯在比利时的布鲁塞尔建立了"共产主义通讯委员会"，创立该委员会的目的是"要让德国的社会主义者同法国和英国的社会主义者建立联系，使外国人了解德国不断发展的社会主义

---

[1]《马克思恩格斯文集》第3卷，人民出版社2009年版，第16页。
[2]《马克思恩格斯全集》第3卷，人民出版社2002年版，第484页。

第一章 为人类解放而斗争

运动,并且向德国国内的德国人报道法国和英国社会主义运动的进展情况"①。1846年5月5日,马克思写信给蒲鲁东,热情邀请其担任该委员会在法国的通信人。然而,蒲鲁东在回信中并没有直接接受马克思的邀请,反而隐晦地表达了他与马克思之间的理论分歧,明确反对马克思暴力革命的做法,主张走改良道路来取得工人运动的胜利。蒲鲁东在信中还提到自己即将问世的一部著作——《贫困的哲学》。

《贫困的哲学》出版后不久,马克思用两天时间把这本书浏览了一遍,认为它有碍于在工人中间传播科学共产主义思想,因此决定系统批判蒲鲁东的观点,同时从科学唯物主义的立场来阐明无产阶级革命运动中许多理论和策略问题。1846年12月,马克思在给俄国著名作家帕维尔·瓦西里耶维奇·安年科夫的信中谈到对蒲鲁东这本书的评价,认为"它整个说来是一本坏书,是一本很坏的书"②。在这封信中,马克思详尽论述了他和恩格斯与蒲鲁东在理论上的一系列原则分歧,批判了蒲鲁东的哲学唯心主义和庸俗经济学思想,并认为"蒲鲁东先生彻头彻尾是个小资产阶级的哲学家和经济学家"③。

1847年1月,马克思即着手写作,仅用三个月的时间便完成了《哲学的贫困——答蒲鲁东先生的〈贫困的哲学〉》(以下简称《哲学的贫困》)这本论战性小册子的写作任务,并于同年7月在布鲁塞尔和巴黎出版。马克思阐明了撰写该书的目的和意义:"为了给力求阐明社会生产的真实历史发展的、批判的、唯物主义的社会主义扫清道路,必须断然同意识形态的经济学决裂,这种经济学的最新的体现者,就是自己并没有意识到这一点的蒲鲁东。"④这部著作对蒲鲁东的《贫困的哲学》进行了系统的、根本的批判,给蒲鲁东的错误观点以致命的打击。

---

① 《马克思恩格斯文集》第10卷,人民出版社2009年版,第31页。
② 《马克思恩格斯文集》第10卷,人民出版社2009年版,第41—42页。
③ 《马克思恩格斯文集》第10卷,人民出版社2009年版,第52页。
④ 《马克思恩格斯文集》第1卷,人民出版社2009年版,第813页。

蒲鲁东在《贫困的哲学》一书中强调"价值是经济大厦的基石"[①]，并把其价值理论吹嘘为一个伟大的发现，必将能促进资本主义社会经济体系的改造。蒲鲁东的价值理论正是他经济学思想的中心，该价值理论掩藏了作为剥削形式的价值形式的本质。马克思在《哲学的贫困》中运用政治经济学方法论对蒲鲁东的价值理论进行深刻批判，初步揭示了剩余价值的来源。马克思批判蒲鲁东对生产商品的必要劳动时间和劳动价值、生产费用和工资的混淆，指出蒲鲁东的构成价值不过是对英国资产阶级古典经济学家李嘉图劳动价值论的拙劣翻版、歪曲说明和"乌托邦解释"；蒲鲁东想以所谓价值的"真正实现"来消除资本主义社会的一切问题，重建一切"平等"，只是一种唯心主义的空想。

马克思认为，劳动价值体现在工人的工资上，蒲鲁东将产品中所包括的一定劳动量与劳动价值等同起来，这掩盖了资产阶级剥削的根源。马克思在《哲学的贫困》中多次指出，通过工人劳动所生产出的商品的价值比劳动价值（即工资）大，两者之间存在一个差额，这个差额也就是后面马克思明确提出的剩余价值。由此可见，马克思在批判蒲鲁东的过程中，发现资本家剥削雇佣工人的根源所在，初步揭示了剩余价值的来源，为马克思剩余价值理论的创立奠定了基础。

《哲学的贫困》是马克思研究政治经济学问题的重要著作，它确立了科学的政治经济学的研究对象，标志着马克思主义政治经济学的初步形成。1859年，马克思在《〈政治经济学批判〉序言》中回顾说："我们见解中有决定意义的论点，在我的1847年出版的为反对蒲鲁东而写的著作《哲学的贫困》中第一次作了科学的、虽然只是论战性的概述。"[②] 显然，马克思这里所指的"有决定意义的论点"就包括对剩余价值来源的见解。对此，恩格斯也完全赞同，他

[①] [法] 蒲鲁东：《贫困的哲学》，余叔通、王雪华译，商务印书馆2017年版，第73页。
[②]《马克思恩格斯文集》第2卷，人民出版社2009年版，第593页。

第一章 为人类解放而斗争

指出,《哲学的贫困》表明"马克思自己已经弄清了他的新的历史观和经济观的基本特点"①。

三、在同形形色色的机会主义的斗争中发展科学社会主义

1848年,《共产党宣言》发表,标志着科学社会主义的诞生。科学社会主义诞生后,是在与各种非科学、反科学的社会主义思潮或者流派的斗争中不断丰富和发展的,特别是在与形形色色的机会主义的斗争中发展的。机会主义流派是指工人运动中受资产阶级影响,向资产阶级妥协,与资产阶级合流的派别。机会主义混在工人阶级队伍中,以工人运动的姿态出现,实际上却为资产阶级服务,因此,它们对工人运动的破坏性比公开的资产阶级更大。马克思、恩格斯用了很多时间和精力同机会主义进行斗争。

1864年,第一国际在英国伦敦成立,之后,马克思、恩格斯在指导无产阶级革命运动方面做了大量卓有成效的工作,马克思主义在工人运动中的主导地位也随之加强。但同时,小资产阶级机会主义的各种思潮逐渐渗透到工人运动和工人政党内部,其中影响最大、危害最深的社会主义思潮是蒲鲁东主义和巴枯宁主义。它们竭力反对马克思主义,宣扬无政府主义,鼓吹改良主义,试图造成无产阶级组织内部的分裂。为了消除错误社会主义思潮在工人阶级中的影响,马克思、恩格斯同国际工人运动中形形色色的机会主义进行了激烈的斗争。也正是在马克思主义同机会主义进行斗争的过程中,传播了科学社会主义思想,丰富和发展了科学社会主义理论。

马克思、恩格斯反对蒲鲁东主义的斗争由来已久。早在1847年,马克思就在《哲学的贫困》中对蒲鲁东主义进行了全面批判。第一国际成立后,蒲鲁东主义又成为第一国际中最大的机会主义流派,对第一国际造成了很大的消极影响。蒲鲁东主义者主张国际的任务应局限于经济领域,反对工人进行

---

① 《马克思恩格斯文集》第4卷,人民出版社2009年版,第199页。

任何形式的政治斗争。针对蒲鲁东主义的上述主张，恩格斯指出，"如果放弃在政治领域中同我们的敌人作斗争，那就是放弃了一种最有力的行动手段，特别是组织和宣传的手段"[①]。恩格斯告诫无产阶级，如果没有力量的集中，没有斗争的武器，就没有革命的胜利。马克思在第一国际日内瓦代表大会前夕，写了《临时中央委员会就若干问题给代表的指示》，具体阐述了第一国际反对资本主义的斗争策略，还明确阐述了保护女工和童工、支援民族解放运动等问题。

蒲鲁东主义者还反对实行土地集体所有制，要求保留土地私有制，宣扬通过建立"交换银行"和"合作社"来实现社会主义。针对蒲鲁东主义者上述主张，马克思先后同他们在 1867 年第一国际洛桑代表大会与 1868 年第一国际布鲁塞尔代表大会上展开了激烈辩论。马克思指出，小土地所有制在资本主义制度下必然破产，在无产阶级取得政权后，也不能保留它，因为它必将阻碍农业大生产的发展，所以实行土地公有制既符合农民的切身利益，也是社会经济发展的必然。最后，布鲁塞尔代表大会以绝大多数票通过了包括全部土地在内的所有生产资料公有化的决议，沉重打击了蒲鲁东主义。这次大会还根据德国代表列斯纳的提议，通过了一项决议：就《资本论》第一卷的出版向马克思致敬，感谢马克思作出的伟大理论贡献，并号召各国工人学习和掌握《资本论》。可以说，布鲁塞尔代表大会是马克思主义战胜蒲鲁东主义的一个重要标志。

在第一国际后半期，马克思、恩格斯同机会主义的斗争的主要对象是巴枯宁主义。巴枯宁主义是 19 世纪 60 年代至 70 年代欧洲工人运动中出现的小资产阶级极端无政府主义思潮。巴枯宁主义反对一切国家、反对一切权威，主张"完全放弃一切政治"的谬论，是第一国际后半期的主要敌人，也是第一国际内部斗争时间最长、影响最大的敌对思潮。巴枯宁主义的观点主要集中在《上

---

① 《马克思恩格斯文集》第 3 卷，人民出版社 2009 年版，第 92 页。

帝与国家》《国家制度和无政府状态》两部著作中。巴枯宁主义的核心是要求个人绝对自由，即所谓"充分的和无条件的"自由，鼓吹"无政府状态"，无条件地反对任何权威和国家，主张把废除继承权作为社会革命起点，因为继承权是造成一切社会和政治不平等的重要因素，废除继承权可以达到各阶级在经济和社会方面的平等。他认为，既然国家是主要的祸害，因此工人阶级就应当完全放弃一切政治活动，拒绝参加选举。巴枯宁主义的出现是对马克思主义的反动。它否认无产阶级的伟大历史使命，否定建立独立的无产阶级政党的必要性；同时，它反映了资本主义发展过程中陷于破产的城乡小资产阶级的绝望情绪，具有疯狂性和冒险性，给工人运动带来了危害。

一方面，马克思、恩格斯领导第一国际与巴枯宁分子分裂破坏第一国际的阴谋活动进行坚决斗争，消除巴枯宁主义在工人运动中的消极影响。另一方面，从理论上对巴枯宁主义进行彻底批判。马克思的《巴枯宁〈国家制度和无政府状态〉一书摘要》《总委员会关于继承权的报告》等，恩格斯的《论权威》《行动中的巴枯宁主义者》《关于工人阶级的政治行动》等一系列著作，批判了巴枯宁无政府主义的各种观点，指出建立无产阶级专政的必要性。马克思强调："只要其他阶级特别是资本家阶级还存在，只要无产阶级还在同它们进行斗争（因为在无产阶级掌握政权后无产阶级的敌人和旧的社会组织还没有消失），无产阶级就必须采用暴力措施，也就是政府的措施；如果无产阶级本身还是一个阶级，如果作为阶级斗争和阶级存在的基础的经济条件还没有消失，那么就必须用暴力来消灭或改造这种经济条件，并且必须用暴力来加速这一改造的过程。"① 恩格斯也指出，无政府主义者宣称无产阶级革命取得胜利后，应当首先废除国家，"但是在这种时刻破坏它，就是破坏胜利了的无产阶级能用来行使自己刚刚夺取的政权、镇压自己的资本家敌人和实行社会经济革命的唯一机构，而不进行这种革命，整个胜利最后就一定归于失败，工人就会大批遭

---

① 《马克思恩格斯选集》第3卷，人民出版社2012年版，第337页。

到屠杀，巴黎公社以后的情形就是这样"①。

1872年9月2日至7日，第一国际第五次代表大会在海牙召开。在会上，巴枯宁分子鼓吹无政府主义关于破坏一切政权、反对无产阶级夺取政权的思想；马克思、恩格斯则坚持主张建立无产阶级政党，为实行无产阶级专政而斗争的观点。经过激烈的论战，马克思、恩格斯的主张赢得了与会大多数代表的赞同。此外，恩格斯在大会上全面揭露巴枯宁分子自1868年以来所进行的一系列分裂破坏活动，并提议把巴枯宁和他的主要助手开除出第一国际。面对无可辩驳的揭发材料，巴枯宁分子无可抵赖，这一提议也当即由绝大多数代表表决通过。这次大会标志着马克思主义取得了对巴枯宁主义斗争的决定性胜利，因此，这次大会也被称作"对欧洲无产阶级叛徒所进行的审判会"②。

在第一国际期间，马克思主义还与将工人运动纳入经济主义轨道的工联主义进行了斗争，将工人运动引向了革命的轨道。此外，马克思主义还批判了魏特林空想共产主义、布朗基冒险主义，以及形形色色的资产阶级、小资产阶级机会主义。马克思主义在同它们的斗争中取得胜利，这使马克思主义在工人阶级中得到广泛传播，成为无产阶级革命斗争的指导思想。

第二节　为实现崇高理想而斗争

无产阶级是为什么而进行伟大斗争？马克思、恩格斯在为世界上第一个无产阶级政党——共产主义者同盟撰写的纲领《共产党宣言》中，就曾明确指出共产党人的最终目标是解放全人类，实现共产主义。这清晰表明了马克思、恩格斯不是单纯为了斗争而斗争，而是为实现全人类解放、为实现共产主义而进行伟大斗争。

---

① 《马克思恩格斯文集》第10卷，人民出版社2009年版，第507页。
② 《马克思恩格斯文集》第10卷，人民出版社2009年版，第392页。

第一章 为人类解放而斗争

一、为人类求解放

马克思、恩格斯的斗争不是为了个人，不是为了统治阶级，而是为了解放全人类，改变人民受剥削、受压迫的命运，实现人自由而全面的发展。这是人类迄今为止最为崇高和神圣的奋斗目标，是马克思主义一直关注和贯穿始终的理论主题，也是马克思主义的出发点和归宿。马克思主义关于无产阶级和人类解放的理论，超越了以往为统治阶级服务的绝大多数理论，对人类解放、人类社会发展起到史无前例的推动作用。习近平总书记指出："马克思主义博大精深，归根到底就是一句话，为人类求解放。"①

在马克思主义产生之前，资本主义社会中占统治地位的理论都带有浓厚的意识形态与政治色彩，都是为占人口少数的统治阶级服务。例如，黑格尔认为财富不均和两极分化具有历史合理性，主张通过建立海外殖民地的方法来解决两极分化问题；康德反对用革命的方式变革社会，而是幻想通过和平改良的办法改造社会；李嘉图认为资本主义制度比封建制度具有优越性，资本主义的生产方式是合乎人性的、永恒存在的生产方式；等等。这些理论或学说在不同程度上反映了资本主义发展带来的社会变化，但是它们本质上就是为统治阶级利益服务的，它们掩盖了资本主义社会的阶级矛盾，难以把无产阶级从经济剥削、政治压迫和思想奴役中解放出来。

与以往形形色色的反映并服务统治阶级利益的思想理论不同，马克思主义自诞生之日起便把为占人口绝大多数的人民群众谋利益作为鲜明的政治立场，把实现全人类的解放作为自身理论的使命担当和斗争目标。马克思、恩格斯从最广大劳动人民的立场出发，揭露了资本主义社会弊端及其主要矛盾，并认为矛盾产生的根源在于社会制度。因此，必须消灭私有制，推翻少数人剥削多数人的资本主义制度。只有实施无产阶级专政，才能改变无产阶级被剥削被压迫的社会现实，才能实现无产阶级和全人类的解放。

---

① 习近平：《在纪念马克思诞辰200周年大会上的讲话》，人民出版社2018年版，第8页。

在《共产党宣言》一文中，马克思、恩格斯指出，"代替那存在着阶级和阶级对立的资产阶级旧社会的，将是这样一个联合体，在那里，每个人的自由发展是一切人的自由发展的条件"①。恩格斯在《对英国北方社会主义联盟纲领的修正》一文中再次强调了这样的观点，"我们的目的是要建立社会主义制度，这种制度将给所有的人提供健康而有益的工作，给所有的人提供充裕的物质生活和闲暇时间，给所有的人提供真正的充分的自由"②。在《共产主义原理》一文中，恩格斯还描述了未来共产主义社会的新特征，"由社会全体成员组成的共同联合体来共同地和有计划地利用生产力；把生产发展到能够满足所有人的需要的规模；结束牺牲一些人的利益来满足另一些人的需要的状况；彻底消灭阶级和阶级对立；通过消除旧的分工，通过产业教育、变换工种、所有人共同享受大家创造出来的福利，通过城乡的融合，使社会全体成员的才能得到全面发展"③。

正是由于马克思、恩格斯在揭露资本主义社会弊端和与资产阶级反动思潮的斗争中不断发展和完善全人类解放思想，全世界的无产阶级逐渐有了阶级自觉和使命意识，并把这种自觉、意识转化为实际行动，推动无产阶级争取自身解放的运动风起云涌，无产阶级在政治斗争中开始扮演重要角色。

二、为推翻旧世界、建立新世界而不息战斗

恩格斯说，"马克思首先是一个革命家"，"斗争是他的生命要素。很少有人像他那样满腔热情、坚韧不拔和卓有成效地进行斗争"④。马克思毕生的使命就是为人民解放而奋斗。为了改变人民受剥削、受压迫的命运，马克思义无反顾地投身轰轰烈烈的工人运动，始终站在革命斗争最前沿。

---

① 《马克思恩格斯选集》第1卷，人民出版社2012年版，第422页。
② 《马克思恩格斯全集》第28卷，人民出版社2018年版，第652页。
③ 《马克思恩格斯文集》第1卷，人民出版社2009年版，第689页。
④ 《马克思恩格斯选集》第3卷，人民出版社2012年版，第1003页。

马克思、恩格斯直接深入共产主义运动当中,指导创立了人类历史上第一个建立在科学社会主义基础上的无产阶级政党,创立、发展和完善了科学社会主义理论,为推翻旧世界、建立新世界奠定了组织基础、提供了思想指南。共产主义者同盟是马克思、恩格斯指导创立的第一个共产党组织,也是人类历史上第一个建立在科学社会主义基础上的无产阶级政党。1847年6月,共产主义者同盟第一次代表大会在伦敦召开,马克思由于经济困难未能出席,恩格斯作为巴黎区部代表参会。会上,恩格斯同各种错误思想进行坚决斗争,同其他非共产主义性质的政党划清界限,坚持和捍卫共产主义理想。根据马克思、恩格斯的建议,同盟的名称由"正义者同盟"改为"共产主义者同盟"。1847年11月,马克思、恩格斯共同参加了共产主义者同盟第二次代表大会。这次大会进行了为期10天的激烈讨论,马克思、恩格斯在长时间的辩论中捍卫并进一步阐述共产主义的基本观点,最后,大会接受了他们阐述的科学共产主义的观点。大会通过了《共产主义者同盟章程》,该章程明确同盟的目标是"推翻资产阶级,建立无产阶级统治,消灭旧的以阶级对立为基础的资产阶级社会和建立没有阶级、没有私有制的新社会"①。此外,大会还委托他们起草同盟的正式纲领。

1848年2月,马克思、恩格斯共同创作的正式纲领出版,这就是著名的《共产党宣言》。在《共产党宣言》中,马克思、恩格斯批判了资产阶级对共产党人的种种责难以及当时各种社会主义流派的阶级本质和历史局限性;提出了"两个必然"的科学论断,揭示了资本主义必然灭亡、共产主义必然胜利的历史发展趋势;明确了无产阶级承担实现共产主义的历史使命,阐述了无产阶级实现自身使命的具体条件和途径;论述了共产党人的性质、宗旨、基本纲领和策略原则,宣告"共产党人不屑于隐瞒自己的观点和意图"②,强调只有通过暴

---

① 《马克思恩格斯选集》第4卷,人民出版社2012年版,第207页。
② 《马克思恩格斯文集》第2卷,人民出版社2009年版,第66页。

力斗争的方式才能推翻全部现存的社会制度，号召全世界无产者联合起来，为实现共产主义而不懈斗争。恩格斯指出，《共产党宣言》是"全部社会主义文献中传播最广和最具有国际性的著作"[1]，也是国际共产主义运动的第一个"完备的理论和实践的党纲"[2]。《共产党宣言》为人类社会发展指明了方向，为无产阶级进行暴力斗争、坚守共产主义理想提供了强大思想武器。

《共产党宣言》出版之后，马克思、恩格斯还在《资本论》《法兰西内战》《哥达纲领批判》等著作中阐释共产主义思想。1867年9月14日，《资本论》第一卷出版（第二、三卷在马克思逝世后由恩格斯整理出版），马克思在书中深刻阐述了剩余价值学说，揭露了资本家剥削工人的秘密，再次强调了无产阶级肩负着消灭资本主义制度的历史使命。1850—1870年间，马克思几乎每天都同恩格斯通信，其中包括商讨如何宣传科学社会主义思想的问题。从1851年开始，马克思还为美国《纽约每日论坛报》和英国及其他国家的一些报刊撰稿，希望利用这些报刊宣传科学社会主义思想。1871年3月18日，巴黎公社建立，马克思、恩格斯高度赞扬了巴黎工人阶级的革命斗争精神，肯定了巴黎公社革命的重大意义；马克思还写了《法兰西内战》一书，强调无产阶级革命必须要有强有力且较为稳定的领导才能取得胜利。1875年，马克思抱病写了《哥达纲领批判》，着重批判了纲领草案在劳动、分配问题上的错误观点，具体阐明了社会主义社会的分配原则，首次提出并阐述了未来共产主义社会两个发展阶段理论。

不幸的是，由于反动政府的驱逐迫害，极端贫困的生活以及繁重的理论和实践斗争工作，马克思的身体健康遭受到严重损害。1883年3月14日，马克思因病与世长辞，结束了他为实现人类解放、实现共产主义而斗争到底的一生。

---

[1]《马克思恩格斯文集》第2卷，人民出版社2009年版，第13页。
[2]《马克思恩格斯选集》第1卷，人民出版社2012年版，第382页。

第一章　为人类解放而斗争

第三节　依靠人民群众进行伟大斗争

依靠谁来进行伟大斗争？马克思、恩格斯第一次科学地、彻底地思考了进行伟大斗争"依靠谁"这一基本问题，并给出明确答案。马克思认为，人民群众在历史发展过程中起到了决定性作用，人民群众是历史的创造者。这一思想超越了以往歪曲、错误的英雄史观，指明了为实现全人类解放、实现共产主义而斗争的根本依靠力量是人民自身。习近平总书记在纪念马克思诞辰200周年大会上指出："马克思主义第一次站在人民的立场探求人类自由解放的道路，以科学的理论为最终建立一个没有压迫、没有剥削、人人平等、人人自由的理想社会指明了方向。"①

一、群众史观明确人民群众是进行伟大斗争的主体力量

谁是推动历史发展、进行伟大斗争的主体力量，是广大人民群众还是少数英雄人物？这是历史唯物主义和历史唯心主义存在的根本分歧。马克思主义群众史观从现实的人的物质生活实践出发，科学揭示了人民群众在历史发展中的主体地位和决定作用，是一种超越英雄史观的唯物史观；而英雄史观从抽象的概念出发，片面夸大少数英雄人物在历史发展中的作用，从根本上否定人民群众对推动历史发展所起到的决定性作用。鲍威尔认为："历史上的一切伟大的活动之所以一开始就是不合时宜的和没有取得富有影响的成效，正是因为群众对这些活动表示关注和怀有热情。"②马克思、恩格斯在《神圣家族》中批判了鲍威尔贬低、否定人民群众对历史发展的作用的错误观点，指出："批判的批判什么都没有创造，工人才创造一切，甚至就以他们的精神创造来说，也会使得整个批判感到羞愧。英国和法国的工人就很好地证明了这一点。"③马克思还

---

① 习近平：《在纪念马克思诞辰200周年大会上的讲话》，人民出版社2018年版，第8页。
②《马克思恩格斯文集》第1卷，人民出版社2009年版，第286页。
③《马克思恩格斯全集》第2卷，人民出版社1957年版，第22页。

在《给工人议会的信》中指出："大不列颠的千百万工人第一个奠定了新社会的真实基础——把自然界的破坏力变成了人类的生产力的现代工业。英国工人阶级以不懈的毅力、流血流汗、绞尽脑汁,为使劳动本身成为高尚的事业并使劳动产品增加到能够实现普遍丰富的程度创造了物质手段。"[①] 从中可见,马克思、恩格斯从群众史观的角度彻底批判了以往神创造历史、观念创造历史等唯心史观的谬论,科学地解决了谁是历史的创造者和推动者的问题。

除此之外,马克思、恩格斯还勇于揭露资产阶级剥削、压迫无产阶级的事实,积极指导无产阶级进行斗争实践,使无产阶级在革命斗争中"感觉到自己的力量",真正确信自己是历史活动的主体、是进行伟大斗争的主体力量。在《共产党宣言》中,马克思、恩格斯指出:"随着工业的发展,无产阶级不仅人数增加了,而且结合成更大的集体,它的力量日益增长,而且它越来越感觉到自己的力量。"[②] 马克思在《法兰西内战》《哥达纲领批判》等文中,高度评价了巴黎公社人民为实现人民主体地位所做的组织形式和活动方式的创新,凸显出工人群众在整个法兰西阶级斗争中至关重要的作用。由此可见,马克思主义群众史观不仅强调了人民群众在历史发展中的主体地位,还阐发了人民群众在革命斗争中发挥主体力量的作用,进而明确了人民群众是进行伟大斗争的主体力量的逻辑必然。

二、依靠群众是伟大斗争取得胜利的根本保证

马克思主义认为,人民群众不仅是历史发展的主体力量,还是物质财富和精神财富的创造者,是社会变革的决定力量。进行伟大斗争最根本的依靠力量就是人民群众,没有人民群众在物质上的支持和精神上的拥护,是难以取得最终胜利的。只有以人民群众的根本利益为出发点和落脚点,才能获得人民群众

[①]《马克思恩格斯全集》第 13 卷,人民出版社 1998 年版,第 134 页。
[②]《马克思恩格斯文集》第 2 卷,人民出版社 2009 年版,第 40 页。

第一章　为人类解放而斗争

的最大支持，才能取得伟大斗争的最终胜利。

首先，人类社会赖以生存的物质生活资料是由人民群众创造的，离开了人民群众从事的物质生产活动，人类社会就无法存在，伟大斗争就无法开展。马克思、恩格斯指出："我们首先应当确定一切人类生存的第一个前提，也就是一切历史的第一个前提，这个前提是：人们为了能够'创造历史'，必须能够生活。但是为了生活，首先就需要吃喝住穿以及其他一些东西。因此第一个历史活动就是生产满足这些需要的资料，即生产物质生活本身，而且，这是人们从几千年前直到今天单是为了维持生活就必须每日每时从事的历史活动，是一切历史的基本条件。"① 生产物质生活资料的实践主体是人民群众，人民群众创造了人类社会存在和发展所必需的全部物质财富，这些物质财富为开展伟大斗争奠定了坚实的物质基础。

其次，人民群众是精神财富的创造者，人民群众直接参与、创造出了有价值的自然科学、社会科学、文学艺术等成果，为开展伟大斗争提供了丰富的精神营养与充足的精神动力。马克思在《资本论》第一卷谈到近代科技的发明时指出："如果有一部考证性的工艺史，就会证明，18世纪的任何发明，很少是属于某一个人的。"② 恩格斯在《自然辩证法》中指出，蒸汽机作为国际性的发明是由相当数量的法国、德国、英国的科学家、工程技术人员和熟练的机械工人持续多年完成的，并非一人所能为。他写道："蒸汽机是第一个真正国际性的发明，而这一事实又昭示了一个巨大的历史性的进步。法国人帕潘发明了蒸汽机，而且是在德国发明的。现在我们从帕潘的书信集（由盖兰德出版）中得知，汽缸和活塞的应用这一基本思路是德国人莱布尼茨提示给他的；莱布尼茨经常把自己的天才思想向周围传布，而毫不理会功绩应归于他自己还是归于别人。不久，英国人萨弗里和纽可门也发明了类似的机械；最后，他们的同胞瓦

---

① 《马克思恩格斯选集》第1卷，人民出版社2012年版，第158页。
② 《马克思恩格斯文集》第5卷，人民出版社2009年版，第428—429页。

特给加上了分离的冷凝器，使蒸汽机从原理上达到了现今的水平。"①

再次，人民群众是社会变革的决定力量。没有千百万人民群众的革命斗争，是不可能推翻旧制度、取得伟大斗争的胜利的。纵观历史发展，生产关系的变革、上层建筑的革新、整个社会制度的新旧交替，都是依靠人民群众共同斗争的结果。恩格斯在《普鲁士"危机"》一文中指出："在十七世纪的英国和十八世纪的法国，甚至资产阶级的最光辉灿烂的成就都不是它自己争得的，而是平民大众，即工人和农民为它争得的。"②恩格斯在具体谈论英国革命时指出："如果没有这些自耕农和城市平民，资产阶级决不会单独把斗争进行到底，决不会把查理一世送上断头台。"③正是依靠城市的平民和农村的自耕农，才使17世纪的英国资产阶级革命取得对旧政治制度的胜利，被马克思称为"欧洲范围的革命"。

三、动员群众是伟大斗争取得胜利的实践要求

群众动员思想是马克思、恩格斯创建的马克思主义理论体系中的重要组成部分，对于唤醒群众斗争意志、团结群众斗争队伍、组织号召群众斗争，具有不可替代的作用。只有动员群众广泛参与革命斗争，凝聚起进行伟大斗争的磅礴伟力，才能夺取伟大斗争的最终胜利。马克思认为，"历史的活动和思想就是'群众'的思想和活动"④，"历史活动是群众的活动，随着历史活动的深入，必将是群众队伍的扩大"⑤。然而，在最初的国际共产主义运动中，马克思发现人民群众并不能自发产生进行革命斗争的主观意志，也无法自觉意识到实现自身解放的历史使命，这就必然要求通过动员活动唤醒群众、组织群众、凝聚

---

① [德]恩格斯：《自然辩证法》，人民出版社2018年版，第215—216页。
② 《马克思恩格斯全集》第18卷，人民出版社1964年版，第325页。
③ 《马克思恩格斯文集》第3卷，人民出版社2009年版，第511页。
④ 《马克思恩格斯文集》第1卷，人民出版社2009年版，第286页。
⑤ 《马克思恩格斯文集》第1卷，人民出版社2009年版，第287页。

群众,"就必须在自身和群众中激起瞬间的狂热"[①],将其转变为打破被戴上的"彻底的锁链"、实现"全人类的解放"的现实力量。

马克思、恩格斯既是理论家,也是革命家,他们总是以这种或那种方式参与到人民群众的革命斗争事业中去,与群众保持密切联系,深入工人群众中进行调查研究,关注工人运动的最新动态,从而更好地在实践中开展群众动员活动。19世纪30年代至40年代,欧洲各国的无产阶级革命斗争刚刚兴起,无产阶级在进行革命斗争的时候仍处于组织涣散的状态。为了更好地激发人民群众的革命意识,将人民群众动员组织起来,马克思、恩格斯于1846年在布鲁塞尔建立了共产主义通讯委员会。之后,以布鲁塞尔共产主义通讯委员会为中心,在柏林、汉堡、莱比锡等许多德国城市以及英国、荷兰、丹麦等国都建立了共产主义通讯委员会。通过这一组织的联系,马克思、恩格斯得以对多地的共产主义运动和工人运动进行指导。马克思在《给工人议会的信》中指出:"工人阶级征服了自然,而现在它应当去征服人了。要胜利地完成这个事业,工人阶级并不缺少力量,而是需要把它的所有力量组织起来,在全国范围内把工人阶级组织起来——我认为这就是摆在工人议会面前的伟大而光荣的目标。"[②] 马克思、恩格斯还曾明确指示爱北斐特的社会主义者古·阿·克特根要"有紧密团结的组织起来的群众作后盾",请愿斗争"才会发生效力"[③]。

第四节 只有无产阶级政党才能领导伟大斗争

谁能来领导伟大斗争?从马克思、恩格斯的观点来看,伟大斗争必须由一个先进分子组成的政党来领导,仅仅依靠人民群众的自发运动是远远不够的。也就是说,无产阶级必须建立自己独立的革命政党,在无产阶级政党的集中领

---

① 《马克思恩格斯选集》第1卷,人民出版社2012年版,第13页。
② 《马克思恩格斯全集》第13卷,人民出版社1998年版,第134页。
③ 《马克思恩格斯全集》第47卷,人民出版社2004年版,第374页。

导下，无产阶级及其广大的同盟者才能在与资产阶级的斗争中始终处于主动地位，并最终获得斗争的胜利。

一、无产阶级必须建立自己独立的革命政党才能领导伟大斗争

政党是代表某一阶级、阶层或集团，并为维护其利益进行斗争的政治组织。它是社会经济和阶级斗争发展到一定阶段的产物，也是进行阶级斗争和社会政治活动的工具。马克思、恩格斯依据唯物史观和具体革命实践经验，提出无产者必须形成阶级并建立自己独立的政党，政党作为一个阶级来行动，率领人民群众去进行斗争和革命，才能保证革命胜利，进而实现革命的最终目的——消灭阶级。马克思在《国际工人协会共同章程》中明确要求："无产阶级在反对有产阶级联合力量的斗争中，只有把自身组织成为与有产阶级建立的一切旧政党不同的、相对立的政党，才能作为一个阶级来行动。为保证社会革命获得胜利和实现革命的最高目标——消灭阶级，无产阶级这样组织成为政党是必要的。"[①]

1848年，欧洲爆发大规模的革命运动，资产阶级为了推翻封建王朝的统治，实现掌握政权的目的，暂时联合了包括无产阶级在内的其他阶级。无产阶级在革命中展现出了强大的战斗力。然而，资产阶级获得政权后，就将枪口对准了昔日的战友，开始反对无产阶级的活动。无产阶级只好同资产阶级进行交锋，但最终，无产阶级的斗争活动在资产阶级反动势力的镇压下宣告失败。革命的失败让无产阶级看清了资产阶级的反动本质，马克思、恩格斯总结这次革命斗争失败的经验教训，得出要建立区别于资产阶级民主派的独立的无产阶级政党的思想，强调"不应再度降低自己的地位，去充当资产阶级民主派的随声附和的合唱队"[②]，只有这样，无产阶级才不会再像1848年革命那样被资产阶

[①]《马克思恩格斯文集》第3卷，人民出版社2009年版，第228页。
[②]《马克思恩格斯文集》第2卷，人民出版社2009年版，第193页。

第一章 为人类解放而斗争

级利用和支配。

无产阶级的解放斗争必须由无产阶级政党来独立领导，但这并不意味着要把无产阶级和其他阶级的行动割裂开来，而是强调无产阶级政党在政治上和组织上的独立性。无产阶级政党可以在保持自身独立性的基础上，团结一切可以团结的力量，为了完成无产阶级的历史使命而斗争。恩格斯在致特里尔的信中说，他允许无产阶级政党在革命斗争中同其他政党采取任何暂时的共同行动，来达到特定的目的，但也着重强调在共同行动时，"又必须以党的无产阶级性质不致因此发生问题为前提。对我来说，这是绝对的界限"①。也就是说，无产阶级必须建立自己独立的革命政党，才能不受其他阶级的诱惑和利用，独立自主地确定自己的斗争目标和策略，坚定不移地进行伟大斗争。

二、无产阶级政党的先进性决定了它能领导伟大斗争

无产阶级政党之所以能够领导伟大斗争，是因为它具有先进性。无产阶级政党的先进性主要体现在，它具有坚决彻底的斗争性，是为绝大多数人谋利益、以科学理论为指导的政党。从16世纪到19世纪，资本主义生产方式促使生产力以前所未有的速度和规模发展起来。但与此同时，无产阶级处于资本主义社会的最下层，受资产阶级的剥削和压迫最深，他们没有占有任何生产资料，被迫出卖劳动力给资本家，毫无政治和经济权利，由此产生的资产阶级和无产阶级之间的阶级矛盾和阶级斗争愈来愈尖锐。"无产阶级，现今社会的最下层，如果不炸毁构成官方社会的整个上层，就不能抬起头来，挺起胸来。"②为此，无产阶级政党把无产阶级视作"推翻使人成为被侮辱、被奴役、被遗弃和被蔑视的东西的一切关系"③的最坚决的斗争力量。

无产阶级政党是为绝大多数人的利益而斗争的。资产阶级政党虽然以"自

---

① 《马克思恩格斯选集》第4卷，人民出版社2012年版，第593页。
② 《马克思恩格斯文集》第2卷，人民出版社2009年版，第42页。
③ 《马克思恩格斯选集》第1卷，人民出版社2012年版，第10页。

由、平等、博爱"为核心价值观，宣称自己代表整个人类社会的普遍利益，但实际上只代表少数资产阶级的利益。与此相反的是，无产阶级政党是代表工人阶级和广大劳动人民利益的政党，它不仅要解放本阶级，更以解放全人类为自身的斗争目标。正如马克思、恩格斯在《共产党宣言》中强调的，"过去的一切运动都是少数人的，或者为少数人谋利益的运动。无产阶级的运动是绝大多数人的，为绝大多数人谋利益的独立的运动"①。也就是说，"为绝大多数人谋利益"是无产阶级政党领导的伟大斗争区别于其他政党政治运动的根本所在。

无产阶级政党运用科学理论指导斗争实践。无产阶级政党能够始终保持先进性，最根本的在于有科学的理论为指导。恩格斯指出，"我们党有个很大的优点，就是有一个新的科学的世界观作为理论的基础"②。马克思也指出，"哲学把无产阶级当做自己的物质武器，同样，无产阶级也把哲学当做自己的精神武器"③。科学社会主义理论是无产阶级领导伟大斗争的行动指南，这一理论以辩证唯物主义和历史唯物主义为基础，科学地揭示了社会发展的客观规律，为无产阶级提供了认识世界和改造世界的思想武器，使其了解无产阶级革命斗争的条件、进程和一般结果，从而制定正确的纲领、路线和策略，指导无产阶级正确地进行伟大斗争并获得最终胜利。

三、无产阶级政党必须保持团结统一才能领导开展伟大斗争

无产阶级政党是共产主义事业的领导核心，保持党自身的团结统一对领导无产阶级开展伟大斗争至关重要。如果无产阶级政党不去团结自身，不去团结全体工人阶级、全体劳动人民，就无法领导伟大斗争。

在无产阶级政党创建初期，马克思、恩格斯就意识到，保持无产阶级及其战斗组织的团结，是无产阶级革命胜利的首要条件。马克思、恩格斯在

---

① 《马克思恩格斯文集》第2卷，人民出版社2009年版，第42页。
② 《马克思恩格斯文集》第2卷，人民出版社2009年版，第599页。
③ 《马克思恩格斯选集》第1卷，人民出版社2012年版，第16页。

《共产党宣言》中响亮地提出"全世界无产者,联合起来!"①,并将其作为无产阶级政党团结斗争的口号。第一国际成立后,马克思、恩格斯坚持《共产党宣言》中提出的基本观点,团结全世界无产者进行斗争。他们在《国际工人协会成立宣言》中指出:"工人的一个成功因素就是他们的人数;但是只有当工人通过组织而联合起来并获得知识的指导时,人数才能起举足轻重的作用。"②他们还将团结确定为"国际的一个基本原则"③,认为如果一切国家的一切工人能够牢牢巩固团结的原则,就一定会达到所向往的伟大目标。但如果"忽视在各国工人间应当存在的兄弟团结,忽视那应该鼓励他们在解放斗争中坚定地并肩作战的兄弟团结,就会使他们受到惩罚,——使他们分散的努力遭到共同的失败"④。

马克思、恩格斯还强调,每个共产党员都要在思想上、政治上、组织上、行动上和党保持一致。但是,无产阶级政党由于处在资本主义包围中,保持党的团结统一并非易事。"在一个日益壮大的工人政党内,小资产阶级分子的增多是不可避免的"⑤,这些非无产阶级思想严重侵蚀着党的肌体,不可避免地导致党内的思想混乱。早在共产主义者同盟时期,恩格斯就强调,党内的批评自由是达到团结的重要途径,各国民主主义者的团结并不排斥相互间的批评。没有这种批评就不可能达到团结。到了晚年,恩格斯更是坚决地捍卫党内言论自由和进行批评的权利。他对某些德国社会民主党的领导人批评道:"批评是工人运动的生命要素,工人运动本身怎么能逃避批评,禁止争论呢?"⑥此外,马克思、恩格斯还主张将民主集中制原则确定为党的根本组织原则,确立了由中

---

① 《马克思恩格斯文集》第2卷,人民出版社2009年版,第66页。
② 《马克思恩格斯文集》第3卷,人民出版社2009年版,第13—14页。
③ 《马克思恩格斯全集》第18卷,人民出版社1964年版,第180页。
④ 《马克思恩格斯文集》第3卷,人民出版社2009年版,第14页。
⑤ 《马克思恩格斯选集》第4卷,人民出版社2012年版,第658页。
⑥ 《马克思恩格斯文集》第10卷,人民出版社2009年版,第580页。

央组织（称作中央委员会）、地方组织（称为区部或总部委员会）、基层组织（称作支部）三部分构成的党的组织机构，还制定了代表大会制度、民主选举和定期报告等一系列制度，以保持无产阶级政党在组织上的巩固和统一，提高无产阶级政党在斗争中的战斗力和凝聚力。

第五节　结合实际采取合适斗争方式

采取什么样的斗争方式进行伟大斗争？在马克思、恩格斯看来，一切可以实现斗争目标的方式都是可行的。要结合斗争实际，根据斗争形势的发展变化，紧紧抓住中心任务，通过实行暴力革命、进行合法斗争、从事生产斗争、开展科学实验等多种斗争方式开展伟大斗争。

一、实行暴力革命

暴力革命，就是以暴力为手段的斗争形式。马克思、恩格斯认为，暴力革命是无产阶级革命的一般规律。"暴力是每一个孕育着新社会的旧社会的助产婆"[1]，"在大陆上的大多数国家中，暴力应当是我们革命的杠杆；为了最终地建立劳动的统治，总有一天正是必须采取暴力"[2]，他们还强调，暴力在新的社会生产方式代替旧的社会生产方式的过程中发挥着重要作用。无产阶级的斗争目标"只有用暴力推翻全部现存的社会制度才能达到"[3]。资产阶级国家机器本身就是一种有组织的暴力，要打碎资产阶级国家机器，就必须采用暴力，"如果没有必须加以反对的反动的暴力，也就谈不上什么革命的暴力"[4]，正是因为有反革命的暴力的存在，所以必然需要暴力革命来进行对抗。早在1847年，

---

[1]《马克思恩格斯全集》第42卷，人民出版社2016年版，第770页。
[2]《马克思恩格斯全集》第18卷，人民出版社1964年版，第179页。
[3]《马克思恩格斯选集》第1卷，人民出版社2012年版，第435页。
[4]《马克思恩格斯全集》第38卷，人民出版社1972年版，第490页。

第一章　为人类解放而斗争

恩格斯就深刻论述了暴力革命的内在逻辑:"世界上几乎所有国家的无产阶级的发展都受到有产阶级的暴力压制,因而是共产主义者的敌人用暴力引起革命。"① 马克思也有类似的论述:"凡是反革命当局用暴力手段阻挠这些安全委员会成立和活动的地方,都应当用一切暴力手段来还击暴力。"② 这些论述在1848年革命和1871年巴黎公社运动中都得到了实践的验证。在无产阶级反复遭受到反革命屠杀后,马克思、恩格斯总结了革命失败的经验,更加坚定了无产阶级必须对阶级敌人实行有效的暴力革命的思想。只有用革命的暴力来还击反革命的暴力,才能推翻资产阶级的统治,获得人类解放,建立共产主义社会,最终取得斗争的胜利。

二、进行合法斗争

合法斗争即合法革命、和平革命、和平改良,是在资本主义国家允许范围内的斗争方式,如集会、结社、请愿、罢工和选举等。马克思、恩格斯认为,无产阶级在一定条件下可以采用和平方式来进行斗争。1845年,恩格斯在爱北斐特的集会上发表演说,指出:"如果社会革命和共产主义的实现是我们的现存关系的必然结果,那末我们首先就得采取措施,使我们能够在实现社会关系的变革的时候避免使用暴力和流血。要达到这个目的只有一种办法,就是和平实现共产主义,或者至少是和平准备共产主义。"③ 后来,恩格斯在1847年发表的《共产主义原理》一文中也指出,共产主义者最不反对用和平的办法废除私有制。1854年,马克思对英国工人阶级成立的议会给予了高度评价,称"这样一个议会的召开本身就标志着世界历史上的一个新时代"④。1872年,马克思在阿姆斯特丹群众大会的演讲中明确提出,"我们也不否认,有些国

---

① 《马克思恩格斯全集》第42卷,人民出版社1979年版,第378页。
② 《马克思恩格斯全集》第6卷,人民出版社1961年版,第38页。
③ 《马克思恩格斯全集》第2卷,人民出版社1957年版,第625页。
④ 《马克思恩格斯全集》第13卷,人民出版社1998年版,第133页。

家，像美国、英国，——如果我对你们的制度有更好的了解，也许还可以加上荷兰，——工人可能用和平手段达到自己的目的"①。当无产阶级的力量足够强大，资本主义国家民主制度趋向成熟和完善，工人的普选权不断扩大，无产阶级就可以利用普选权，积极开展反对资本主义的斗争，通过渐进的和平方式取得伟大斗争的胜利。

三、从事生产斗争

生产活动是人类社会存在的基础，是社会历史发展的根本动力，生产斗争也就成为进行伟大斗争的重要方式。马克思、恩格斯明确指出，人类生存的前提是通过生产斗争改造自然物，获取物质生活资料，从而满足自己生活的基本需要，进而能够"创造历史"，进行包括伟大斗争在内的各种活动。根据唯物史观，生产斗争表现为自然关系和社会关系的双重关系，表现为生产力与生产关系的矛盾运动。生产力是社会基本矛盾的主要矛盾方面，要靠人们的生产斗争不断推动。随着生产力的发展，生产力与生产关系之间必然产生矛盾，当生产关系成为生产力发展的桎梏时，就会发生社会革命，生产关系即经济基础发生变化，相应的上层建筑也会或慢或快地发生变革。生产斗争以解放和发展生产力的形式，在改造自然界的同时，不断引起社会关系、经济基础以及上层建筑的变化。无产阶级在革命斗争的进程中，第一步是夺取政权。第二步是改变旧的生产关系。恩格斯指出，"当社会成为全部生产资料的主人，可以在社会范围内有计划地利用这些生产资料的时候，社会就消灭了迄今为止的人自己的生产资料对人的奴役"②。第三步是大力发展生产力。恩格斯指出，"一切争取解放的阶级斗争，尽管它必然地具有政治的形式（因为一切阶级斗争都是政治斗争），归根到底都是围绕着经济解放进行的"③。当生产力的高度发展和社会

---

① 《马克思恩格斯全集》第 18 卷，人民出版社 1964 年版，第 179 页。
② 《马克思恩格斯选集》第 3 卷，人民出版社 2012 年版，第 681 页。
③ 《马克思恩格斯全集》第 28 卷，人民出版社 2018 年版，第 360 页。

第一章　为人类解放而斗争

关系的根本改造成为现实，这时的社会也将成为整个人类都得到解放的共产主义社会。可以看到，通过生产斗争的方式，无产阶级可以一步步去实现解放全人类和建立共产主义社会的斗争目标。

四、开展科学实验

科学实验是生产发展到一定历史阶段的产物，对伟大斗争的历史进行起着重要的推动作用。到了近代，工业发展为科学实验提供了必要的条件，科学实验从物质生产实践中分离出来，成为一项独立的社会实践活动。恩格斯说："从十字军征讨以来，工业有了巨大的发展，并随之出现许多新的事实，有力学上的（纺织、钟表制造、磨坊），有化学上的（染色、冶金、酿酒），也有物理学上的（眼镜），这些事实不但提供了大量可供观察的材料，而且自身也提供了和以往完全不同的实验手段，并使新的工具的设计成为可能。可以说，真正系统的实验科学这时才成为可能。"① 此时，作为独立的社会实践活动，科学实验能反过来推动生产力的发展。科学实验能够纯化物质运动的自然过程，马克思说："物理学家是在自然过程表现得最确实、最少受干扰的地方考察自然过程的，或者，如有可能，是在保证过程以其纯粹形态进行的条件下从事实验的。"② 在特定的条件下，科学实验能把反映事物本质的内容呈现出来，为人们提供科学的认识，为生产力的发展开辟广阔道路。马克思、恩格斯在概括科学实验经验的基础上，创立了辩证唯物主义自然观，此后，自然科学的许多新发现也证实了辩证唯物主义自然观的正确性。科学实验既能推动生产力发展，又能使无产阶级用彻底的辩证法的观点来观察自然和社会，从而认识到世界是不断发展的。通过科学实验，无产阶级不断变革现存社会，进行技术革命，推动伟大斗争取得胜利。

---

① 《马克思恩格斯全集》第 26 卷，人民出版社 2014 年版，第 486 页。
② 《马克思恩格斯全集》第 42 卷，人民出版社 2016 年版，第 14 页。

读懂伟大斗争

围绕不同历史时期、不同阶段的中心任务进行的斗争，其斗争方式是灵活多样的。《共产党宣言》指出："共产党人为工人阶级的最近的目的和利益而斗争，但是他们在当前的运动中同时代表运动的未来。"[①] 也就是说，无产阶级政党总是为着当时的中心任务而斗争的，每完成一个当前的中心任务，都是在向着解放全人类、建立共产主义社会的最终目标前进。

---

① 《马克思恩格斯选集》第 1 卷，人民出版社 2012 年版，第 434 页。

第二章

在全体人民面前高举斗争旗帜

为人类解放而斗争，是共产党人的历史使命，也是马克思主义的理论特质。作为坚定的马克思主义者，列宁从参加革命的第一天起，就下定决心要毫无保留地为共产主义事业斗争终身。在斗争中，列宁最坚决、最勇敢、最能识破阶级敌人的阴谋诡计，最能揭露阶级敌人的丑恶本质。不论是在与沙皇统治者和国内资产阶级的斗争中，还是在与帝国主义、修正主义以及机会主义的斗争中，列宁总是充当斗争的旗手，站在斗争的最前面。可以说，列宁的名字与革命斗争是分不开的，列宁的一生是为无产阶级革命而斗争的一生，列宁的事业就是革命斗争的事业，列宁的理论就是革命斗争的理论，列宁的精神就是革命斗争的精神。

在理论上，列宁高举马克思主义伟大旗帜，坚持马克思主义唯物辩证法和唯物史观，深刻剖析、彻底批驳了各类非马克思主义、反马克思主义派别的错误观点，同形形色色的机会主义和修正主义进行了最根本、最彻底的斗争，捍卫了马克思主义在意识形态领域的指导地位。列宁强调："作为工人阶级意向的自觉的表达者的社会民主党，在这个斗争的任何发展阶段上和任何环境下领导无产阶级的斗争时,都必须经常注意这整个斗争的整体的和基本的利益。"[1]他还指出了无产阶级的革命斗争同资产阶级机会主义斗争之间的区别,提出:"无产阶级的革命斗争和资产阶级的机会主义斗争之间的这一主要区别,像一根红线贯穿着我国革命的全部历史。无产阶级在进行斗争,资产阶级则在偷偷地扑向政权。无产阶级用斗争来摧毁专制制度,资产阶级则捞取日益衰落的专制制度赏赐给他们的一点小恩小惠。无产阶级在全体人民面前高举斗争的旗帜,资产阶级的旗帜则是小小的让步、搞交易和讨价还价。"[2]在实践中,列宁牢记为人民谋幸福的价值追求和人民群众这一根本力量源泉,同沙皇专制制度和资产阶级进行了最顽强、最残酷的斗争,领导俄国无产阶级和劳动人民创建了世界上第一个社会主义国家,开辟了人类历史新纪元,同时在革命斗争的实践中形成了具有独特原则策略的斗争理论,发扬了敢于斗争、善于斗争的精神品质。列宁在其短暂而光辉的一生中,为全人类的解放事业作出了突出贡献,在哲学、政治经济学和科学社会主义等方面都取得了非凡成就。

第一节 为捍卫马克思主义进行斗争

没有革命的理论,就不会有革命的运动。理论是实践的先导。马克思主义是关于全世界无产阶级和全人类解放的学说。没有马克思主义科学理论的指导,国际工人运动必然不能顺利推进。19世纪末20世纪初,国际工人运动中的机会主义、修正主义思潮泛滥,带来了极其恶劣的影响。作为坚定的马克思主义者,列宁以理论论战的方式,同民粹主义、机会主义、修正主义等思潮进行了尖锐的斗争,划清了马克思主义同各种非马克思主义、反马克思主义派别的界限,为工人阶级革命运动指明了前进方向,提供了科学的思想武器。

---

[1]《列宁全集》第13卷,人民出版社2017年版,第218页。
[2]《列宁全集》第13卷,人民出版社2017年版,第219页。

第二章　在全体人民面前高举斗争旗帜

一、批判俄国自由主义民粹派

俄国自由主义民粹派是 19 世纪 60 年代开始出现的一种代表小资产阶级利益的派别，主要代表人物有瓦·沃龙佐夫、尼·康·米海洛夫斯基等人。19 世纪 80 年代，曾经具有一定历史进步性的民粹主义逐步走向革命进步的对立面，"害怕群众运动甚于害怕反动势力"①，公开攻击马克思主义，歪曲马克思主义的相关观点，进而成为马克思主义在俄国深入传播的最大障碍，在群众中造成了恶劣的影响。为了还马克思主义以本来面目，更好地向民众宣传马克思主义，为俄国无产阶级革命扫清障碍，1893 年至 1899 年间，列宁撰写了《什么是"人民之友"以及他们如何攻击社会民主党人？》《俄国资本主义的发展》等著作，对民粹派的观点进行批驳，阐明了马克思主义的正确观点。

关于唯物史观的基本观点。民粹派代表人米海洛夫斯基坚持唯心史观和抽象的人性论，认为人类天性是社会发展的动力和基础，以公平、正义等抽象原则来判定社会制度合理与否。因此，他认为，社会学的任务就是寻找能够满足人类天性的社会条件。对此，列宁强调了唯物史观的基本观点，即生产力决定生产关系，经济基础决定上层建筑。"只有把社会关系归结于生产关系，把生产关系归结于生产力的水平，才能有可靠的根据把社会形态的发展看做自然历史过程。"②如此方能认识社会发展的规律。针对米海洛夫斯基认为人类社会的历史是由个别杰出人物创造的观点，列宁强调，历史是人民群众创造的，个人必须与人民结合在一起，并且符合客观规律才能发挥巨大作用。当然，这并不否定个人的作用，"全部历史正是由那些无疑是活动家的个人的行动构成的"③。

关于俄国资本主义发展以及无产阶级的历史地位。民粹派从小资产阶级利

---

① 《列宁全集》第 22 卷，人民出版社 2017 年版，第 130 页。
② 《列宁选集》第 1 卷，人民出版社 2012 年版，第 8—9 页。
③ 《列宁选集》第 1 卷，人民出版社 2012 年版，第 26—27 页。

益出发,认为俄国的农村公社是社会主义的萌芽和初始模式,只需要利用好农村公社,将土地无偿交给农民,便能够使俄国绕过资本主义阶段直接进入社会主义。对此,列宁用丰富翔实的资料论述了俄国资本主义的发展,认为俄国农村已经产生了资本主义,这是俄国商品经济发展的必然结果。在生产资料私有制的条件下,小商品生产发展的基本趋势就是资本主义。虽然资本主义有其历史进步作用,即"社会劳动生产力的提高和劳动的社会化"[①],但同时又造成了广泛的、严重的社会矛盾,因而具有历史暂时性。这就为无产阶级进行社会主义革命创造了条件。

总之,在彻底批判自由主义民粹派的过程中,列宁阐述了马克思主义与民粹主义的本质区别,指出马克思主义是从社会经济形态出发来分析社会形态的变化,从而深刻阐明了唯物史观关于阶级斗争学说的精髓要义,从理论上彻底粉碎了民粹主义,确立了马克思主义在意识形态领域的指导地位。

二、批判"合法马克思主义"

"合法马克思主义",又称司徒卢威主义,是俄国19世纪90年代出现的一种打着马克思主义旗号的资产阶级改良思潮,主要代表人物有司徒卢威、布尔加柯夫等。他们承认俄国已经走上了资本主义道路,并且利用马克思主义的某些理论来为资本主义辩护,否认无产阶级革命和无产阶级专政。对此,列宁撰写了《非批判的批判》等一系列文章加以批驳。

其一,批判客观主义,强调革命的马克思主义者的态度。"合法马克思主义者"在哲学上用新康德主义来修正马克思主义,认为马克思主义关于许多方面的内容不够客观,把历史发展的客观规律性同个人、政党以及阶级的活动对立起来。列宁批判这种观点是与宿命论等同的客观主义,实质上是为资本主义辩护,以客观事实和所谓历史必然性为借口,抹杀阶级斗争,把资本主义的发

[①]《列宁选集》第1卷,人民出版社2012年版,第234页。

第二章 在全体人民面前高举斗争旗帜

展永恒化。而唯物主义不仅指出历史过程的必然性，还深刻分析为这种历史过程提供内容的社会经济形态，以及造成这种必然性的阶级。在批判这些修正主义者的错误的同时，列宁还深刻指出了革命的马克思主义者与修正主义者的不同之处，即前者始终想做彻底的马克思主义者，根据情况的变化和各国的特点发展马克思主义的基本原理，进一步研究马克思的辩证唯物主义和政治经济学理论；后者则想抛弃马克思学说中的某些重要方面。

其二，批判资产阶级实现论，揭示资本主义社会的内在危机。"合法马克思主义者"认为，马克思对社会资本再生产的分析所能得出的一个基本结论就是，资本主义实现了协调的、按比例的发展。针对这种把马克思的社会再生产实现论进行歪曲的行为，列宁明确指出"合法马克思主义者"这样做的目的是要抹杀资本主义再生产内部的固有矛盾。马克思关于社会按比例分配的假设并不等于承认资本主义社会实现了按比例分配，相反，无限扩大生产的企求和必然的有限消费的矛盾是资本主义再生产的固有矛盾。资本主义的本性一方面是要尽量限制广大人民群众的个人消费，使人民群众无产阶级化，而另一方面又要无限地扩大积累和生产，由此导致资本主义再生产的内在矛盾。这就揭示了资本主义社会的内在危机和资本主义的历史短暂性。

三、批判伯恩施坦修正主义

伯恩施坦修正主义是在恩格斯逝世后，在第二国际内部出现的以伯恩施坦为代表的思潮。其宣称马克思主义原理已经过时，打着"修正"马克思主义的旗号，对马克思主义理论进行了多方面的歪曲和攻击，给国际工人运动造成极其严重的不良影响。对此，列宁在一系列著作中对伯恩施坦修正主义进行了全面批判。

其一，对修正主义哲学的批判。伯恩施坦主张"回到康德"，用康德哲学"修正"和代替马克思主义哲学，像对待"死狗"一样否定革命的辩证法，企图调和唯物主义和唯心主义的根本对立；对于社会主义运动，伯恩施坦提出

"运动就是一切,最终目的算不了什么"①的口号。对此,列宁指出,伯恩施坦主义的本质是唯心主义哲学。哲学领域中辩证唯物主义与唯心主义形而上学的斗争,反映了阶级斗争,而阶级斗争是不可调和的。列宁指出:"对马克思学说的这种'修正'的真正的阶级意义是什么,这无须加以说明,因为这是不说自明的。"②意指修正主义哲学完全是资产阶级的附庸。而"运动就是一切"的口号,实则是着眼眼前微小的利益,放弃无产阶级的长远利益。

其二,对修正主义政治经济学的批判。伯恩施坦对马克思主义关于资本主义社会危机的理论发起攻击,他认为,伴随着垄断组织的发展,所有权与管理权逐渐分离,加之一系列技术的改善,使资本主义自身有了强大的自我调节能力,因而能够防止出现危机。列宁针锋相对地指出,修正主义把资本主义暂时的繁荣看成了长远的光景。事实证明,繁荣过后便会出现危机,危机依然是资本主义社会无法避免的,因为它是资本主义制度本身的产物。

其三,对修正主义的社会主义的批判。伯恩施坦主义对马克思主义哲学和政治经济学的"修正",最终是为了影响国际工人运动的路线和策略。伯恩施坦认为,资本主义社会的生产力发展到一定程度时,其内部已经有新的制度因素在萌芽生长,因此不必进行无产阶级革命,只需通过改良措施便可实现"和平长入社会主义"。对此,列宁批驳道:"在'民主制的'资本主义的自由下,经济上的差别并没有缩小,而是日益扩大,日益加深。"③此外,议会制度也没有消除资产阶级共和国作为阶级压迫机关的本质,想靠走议会改良道路"和平长入社会主义"是不可能的。

概言之,通过一系列论著,列宁揭露了修正主义者的错误本质,戳穿了他们妄图用鄙陋的唯心主义代替战斗的唯物主义,用庸俗进化论代替革命的辩证法,以达到歪曲和篡改马克思主义理论的目的,从而一举从思想上彻底粉碎了

---

① 《列宁全集》第17卷,人民出版社2017年版,第17页。
② 《列宁选集》第2卷,人民出版社2012年版,第3页。
③ 《列宁选集》第2卷,人民出版社2012年版,第6页。

修正主义，结束了社会革命党思想上的分歧和组织上的混乱，捍卫了马克思主义的纯洁性，为建立新型的无产阶级政党奠定了牢固的思想基础。

四、批判经济派

随着伯恩施坦修正主义在国际上大行其道，俄国国内也出现了与之相呼应的修正主义的俄国变种——经济派。经济派歪曲马克思主义为仅仅主张政治斗争的理论，并且极力否认政治斗争的重要性；迷恋工人运动的自发性和经济斗争，认为没有必要进行无产阶级革命，否定工人阶级政党的重要作用。经济派企图把工人运动引向工联主义和改良主义，成为俄国工人运动的重大阻碍。为驳倒经济派的观点，列宁撰写了《怎么办？》等著作，重点批判了经济派的自发论等观点，强调了政治斗争的重要性。

其一，强调政治斗争的重要性。经济派庸俗地理解马克思主义主张的经济基础决定上层建筑的观点，简单地认为经济利益在阶级社会中起决定作用，因此，提出进行经济斗争是工人运动的首要任务的观点。列宁直接驳斥了这种观点，他认为经济斗争所争取的只能是局部利益，不可能使无产阶级从根本上摆脱被剥削、被压迫的地位。列宁认为，各阶级最重大的"决定性"利益只有通过根本的政治改造来满足。因此，无产阶级利益的最终实现必须通过无产阶级革命，实现无产阶级专政。列宁进一步指出："社会民主党人不但不能局限于经济斗争，而且不能容许把组织经济方面的揭露当做他们的主要活动。我们应当积极地对工人阶级进行政治教育，发展工人阶级的政治意识。"①

其二，强调革命理论的重要作用，提出"灌输论"。针对经济派对自发性的崇拜，列宁指出，自发性斗争一般是初期工人运动的主要形式，缺乏系统的、严密的组织性，缺乏领导集体和奋斗目标，其斗争成果总是局部的、暂时的。因此，要从自发性上升到自觉性。从这一点出发，列宁强调了革命理论的

---

① 《列宁选集》第 1 卷，人民出版社 2012 年版，第 342 页。

重要作用，认为"没有革命的理论，就不会有革命的运动"[1]。此外，从自发性的工人运动中产生的理论，只能是工联主义思想。对此，列宁认为，"工人本来也不可能有社会民主主义的意识。这种意识只能从外面灌输进去"[2]，向广大工人群众灌输科学社会主义思想的任务只能是由"有产阶级的有教养的人"[3]即革命的知识分子来完成，如"现代科学社会主义的创始人马克思和恩格斯本人，按他们的社会地位来说，也是资产阶级知识分子"[4]。

五、批驳马赫主义

马赫主义，即经验批判主义，19世纪70年代至20世纪初产生并流行于德国、奥地利等欧洲国家。马赫主义以所谓纯粹经验为哲学基础，自称已经超越唯物主义和唯心主义。马赫主义在俄国的代表人物有波格丹诺夫、尤什凯维奇等人。他们自称是马克思主义者，但认为马克思主义已经过时，指责唯物主义反映论是"二元论"，唯物主义已经"被驳倒"，需要用马赫主义来补充和替代。列宁于1908年撰写了《唯物主义和经验批判主义》一书，对马赫主义进行批驳，阐述了马克思主义认识论的基本原理，强调了哲学的党性原则。

关于马克思主义认识论。首先，列宁批判了马赫主义主张的从思想和感觉到物的唯心主义认识论路线，强调了马克思主义从物到思维的认识路线，指出感觉是物质高度发展的产物，是人脑对外部世界的反映，是外部世界和意识的中间环节。其次，列宁批判了马赫主义的不可知论，指出"物是不依赖于我们的意识，不依赖于我们的感觉而在我们之外存在着的"，而"现象和自在之物之间决没有而且也不可能有任何原则的差别。差别仅仅存在于已经认识的东西

---

[1]《列宁全集》第6卷，人民出版社2013年版，第23页。
[2]《列宁选集》第1卷，人民出版社2012年版，第317页。
[3]《列宁选集》第1卷，人民出版社2012年版，第317页。
[4]《列宁选集》第1卷，人民出版社2012年版，第318页。

第二章　在全体人民面前高举斗争旗帜

和尚未认识的东西之间"①。再次，列宁批判了马赫主义的主观真理论，指出真理具有绝对性和相对性。绝对性既指真理的客观性，又指真理的无条件性；相对性指受条件限制，任何真理都有它的应用范围。二者相互依存、相互包含，辩证统一。最后，列宁批判了马赫主义的实用主义实践观，指出认识只有在它反映不以人为转移的客观真理时，才是有用的认识。实践作为检验真理的标准，是确定性和不确定性的统一。确定性指真理必须通过实践的检验；不确定性指实践总是有历史局限性的，它不可能立即完全地证实或推翻任何一种观念，而是需要在不断发展的实践中检验认识的真理性。

关于哲学的党性原则。列宁认为，哲学是有党派的，即有唯物主义和唯心主义之分，不存在一种像马赫主义一样宣称超然于唯物主义和唯心主义之上的哲学。唯物主义和唯心主义按其实质来说，是两个斗争着的党派，代表着不同的阶级。唯物主义和唯心主义的党派之争，"归根到底表现着现代社会中敌对阶级的倾向和意识形态"②。而所谓无党性的哲学，最终会陷入唯心主义，为资产阶级服务。因此，必须旗帜鲜明地坚持唯物主义，反对各种唯心主义和所谓中间派别。

第二节　为夺取政权和捍卫政权而斗争

"我们正奔赴战场，正在为我党夺取政权而斗争。这个政权应该是无产阶级和贫苦农民的专政。"③1917年，俄国爆发了震惊世界的十月革命，列宁领导的布尔什维克党推翻了资产阶级临时政府的统治，并逐渐在全国范围内建立了苏维埃政权。俄国十月革命的胜利，实现了马克思关于无产阶级专政的设想，开创了人类历史的新纪元。为取得俄国无产阶级革命的胜利，列宁在理论和实

---

① 《列宁选集》第2卷，人民出版社2012年版，第77页。
② 《列宁选集》第2卷，人民出版社2012年版，第240页。
③ 《列宁全集》第32卷，人民出版社1985年版，第364页。

践上，同党内外的一切反动力量进行坚决斗争。

一、关于俄国革命的理论斗争

早在 1905 年俄国资产阶级革命时期，列宁就在与孟什维克的论战中阐发了他对俄国革命一系列基本问题的初步认识。在革命领导权问题上，孟什维克认为领导权应该归属于资产阶级；列宁则明确指出革命的领导权应该归属于无产阶级，以使革命倾向于实现无产阶级的利益。他认为，俄国无产阶级已经成为俄国最先进、最彻底的革命阶级，并且有自己的政党，有能力担负起领导革命的重任。无产阶级要领导革命，重点是要取得对农民阶级的领导权。在革命前途问题上，孟什维克割裂了民主革命和社会主义革命的关系，认为二者之间存在所谓的"万里长城"或长期的停顿；列宁则提出民主革命转化为社会主义革命的思想。他认为，俄国革命需要分为民主革命和社会主义革命这紧密相连的两个阶段。前者为后者作出准备，创造条件，后者又是前者的必然发展。民主革命一旦胜利，就应当动员无产阶级进行社会主义革命。此外，列宁还就武装起义和工农民主专政等问题进行了论述，有力驳斥了孟什维克等机会主义在关于俄国革命问题上的一系列错误观点。

1914 年，第一次世界大战爆发。为反对帝国主义战争，彻底开展无产阶级革命，列宁深入探讨了资本主义经济政治发展不平衡的客观规律，创造性地提出社会主义可以在一国或数国首先获得胜利的理论。列宁认为，资本主义生产资料私有制及生产无政府状态造成的经济政治发展不平衡，是资本主义发展的绝对规律。"资本主义的发展在各个国家是极不平衡的。而且在商品生产下也只能是这样。由此得出一个必然的结论：社会主义不能在所有国家内同时获得胜利。它将首先在一个或者几个国家内获得胜利，而其余的国家在一段时间内将仍然是资产阶级的或资产阶级以前的国家。"[①] 这极大地发展了马克思主义

[①]《列宁选集》第 2 卷，人民出版社 2012 年版，第 722 页。

第二章 在全体人民面前高举斗争旗帜

关于社会主义革命的理论。1917年3月,俄国二月革命取得胜利,沙皇专制制度被推翻。从此,俄国革命开始由资产阶级民主革命转入无产阶级社会主义革命阶段。随后,列宁在著名的《四月提纲》中为布尔什维克党和无产阶级规定了从资产阶级民主革命向社会主义革命转变的具体路线和计划,提出苏维埃共和国是无产阶级专政的最适当的政治形式,提出革命和平发展的新方针,提出没收地主土地等一系列革命方针。七月事变后,列宁写出《国家与革命》这部光辉著作,科学阐述了国家与革命的一系列重大问题,明确了无产阶级在革命中的任务,阐明了无产阶级专政的历史必然性。这一系列论述,为十月革命的成功提供了理论基础。

二、领导指挥十月革命

1917年二月革命胜利后,俄国出现了资产阶级临时政府和彼得格勒工兵代表苏维埃两个政权并存的局面。经历七月事变的短暂挫折后,布尔什维克逐渐成长为革命的主导力量,革命的时机渐渐成熟了。俄历1917年10月7日,列宁回到彼得格勒。俄历10月10日,列宁武装起义的主张在布尔什维克党中央会议上以压倒性票数通过。会议宣布:"武装起义是不可避免的,并且业已完全成熟。"[1] 随后,布尔什维克党中央召开多次会议研究武装起义问题,通过了列宁起草的关于武装起义的决议;成立了以列宁为首的中央政治局,负责起义的政治领导。各项准备工作在列宁的领导下有条不紊地推进,起义蓄势待发。然而就在此时,布尔什维克党内却出现了另一种声音。季诺维也夫和加米涅夫多次在党内会议上反对举行武装起义,千方百计地阻挠起义,甚至在孟什维克的报纸上公开发表文章,反对武装起义。这一行为泄露了武装起义的相关机密部署,对起义造成了相当严重的负面影响。临时政府由此得知了起义的消息,急忙从前线调集军队,妄图将起义扼杀在摇篮里。关键时刻,列宁一边怒

---

[1]《列宁全集》第32卷,人民出版社1985年版,第385页。

> 读懂伟大斗争

斥这是"叛变活动"和"工贼行为",一边进一步加紧起义的部署和准备。党中央决定,提前于11月6日,即俄历10月24日举行起义。

在首都彼得格勒,布尔什维克党组织的起义队伍以工人赤卫队为骨干,还有波罗的海舰队转向革命的水兵和彼得格勒卫戍部队转向革命的团队,总共约20万人;而临时政府在首都掌握的部队只有几万人。革命武装力量大大超过了反革命武装力量。列宁全神贯注于对起义的指挥之中。俄历10月24日夜里,列宁给中央委员会发出紧急信,要求无论如何必须在今晚逮捕政府人员,解除士官生的武装(如果他们抵抗,就消灭他们),等等。他要求,必须不惜任何代价彻底击溃临时政府。"拖延发动等于自取灭亡。"[1]随后,列宁从秘密住所潜往武装起义的总指挥部斯莫尔尼宫,亲自领导这场起义。在列宁的领导和将士们的英勇战斗下,起义部队逐渐占领了首都的全部重要战略据点和政府的各个机关,留在反动派手中的只剩下临时政府所在地冬宫了。第二天晚上9点钟左右,涅瓦河畔的阿芙乐尔号巡洋舰发出隆隆炮声,起义部队正式向冬宫发起进攻。凌晨1点多,起义部队攻破了宫门,山洪般往冬宫里面冲锋,随即与冬宫内负隅顽抗的反革命武装进行了最后的激战,终于在凌晨2点完全占领了冬宫。临时政府首脑克伦斯基早已逃跑,剩下的临时政府官员悉数被控制。武装起义成功了!

1917年11月7日,即俄历10月25日晚,苏维埃第二次全国代表大会在斯莫尔尼宫隆重开幕,大会首先通过了列宁起草的《告工人、士兵和农民书》,宣布临时政府已被推翻,工兵农苏维埃代表大会已经把政权掌握到自己手中,各地全部政权一律转归工兵农代表苏维埃。大会还通过了组织第一届工农政府即人民委员会的决定,列宁当选为人民委员会主席。世界上第一个无产阶级专政的国家从此诞生。在彼得格勒武装起义取得胜利的同时,布尔什维克党将革命扩展到全国广大地区,与反革命武装进行了激烈的战斗,苏

---

[1]《列宁全集》第32卷,人民出版社1985年版,第431页。

第二章　在全体人民面前高举斗争旗帜

维埃政权的覆盖面也不断扩大。到1918年3月，全国广大的城乡地区基本上建立了苏维埃政权。

三、捍卫新生的苏维埃政权

十月革命胜利后，苏维埃政权在俄国广大地区建立起来。然而，新生的苏维埃政权面临国内国外多方带来的危险。对此，列宁领导布尔什维克党以及全国军民，为捍卫新生的苏维埃政权开展了艰苦卓绝的斗争。

一是签订《布列斯特和约》。十月革命后，退出第一次世界大战、缔结和约，成为苏维埃政权迫在眉睫的重要任务。如不结束战争，就不可能巩固革命的胜利，不可能成功捍卫新生的政权，不可能着手进行社会主义改造。由于德国提出的条件十分苛刻，布尔什维克党内多数人反对签约。列宁则主张立即签约，并且向同志们作了耐心的劝说。列宁指出，苏维埃俄国没有进行革命战争所必需的物质力量，唯一的出路是在德方提出最后通牒后立即签订和约。如果继续进行战争，必然的军事失败将会迫使俄国接受条件更加苛刻的和约，招致无产阶级政权的毁灭。这看似是妥协，但实质上是特殊时期特殊情况下的一种斗争方式，根本目的是要捍卫苏维埃政权。最终，大家接受了列宁的意见。1918年3月，苏维埃俄国与德国、奥匈帝国、保加利亚、土耳其在布列斯特签订了和约。根据和约内容，苏维埃俄国要割让100万平方公里的土地，还要缴付巨额赔款。但8个月后，德国在第一次世界大战中战败。苏维埃俄国随即宣布废除《布列斯特和约》。

二是抗击帝国主义的武装干涉。苏维埃政权的建立，使西方资本丧失了在俄国投资的工矿企业和巨额贷款，丧失了庞大的原料基地和商品市场。此外，西方帝国主义国家惧怕十月革命会造成连锁反应，引发西方国家的社会主义革命。因此，西方帝国主义决定对苏维埃俄国进行干涉。1918年3月起，以英法为首的协约国开始对苏维埃俄国进行公开的武装干涉。他们不但直接出兵入侵苏俄，还策动苏俄境内的反革命势力进行武装叛乱。到1918年夏天，苏俄四分之三的领土被敌人占领，失去重要的粮食、原料、燃料产地，60%的工厂停工。危急时刻，苏维埃政府号召广大人民行动起来保卫祖国。整个国家进入战时轨道，实行战时共产主义政策。11月30日，全俄苏维埃中央执行委员会决定成立以列宁为首的工农国防委员会来领导前线和后方的防御工作。在列宁的领导下，多个地区恢复了苏维埃政权。但帝国主义仍不罢休，战争继续进行。

三是粉碎国内外敌人的三次大规模联合武装进攻。1919年，协约国开始组织和支持俄国反革命叛乱分子，以达到武装干涉的目的，前后对苏俄共发动了三次大规模联合武装进攻。第一次联合进攻在1919年上半年，主力是占据西伯利亚一带的前俄国海军上将高尔察克的白卫军；第二次联合进攻在1919年夏天至1920年春天，主力是集结在俄罗斯南部的邓尼金部队；第三次联合进攻在1920年春天至秋天，主力是波兰的反革命军队和盘踞在克里米亚半岛的弗兰格尔白卫军。在列宁的领导下，苏俄全国军民上下一心，众志成城，最终粉碎了这三次大规模联合武装进攻，捍卫了新生的苏维埃政权。

四、在理论上为十月革命和苏维埃辩护

十月革命后，新生的苏维埃政权不仅面临着来自国内外反动派的武装进攻，还面临着来自孟什维克和第二国际机会主义者在理论上的进攻。他们从马克思、恩格斯的只言片语和西欧社会发展经验出发，在关于俄国革命的问题上形成了庸俗马克思主义的观点。其中的代表人物，孟什维克分子苏汉诺夫在苏俄实行新经济政策时期出版了《革命札记》。该书认为，俄国是落后的农民国家，不具备社会主义革命和建设的经济文化条件，反对十月社会主义革命。苏汉诺夫的论调从理论上根本否定了十月革命的合理性，否定了苏维埃政权的合法性，继而否定了俄国进行社会主义建设的合理性。这给人们造成了一定程度的思想混乱，对苏维埃政权的巩固十分不利。为了给十月革命辩护，在理论上捍卫苏维埃政权，列宁对孟什维克和第二国际机会主义者的荒谬理论给予了坚

决驳斥。其观点集中于《论我国革命》一文中。

《论我国革命》一文总结了俄国社会主义革命和建设的经验，驳斥了孟什维克和第二国际机会主义者借口俄国缺乏实行社会主义的客观经济前提来否定俄国革命的论调，运用革命辩证法论证了俄国进行社会主义革命和建设的必要性和可能性。列宁批评他们对马克思主义的理解迂腐到无以复加的程度，批评他们不懂马克思主义中具有决定性意义的东西即革命的辩证法。列宁强调："世界历史发展的一般规律，不仅丝毫不排斥个别发展阶段在发展的形式或顺序上表现出特殊性，反而是以此为前提的。""俄国革命有别于以前西欧各国的革命，而且这些特殊性到了东方国家又会产生某些局部的新东西。"[①]列宁认为，建设社会主义的确需要一定的经济、文化发展水平，但俄国由于自身的历史条件，可以先夺取革命的胜利，然后在工农政权和苏维埃制度的基础上提高生产力和文化水平。列宁的这些论述，对俄国社会主义革命和建设的思路进行了高度凝练，对俄国社会主义革命和建设的合理性进行了解释，从理论上驳斥了孟什维克和第二国际机会主义者对俄国革命和苏维埃政权的攻击，有力地捍卫了苏维埃政权。

第三节　依靠人民群众进行斗争

马克思、恩格斯指出："无产阶级的运动是绝大多数人的，为绝大多数人谋利益的独立的运动。"[②]"历史活动是群众的活动，随着历史活动的深入，必将是群众队伍的扩大。"[③]人民群众是历史的创造者，是推动历史前进的决定性力量，人民性是马克思主义鲜明的品格。列宁继承了马克思主义人民性的光辉品格，深刻认识到广大人民群众的伟大力量，坚持依靠人民群众进行斗争。列

---

① 《列宁选集》第4卷，人民出版社2012年版，第776页。
② 《马克思恩格斯选集》第1卷，人民出版社2012年版，第411页。
③ 《马克思恩格斯文集》第1卷，人民出版社2009年版，第287页。

读懂伟大斗争

宁提出:"在人民群众中,我们毕竟是沧海一粟"①,只有"无产阶级的百万大军才是万能的"②。

一、深刻论述党和人民群众的关系

为什么人的问题,是原则问题,更是根本问题。列宁始终秉持马克思主义的人民立场,把为人民谋幸福作为根本使命。"他的思想,像罗盘的指针一样,总是指向劳动人民的阶级利益。"③列宁认为,布尔什维克党的力量来自人民群众。布尔什维克党要想取得革命成功,就必须取得人民群众的支持和拥护,和人民群众保持紧密联系。他批判社会革命党脱离人民群众的做法:"他们一开始就站在并且继续站在工人运动之外,甚至不打算成为进行自己阶级斗争的革命阶级的政党。"④列宁认为,革命党的历史使命就是领导革命阶级进行革命。他强调:"革命的唯一'希望'就是'群众',只有(在实际上而不是在口头上)领导这种群众的革命组织,才能够同警察进行斗争,——这是起码的常识。"⑤在列宁的领导下,布尔什维克党与广大人民群众建立了亲密联系,获得了无穷力量。特别是在严酷的战争环境中,人民群众的支持更是布尔什维克党能够顽强斗争下去的重要保障。列宁对此作出总结:"我国革命的教训就是:只有以一定的阶级为依靠的政党才是强有力的,才能在形势发生各种各样的转变的时期安然无恙。"⑥

十月革命后,布尔什维克党逐渐在全国范围内执政。但与此同时,一种脱离群众的声音逐渐出现,认为布尔什维克党在执政后,生存压力有所缓解,政

---

① 《列宁全集》第43卷,人民出版社2017年版,第113页。
② 《列宁全集》第22卷,人民出版社2017年版,第119页。
③ 《回忆列宁》第2卷,人民出版社1982年版,第298页。
④ 《列宁全集》第6卷,人民出版社2013年版,第368页。
⑤ 《列宁全集》第6卷,人民出版社2013年版,第370—371页。
⑥ 《列宁全集》第17卷,人民出版社2017年版,第325页。

第二章 在全体人民面前高举斗争旗帜

党联系群众的需求有所减少。对此,列宁指出:"保持政权比夺取政权更困难。我们从历史上的许多例子中可以看到,常常工人阶级夺得了政权,但是不能保持政权,其原因就在于没有充分强大的组织。"① 他还强调,夺取政权之后,捍卫政权和进行社会主义建设依然且必须依靠人民群众。列宁对党内脱离群众的声音提出警告:"最严重最可怕的危险之一,就是脱离群众,就是先锋队往前跑得太远,没有'保持排面整齐',没有同全体劳动大军即同大多数工农群众保持牢固的联系。"②

二、依靠人民群众发动革命

工人阶级解放斗争协会,是列宁在1895年间领导建立的工人革命组织,为俄国社会民主工党的建立奠定了组织基础。早在协会建立初期,列宁就将密切联系群众作为协会的主要原则之一。协会组织有觉悟的工人在一些大企业中建立工人小组,发动一系列罢工,并取得胜利,如托伦顿纺织工人罢工。工人阶级在对资本家的斗争甚至对沙皇制度的斗争中展现出来的革命性和伟大力量,使列宁认识到,要想推翻沙皇制度,必须依靠人民群众的力量。1917年3月(俄历2月),彼得格勒爆发了总罢工和武装起义,这就是著名的二月革命。在二月革命中,布尔什维克党依靠工人群众进行斗争,一举推翻了沙皇政府,建立了苏维埃政权。当军事独裁者科尔尼洛夫发动军事政变,妄图窃取革命果实时,列宁和布尔什维克党组织发动了4万多工人武装和2万多卫戍部队士兵前往平叛。依靠广大群众的力量,平叛一举成功。在随后的十月革命中,列宁获得广大人民群众的支持,领导工人赤卫队、卫戍部队和波罗的海舰队的革命士兵共20万人举行武装起义。革命武装在广大人民群众的支持下显示出压倒性优势,最终一举获得胜利。正如列宁所说:"俄国的整个新纪元正是靠人民

---

① 《列宁全集》第34卷,人民出版社2017年版,第440页。
② 《列宁全集》第42卷,人民出版社2017年版,第383页。

的热情赢得并且支持下来的。"①

以列宁为首的布尔什维克党始终坚持人民群众是历史的创造者这个唯物史观的基本观点，始终坚信依靠人民群众的力量可以获得革命的成功。列宁强调，无产阶级政党必须扩大和保持同广大人民群众的联系，必须获得人民群众的信任。如果将自己同广大人民隔绝开来，丧失同本阶级人民的联系，那么便一定会失去人民的支持，走向灭亡。要想革命成功，就必须依靠人民群众，获得他们的支持。此外，在长期的革命斗争中，列宁意识到农民阶级是工人阶级的同盟军，工人阶级必须同农民阶级建立牢固的工农联盟，才能形成强大的力量以进行革命。十月革命的胜利正是在工农联盟的基础上实现的。对于国际共产主义运动，列宁同样认为必须取得广大劳动群众的支持："劳动群众拥护我们。我们的力量就在这里。全世界共产主义运动不可战胜的根源就在这里。"②

三、依靠人民群众捍卫政权

十月革命后，俄国在全国范围内逐渐建立起苏维埃政权，但随之而来的还有国内外反动势力的联合进攻。对此，列宁依旧相信人民群众的力量，强调只有依靠广大人民群众，才能成功捍卫苏维埃政权。他指出："谁的后备多，谁的兵源足，谁的群众基础厚，谁更能持久，谁就能在战争中取得胜利。"③号召"大家都去同邓尼金作斗争！"④"彻底消灭高尔察克和邓尼金"⑤，并发动几十万党员、团员、工人、农民奔赴前线，与反动势力进行艰苦卓绝的战斗。列宁强调："只有相信人民的人，只有投入生气勃勃的人民创造力泉源中去的人，才

---

① 《列宁全集》第13卷，人民出版社2017年版，第81页。
② 《列宁选集》第4卷，人民出版社2012年版，第53页。
③ 《列宁选集》第4卷，人民出版社2012年版，第57页。
④ 《列宁全集》第37卷，人民出版社2017年版，第40页。
⑤ 《列宁全集》第37卷，人民出版社2017年版，第150页。

第二章　在全体人民面前高举斗争旗帜

能获得胜利并保持政权。"① 广大人民群众积极响应号召，仅仅一年多的时间，红军数量就从原来的几十万人发展到1919年底的450万人；仅1920年一年，工人就为红军制造和修理了步枪100多万支、机关枪7000多挺，生产了步枪子弹4亿多发、炮弹200多万发；1919年7月至1920年7月，红军从全国各地获得棉大衣300多万件、皮靴400多万双、衣服600多万套；1920年5月，仅莫斯科一地参加星期六义务劳动的群众就达100多万人。这真可谓是一场人民战争。全国军民在列宁的领导下，经过三年团结一致的斗争，终于击溃了国内外反动派的联合进攻，成功捍卫了新生的苏维埃政权。正如列宁所说："一个民族，只要它的大多数工人和农民都知道、感觉到并看到，他们正在捍卫自己的政权，即苏维埃政权，劳动者的政权，他们正在捍卫这样一种事业，这一事业的胜利将保证他们和他们的子孙能够享用一切文化财富和人类劳动的一切成果，——只要有了这样的条件，这个民族就是永远不可战胜的。"②

第四节　组织政党进行斗争

列宁高度重视建立独立的马克思主义的无产阶级政党。在革命斗争生涯中，列宁高举马克思主义伟大旗帜，以马克思主义建党学说为指导，参与和领导组建了俄国的无产阶级政党，并积极同党内外形形色色的影响党的团结、影响党的先进性、纯洁性以及战斗力的思潮和行为作坚决斗争，最终将俄国的无产阶级政党锻造成为一个真正的马克思主义政党，成为俄国革命的坚强领导核心，开创了一条以马克思主义先锋政党领导人民群众夺取革命胜利、迈进社会主义社会的光明大道。在此过程中，列宁对马克思主义政党建设问题作了诸多卓有成效的理论探讨与实践探索。

---

① 《列宁全集》第33卷，人民出版社2017年版，第61页。
② 《列宁全集》第36卷，人民出版社2017年版，第302页。

一、第二国际时期关于无产阶级建党的争论

在为自身乃至全人类谋求解放而斗争的伟大历史进程中，无产阶级只有团结起来、组织起来，才能成为一种强大的革命性力量并发挥重要作用，这一观念在世界各国工人运动和国际共产主义运动中得到普遍认可，但不同流派的理论家和活动家在关于无产阶级以何种形式组织起来以及追求何种斗争目标等问题上长期存在分歧，这种分歧在第二国际时期尤其是马克思和恩格斯相继离世后愈演愈烈。第二国际时期，西方资本主义国家又经历了数十年发展，与马克思、恩格斯撰写《共产党宣言》的那个时代相较而言，无论是在经济、政治、文化、科技层面，还是在社会层面，都已经展现出许多新特点，尤其是代议制度、选举制度、劳资关系以及报刊媒体等的新发展，为无产阶级的解放斗争和工人运动开放了众多平台渠道，创造了更多机会和可能性，提供了议会斗争、工会运动、报刊论战等非暴力的合法斗争手段，这些无疑是无产阶级应该加以运用而非一概拒斥的。但在运用这些和平的、合法的手段进行斗争的实践过程中，有一部分人逐渐产生了一种否定阶级斗争、否认无产阶级专政、否定暴力革命、否定无产阶级独立建党必要性的倾向，主张"和平长入社会主义"，机会主义和修正主义思潮开始在各国无产阶级和工人群体中滋生并不断扩大其影响。伯恩施坦等一批具有相当影响力的工人运动领袖，自觉或不自觉地投入资产阶级怀抱，甚至公然背叛无产阶级、背叛马克思主义、背叛国际共产主义运动和全人类革命解放事业。

同时期，俄国国内也受到这股思潮的影响，出现了"经济派""孟什维克派"等团体，这些团体虽然在沙皇封建专制政权统治下的俄国社会具有一定进步意义和革命性，并曾在斗争中与列宁等马克思主义者站在同一战线，但他们就无产阶级建党问题提出的一系列机会主义和修正主义主张，给俄国革命事业带来了消极影响。"经济派"用一种庸俗的唯物主义看问题，他们认为，对工人来说，为改善生活状况而进行的经济斗争要比政治斗争更加实在；并且认

第二章　在全体人民面前高举斗争旗帜

为，工人无须别人指导就会自发地进行这种经济斗争。他们盲目崇拜工人运动的自发性，反对革命的马克思主义，否认革命理论、政治斗争以及无产阶级政党在工人运动和社会发展中的作用，主张工人放弃独立的政治要求，放弃建立独立的无产阶级政党，限制工人运动的范围，即仅在资产阶级社会内为改善劳动和生活的条件同资本家和政府进行经济斗争。在已经建立起来的俄国社会民主工党内部，对党纲、党章、组织原则、斗争方式等也产生了分歧，孟什维克派反对权威，反对集中制，反对建立严密的党的组织体系，敌视组织纪律性，不重视保持党的先进性和纯洁性，为机会主义分子进入工人政党大开方便之门。而以马尔托夫为代表的孟什维克中的"取消派"，在1905年革命失败后的低潮期，甚至采取投降主义立场，主张取消党的秘密组织和秘密革命活动，企图以此换取俄国统治当局的承认以便走议会斗争和立宪改革道路，其实质就是取消无产阶级革命并放弃建立革命的马克思主义政党。这些形形色色的机会主义、修正主义思潮从内部严重分裂了俄国无产阶级，动摇了无产阶级追求彻底解放的信念，削弱了无产阶级作为一个团结的整体的战斗力，给俄国革命乃至国际共产主义运动和各国无产阶级解放事业的前景蒙上了阴霾。

二、无产阶级要赢得斗争就必须组建马克思主义政党

面对国内外接连涌现的形形色色的机会主义、修正主义思潮，列宁高举马克思主义旗帜，坚定站在广大工人阶级和劳苦大众的立场上，立足俄国国情和革命面临的客观形势，就无产阶级独立建党问题在理论和实践两个层面与机会主义、修正主义分子作了坚决斗争。

在理论层面，列宁与众多机会主义、修正主义者进行了多次理论论战。1894年，列宁撰写了《什么是"人民之友"以及他们如何攻击社会民主党人？》，对民粹派的理论和纲领进行了系统批判，阐述了马克思、恩格斯创立的唯物史观的基本原理，进一步指出了俄国无产阶级和马克思主义者的历史使命，提出了建立工人政党的任务。1899年，《俄国资本主义的发展》一书出

版，在书中，列宁对俄国的经济制度和社会阶级结构进行了全面的研究剖析，论证了俄国已经是一个资本主义国家的事实，对民粹派所宣称的俄国可以避开资本主义、通过农村公社达到社会主义的论调进行了彻底批驳，为俄国建立无产阶级政党扫清了一大障碍。面对伯恩施坦主义的俄国变种——"经济派"，列宁于1899年联合一些社会民主党人发表了《俄国社会民主党人抗议书》，号召与经济派进行斗争。后来，列宁又先后发表了《从何着手？》《同经济主义的拥护者商榷》等文章，进一步批驳了经济派的观点。1901年至1902年间，列宁撰写了著名的《怎么办？》一书，对经济派的观点进行了深刻批判，并就建立新型无产阶级政党问题作了系统论述。在书中，列宁明确指出："无产阶级的自发斗争如果没有坚强的革命家组织的领导，就不能成为无产阶级的真正的'阶级斗争'。"[①] 在与孟什维克派的理论斗争方面，列宁于1904年撰写了《进一步，退两步》，揭露了孟什维克派在党的组织问题上的机会主义倾向，阐述了建立新型无产阶级政党的思想，强调组织统一对于无产阶级的重要意义，并明确指出了党的本质和先进性。

在与机会主义、修正主义者进行理论论战的过程中，列宁把马克思主义建党学说同俄国具体实际相结合，全面深刻地阐述了无产阶级政党建设的一系列重大理论和原则问题，阐明马克思主义建党学说的实质与真谛，澄清了对马克思主义的诸多歪曲与误解，把马克思主义建党学说发展到了一个新的高度。同时，列宁揭露了机会主义、修正主义者的真实面目，指出了他们对革命的消极影响，为无产阶级和广大群众指明了通往革命胜利的正确道路，为建立独立的、团结的、坚强的，以工人阶级中的先进分子为骨干的，以推翻沙皇和资产阶级政权代之以无产阶级专政为斗争目标的马克思主义政党，扫清了障碍，奠定了思想基础，提供了行动指南。

在实践层面，列宁积极参与和领导了俄国无产阶级的建党工作。1883年，

---

① 《列宁选集》第1卷，人民出版社2012年版，第414页。

普列汉诺夫、查苏利奇等人在瑞士日内瓦建立了俄国第一个马克思主义团体——"劳动解放社"，这一团体在传播马克思主义和与民粹派进行斗争等方面做了诸多工作，并于1884年和1887年先后拟定了两个俄国社会民主党纲领草案，这是俄国马克思主义社会民主党建党准备工作很重要的一步。[1] 1895年，列宁前往瑞士与普列汉诺夫会面，就加强合作和协调行动进行了磋商。同年，列宁将彼得堡分散的马克思主义工人小组合并为"工人阶级解放斗争协会"，并组织多种形式的斗争活动，该协会领导的彼得堡纺织工人总罢工还迫使沙皇政府不得不于1897年颁布了11小时半工作日的法令。协会的成立和运作，使俄国初步实现了社会主义同工人运动的结合，为之后建立正式的工人政党做了准备。"工人阶级解放斗争协会"成立的意义就如列宁所言的那样，它是依靠着工人运动的革命政党的第一个不容忽视的萌芽。[2]

1898年3月，全俄各地的社会民主主义者组织起来在明斯克召开第一次代表大会，大会通过决议决定成立俄国社会民主工党，迈出了建党的重要一步。但大会没有通过明确的党纲和党章，各地的社会民主主义者并未被充分组织整合起来，加之会议选出的中央委员会成员后来又被全部逮捕，所以事实上这次大会尚未彻底完成建党的历史任务。此后几年里，列宁一直在为建立一个革命的马克思主义政党而努力，并围绕建党问题发表了《从何着手？》《怎么办？》等著作，系统阐述了党的性质、作用和基本原则，提出具体的建党计划。1903年7月至8月间，俄国社会民主工党第二次代表大会在布鲁塞尔和伦敦两地召开，大会通过了党纲和党章，选出了党的领导机构，明确提出了进行社会主义革命，推翻资本主义制度，实行无产阶级专政，建设社会主义和共产主义的任务。但在讨论党章时，在是否应该建立一个集中统一、组织严密的党等问题上，以列宁为首的布尔什维克（多数派）与以马尔托夫为首的孟什维

---

[1]《联共（布）党史简明教程》，人民出版社1975年版，第16页。
[2]《联共（布）党史简明教程》，人民出版社1975年版，第19页。

读懂伟大斗争

克（少数派）产生了严重分歧，后者持无政府主义态度，反对组织纪律性，提倡一种涣散的党的组织形态。在选举中央领导机构时，拥护列宁和布尔什维克的人占多数，因此，就结果而言，大会的召开基本上宣告了一个与第二国际时期各国社会民主党截然不同的新型工人政党已经建立，但孟什维克派的问题未得到解决。

1905年，俄国爆发第一次资产阶级民主革命，布尔什维克和孟什维克分别单独召开代表会议，提出各自的策略路线。列宁主持制定了布尔什维克的革命策略路线，主张由无产阶级领导革命，推翻沙皇政权，建立临时革命政府，实行工农民主专政，把资产阶级民主革命进行到底并及时转变为社会主义革命。孟什维克则主张由资产阶级领导革命，建立资产阶级政权，反对立即实现向社会主义革命的转变。在这次革命中，布尔什维克积极参加并领导了全俄总政治罢工和莫斯科武装起义，列宁还于11月回到彼得堡领导布尔什维克的工作。虽然革命最终失败，但党在斗争中得到了锻炼。随后革命进入低潮期，俄国社会民主工党内又出现两个新的机会主义派别，即取消派和召回派，前者主张取消党的秘密组织，公开活动，使党变成合法政党；后者主张召回在杜马中的党团，反对合法斗争。以列宁为代表的布尔什维克同这两种错误倾向进行了斗争，将秘密斗争与合法的公开活动结合起来，积极争取和教育群众，以迎接新的革命高潮的到来。

1912年1月，列宁在布拉格主持召开的俄国社会民主工党第六次全国代表会议将孟什维克取消派开除出党，正式确立布尔什维克在党内的主导地位。1917年，布尔什维克领导发动了震惊世界的十月革命，列宁亲临革命风暴中心领导起义，革命成功后，苏维埃政权建立。次年，俄国社会民主工党更名为俄国共产党（布尔什维克），又于1925年更名为全联盟共产党（布尔什维克）。[①] 在列宁的领导下，在经历了同形形色色的机会主义、修正主义倾向的

---

① 何海根：《无产阶级政党在俄国的建立》，《学习时报》2021年2月8日第3版。

斗争后，俄国的工人政党从幼稚不断走向成熟，从涣散不断走向团结，在思想上和组织上不断得到巩固和发展，最终蜕化为一个革命的马克思主义政党，成为领导俄国革命的核心力量。

三、必须在斗争中加强党的建设

俄国无产阶级政党的建立早在19世纪末就已完成，但自成立伊始，这个党自身就存在诸多问题，如机会主义思潮泛滥、脱离群众、派别分裂、组织涣散等，在革命过程中如若不与这些问题进行斗争，党的号召力、战斗力将无法保证，甚至党生存发展的前景都将蒙上阴影，革命进程也将大受影响。为了解决种种制约党的发展以及影响党的性质和战斗力的问题，列宁和俄国的无产阶级付出了巨大努力并取得了卓越成就。

在政治建设方面，建党之初，列宁高度重视党纲、党章的制定工作，推动党提出明确的政治路线，并积极与经济派的机会主义政治路线作斗争。同时，他十分强调维护党的团结统一和党中央权威以及坚持民主集中制的重要性，与俄国社会民主工党党内孟什维克派尤其是孟什维克取消派否定马克思主义、否定党的革命纲领和策略、无视党中央权威等破坏党的团结统一的行径进行了坚决斗争。十月革命胜利后，列宁仍强调："我们必须记住，内部的危险在某种意义上比邓尼金和尤登尼奇的危险还要大，因此我们不仅需要形式上的团结，而且需要非常坚固的团结。"①并与俄共（布）内产生的所谓"工人反对派"和"民主集中派"等背离党的纲领和政治路线的派别进行斗争。列宁有力维护了党的团结统一和党中央权威，保证了全党步调一致，为建设一个坚强有力的党作出了重要贡献。

在思想建设方面，列宁强调："没有革命理论，就不会有坚强的社会党，因为革命理论能使一切社会党人团结起来，他们从革命理论中能取得一切信

---

① 《列宁选集》第4卷，人民出版社2012年版，第481页。

念，他们能运用革命理论来确定斗争方法和活动方式。"①"只有以先进理论为指南的党，才能实现先进战士的作用。"②他还旗帜鲜明地指出，"我们完全以马克思的理论为依据，因为它第一次把社会主义从空想变成科学"③。可见，列宁所说的革命理论和先进理论实际上就是指马克思主义理论。同时，列宁反对将马克思主义教条化，他强调："我们决不把马克思的理论看做某种一成不变的和神圣不可侵犯的东西；恰恰相反，我们深信：它只是给一种科学奠定了基础，社会党人如果不愿落后于实际生活，就应当在各方面把这门科学推向前进。我们认为，对于俄国社会党人来说，尤其需要独立地探讨马克思的理论，因为它所提供的只是总的指导原理，而这些原理的应用具体地说，在英国不同于法国，在法国不同于德国，在德国又不同于俄国。"④列宁一生都致力于将马克思主义同俄国具体实际相结合，使之与俄国革命实践以及人类社会发展相适应，并不断在实践基础上推进理论创新。正是怀揣着这种创新精神与实事求是精神，列宁在帝国主义发展问题、国家理论、党的建设等方面实现了一系列重大理论创新，创立了列宁主义，将马克思主义发展到一个新的高度，也为俄国无产阶级及其政党提供了锐利的思想理论武器。

在组织建设和纪律建设方面，由于俄国是一个小生产者占人口多数的国家，因此，在建党初期，党内组织纪律涣散，特别是以马尔托夫为代表的一批人拥护无政府主义，反对权威、反对党的纪律、反对建立党的严密的组织体系，对党的集中统一造成严重负面影响。列宁对党内存在的涣散观念以及无政府主义倾向进行了批评，与马尔托夫等人反对纪律约束、无视组织原则的行径作了斗争。列宁十分强调组织建党、纪律管党的重要性，指出："社会民主党

---

① 《列宁选集》第 1 卷，人民出版社 2012 年版，第 274 页。
② 《列宁选集》第 1 卷，人民出版社 2012 年版，第 312 页。
③ 《列宁选集》第 1 卷，人民出版社 2012 年版，第 273 页。
④ 《列宁选集》第 1 卷，人民出版社 2012 年版，第 274—275 页。

不仅是思想上的统一体,而且是组织上的统一体。"① "谁哪怕是把无产阶级政党的铁的纪律稍微削弱一点(特别是在无产阶级专政时期),那他事实上就是在帮助资产阶级来反对无产阶级。"② 列宁在总结布尔什维克成功的基本经验时写道:"无产阶级实现无条件的集中和极严格的纪律,是战胜资产阶级的基本条件之一。"③ 在列宁的领导下,党的组织建设和纪律建设取得了显著成效,党实现了在组织上的高度统一和团结。

此外,列宁还围绕党的作风建设、制度建设以及反腐败斗争等作出了一系列论述,推进了一系列具体实践。在俄国无产阶级的革命斗争历程中,无产阶级政党一方面要面对国内外反动势力的打击镇压和疯狂反攻,另一方面又面临着种种管党治党难题。事实上,党能够不断走向成熟并最终蜕化为一个马克思主义的革命的无产阶级政党,经历了一个艰难的过程。在此过程中,列宁始终重视党的建设,并围绕党的建设提出一系列正确主张。正是在他的正确领导和亲自推动下,党的先进性和纯洁性得以维护,党的战斗力得到保障。最终,党不仅在艰难的革命斗争中存活下来,而且日益强大,并最终取得革命胜利。

第五节　根据形势发展采取合适的斗争方式

在斗争中,以何种态度看待各式各样的斗争方式以及在特定环境和条件下如何综合协调使用不同斗争方式,既是决定成败的关键因素,也是一门需要斗争者加以研究和探索的艺术。列宁在斗争过程中,始终将马克思主义基本原理同俄国实际以及斗争形势相结合,既坚持原则,又注重策略;既讲究途径方式,又注重斗争工具的使用,探索形成了诸多原则策略,发展了不少斗争工具,向人们展现了一位马克思主义哲学家、革命家、实践家的高超水平。

---

① 《列宁全集》第 24 卷,人民出版社 2017 年版,第 109 页。
② 《列宁选集》第 4 卷,人民出版社 2012 年版,第 155 页。
③ 《列宁选集》第 4 卷,人民出版社 2012 年版,第 135 页。

一、关于无产阶级应该采取何种斗争方式的争论

实践中，无产阶级可以选择理论斗争、政治斗争、议会斗争、经济斗争、外交斗争、武装斗争等方式。相较马克思、恩格斯所处的那个时代，在列宁生活的时期，科学技术的进步、生产方式的变革、新闻媒体的发展以及政治文明的进步，给无产阶级寻求解放提供了更多、更成熟的斗争手段。但是，社会的发展进步对无产阶级而言是一把"双刃剑"。一方面，斗争方式的增多无疑可以使无产阶级获得更多的斗争资源，扩大自身影响力，能够相对削弱封建势力以及资产阶级的优势；但另一方面，无产阶级在长期进行经济斗争、议会斗争的过程中，可能会被某次罢工或某次选举所取得的暂时性胜利冲昏头脑，满足于资本家施舍的小恩小惠，被统治者让渡的政治权力和给予的虚幻自由所迷惑，忘记自身仍处于被剥削地位的事实，进而迷失方向，失去进一步打破身上枷锁的动力，使革命止步不前。

围绕无产阶级应该进行什么样的斗争以及使用何种斗争手段的问题，不同理论家和实践家产生了分歧，其中，出现了两种极端倾向，一种是右倾机会主义，另一种是"左"倾机会主义。右倾机会主义的核心主张是无产阶级无须或者根本就不应该进行激烈的暴力革命或政治斗争，认为工人可以通过罢工、议会选举等渠道在资本主义框架内改善自身处境，无须追求执政地位。右倾机会主义者低估了资产阶级在经济利益和政治权力上的贪婪性，低估了无产阶级改变旧世界、解放自身的潜能，不知道无产阶级应该争取更多也能够争取更多，进而也就否定了社会主义革命的必要性。第二国际时期，各国无产阶级在运用这些和平的、合法的手段进行斗争的实践过程中就产生了一种否定阶级斗争、否认无产阶级专政、否定暴力革命、否定无产阶级独立建党必要性的倾向，其中最具代表性的就是伯恩施坦主义及其俄国变种——经济派。他们事实上已经背叛了无产阶级、背叛了马克思主义、背叛了国际共产主义运动和全人类革命解放事业，已经自觉或不自觉地投入资产阶级怀抱，

在客观上成了资产阶级的帮凶。

"左"倾机会主义则盲目排斥参与议会选举以及在反动工会中工作等合法斗争，并且在斗争中不顾客观形势以及实际困难，拒绝任何妥协让步。比如，在1905年革命失败后的革命低潮期，俄国党内以波格丹诺夫、卢那察尔斯基等为代表的"召回派"竭力主张进行秘密活动，要求从杜马中召回党的代表，他们甚至拒绝在工会等合法、半合法的群众组织中进行工作。又如，在十月革命胜利后，列宁主张接受德国的严苛条件，签订《布列斯特和约》，以为新生政权争得喘息机会，但有为数不少的人无视敌强我弱的客观事实以及没有看到在德国输掉战争后可以利用帝国主义国家间的矛盾废约的可能性，认为这是同帝国主义者妥协，在原则上是不能容许的，故而反对签约。列宁将这类排斥合法斗争、拒绝任何妥协的极端做法称为共产主义运动中的"左派"幼稚病。"左派"幼稚病对无产阶级斗争事业的危害性虽然不及右倾机会主义和修正主义，但是也平添了许多困难，无形中制造了许多本可避开的障碍，增加了前进道路上的阻力，一定程度上迟滞了革命进程。列宁撰写了《我们的纲领》《社会民主党在民主革命中的两种策略》《共产主义运动中的"左派"幼稚病》等光辉著作，对这两种极端倾向进行批判，提出无产阶级对待不同斗争方式的正确态度，并要求在实际斗争活动中应充分调动和利用各种斗争手段来为革命事业服务。

二、列宁在斗争实践中对各种斗争方式的灵活运用

列宁的一生是为捍卫马克思主义、寻求无产阶级解放而斗争的一生，早在1887年，还是学生的列宁就已积极投身喀山学潮，开启了自己波澜壮阔的革命斗争生涯。在其后数十年的斗争实践中，列宁灵活运用理论斗争、合法政治斗争、经济斗争、武装斗争等方式，在多条战线上与反动统治当局、帝国主义势力以及机会主义者作斗争，并取得举世瞩目的辉煌成就。

在理论斗争方面，列宁早在中学时代就阅读了《资本论》等进步书籍，经

读懂伟大斗争

过不断深入的学习、研究和实践，列宁成长为一名坚定的马克思主义者，树立起革命的世界观和理想。为了消除形形色色的不良思潮对无产阶级以及劳苦大众的误导和迷惑，并代之以科学的、革命的思想武装和指导无产阶级，列宁坚持以马克思主义为指导，先后同民粹主义者、合法马克思主义者、经济派、孟什维克派、马赫主义者等进行理论论战。在此过程中，列宁积极著书立说，撰写了《国家与革命》《帝国主义是资本主义的最高阶段》等名垂青史的马克思主义光辉著作，在无产阶级和人民群众面前雄辩地阐明了马克思主义基本原理及其真理性，有力地批驳了形形色色的机会主义、修正主义，不仅在新的历史时期发展了马克思主义，而且有力指导了俄国的革命实践。

在经济斗争方面，早在1895年，列宁就将彼得堡分散的马克思主义工人小组合并为"工人阶级解放斗争协会"，并通过协会领导工人进行罢工，彼得堡纺织工人总罢工还直接迫使沙皇政府于1897年颁布了11小时半工作日的法令。但是，列宁反对将无产阶级的斗争限定在经济斗争的范围内，认为无产阶级斗争的目标应该是夺取政权，建立无产阶级专政。列宁明确指出："社会民主党不进行政治斗争，那就等于干涸的江河，这真是一个莫大的矛盾，这不是倒退到我们那些忽视'政治'的老祖宗的空想社会主义，就是倒退到无政府主义或者是倒退到工联主义。"[①] 他认为："革命的社会党的真正任务不是臆造种种改造社会的计划，不是劝导资本家及其走狗改善工人的处境，不是策划密谋，而是组织无产阶级的阶级斗争，领导这一斗争，而斗争的最终目的是由无产阶级夺取政权并组织社会主义社会。"[②]

政治方面的斗争可分为两种，一种是和平的，一种是暴力的。对此，列宁主张，两种方式都不应抛弃。正因如此，当召回派反对党参加杜马、工会等合法组织，拒绝利用这些合法组织进行斗争时，列宁明确提出了批评。党内也有

---

① 《列宁全集》第4卷，人民出版社2013年版，第273页。
② 《列宁选集》第1卷，人民出版社2012年版，第273—274页。

第二章　在全体人民面前高举斗争旗帜

一部分人畏惧或者反对暴力革命。例如，在1905年革命中，无产阶级曾组织武装斗争，但最终以失败告终，普列汉诺夫事后对党提出批评，认为"本来就用不着拿起武器"。列宁则认为："正好相反，本来应该更坚决、更果敢和更富于进攻精神地拿起武器，本来应该向群众说明不能单靠和平罢工，必须进行英勇无畏和毫不留情的武装斗争。"① 在这之后，一些孟什维克分子仍然迷恋议会斗争，幻想在沙皇和资产阶级政府的统治下，通过和平手段推进革命胜利。针对这种在军事斗争问题上的右倾机会主义，列宁撰写了《莫斯科起义的教训》《革命军队和革命政府》《社会民主党在民主革命中的两种策略》《无产阶级革命的军事纲领》等论著进行批驳，总结了过去起义的经验教训，阐明了建立革命军队、进行武装斗争的必要性。总之，列宁既不同于"左"倾机会主义者那样排斥合法的、和平的斗争方式，又不同于右倾机会主义者那样糊涂到将和平斗争原则化，而是主张在实践中灵活运用各种斗争方式为革命斗争服务，同时明确指出哪些斗争方式对革命事业而言具有根本性、基础性和决定性意义，哪些又只能起配合作用。正是由于列宁等人的清醒坚定以及灵活应变，俄国无产阶级及其政党才得以一步步克服重重困难，最终取得革命胜利。

三、原则与策略的有机统一体现了列宁高超的斗争艺术

在列宁参与和领导俄国无产阶级革命的年代，俄国社会的总体情况是：沙皇、资产阶级以及欧美帝国主义国家等国内外反动势力相当强大，而无产阶级力量相对弱小。在此客观条件下，无产阶级的斗争事业不可避免地会面临诸多困难和不利局面，这就要求革命者必须尊重俄国国情，充分调动和利用一切可以利用的手段和有利条件，采取灵活实用的斗争策略。如若不然，革命必将付出极为惨重的代价，革命进程也必将大大受阻。但主张斗争策略的灵活性并不等于要放弃原则，没有原则的策略或是将策略神圣化、原则化，在本质上与机

---

① 《列宁选集》第1卷，人民出版社2012年版，第682页。

读懂伟大斗争

会主义、修正主义并无二致,失去原则的斗争和革命必将误入歧途。在思想上如何正确看待原则与策略的辩证关系,在实践中如何平衡二者并使之协调配合、有机统一起来,成为摆在每一位俄国革命者面前的一道现实难题。纵观俄国革命的历史进程,我们不难发现,积极追求并实现原则与策略的有机统一是俄国革命的鲜明特征以及成功秘诀。

在处理和平斗争与暴力革命二者的关系方面,列宁并未否定和平斗争的意义,主张充分利用一切可供使用的和平手段争取革命胜利,为此,他还对"左派"幼稚病等进行了批判。但与此同时,他更加强调不能忽视政治斗争、武装斗争以及暴力革命的重要性和基础性,极力主张无产阶级必须武装起来,不能对资产阶级当局抱有幻想,时刻准备进行武装斗争和暴力革命。历史证明,如若没有列宁等人的清醒认识和提早准备,俄国革命事业在沙皇和资产阶级反动势力的残酷镇压和疯狂反击下是断然不可能取得成功的,即使革命取得胜利,革命成果也一定是不可能得到捍卫和巩固的。

在处理秘密斗争与公开合法活动二者的关系方面,列宁强调要充分利用杜马、报刊等渠道开展公开活动,广泛教育和发动工人群众,使这些合法手段为革命服务。但同时他认为不能因此就放弃党的秘密组织和秘密工作,因为反动势力十分强大,如果盲目听信反动势力的花言巧语,将党的组织及其革命事业全部公开,那么一旦反动势力翻脸,党的组织和工人中的积极分子必将遭受无情的彻底的打击甚至摧毁。现实中,取消派主张将党公开化以换取反动当局的承认,这无异于将自己的前途命运交由反动势力主宰,因此列宁与之作了坚决斗争。事实上,无论是1906年沙皇政府派军队包围塔夫利达宫强行解散杜马,还是1917年资产阶级当局镇压工人和群众的斗争活动,都表明在革命尚未完全胜利、反动势力仍然占据优势地位的情况下,无产阶级的政党及其斗争活动有必要保持相当的隐蔽性,以便在可能到来的残酷攻击中存续下来。

在处理各种革命力量与无产阶级的关系方面,列宁主张在革命的特定阶段为实现该时期的革命目标与各种政治力量进行不同程度和形式的合作。列宁承

第二章　在全体人民面前高举斗争旗帜

认资产阶级民主革命的进步性，并不排斥在一定时期内与资产阶级民主派合作，但他更强调要广泛发动农民，建立工农联盟。列宁还一再强调必须坚持无产阶级及其政党的领导地位，必须保持党的独立性，不能放弃革命的领导权以及国家的执政权。列宁指出，革命事业的进程不能止步于资产阶级民主革命的胜利，而是必须利用革命创造的条件继续追求社会主义革命的胜利，直至实现建立无产阶级专政国家的革命目标。党内外有些人却认为无产阶级不必执政，可以与资产阶级分享政权甚至放弃追求执政地位、接受资产阶级的领导。但无论是沙皇还是之后的资产阶级反动派，在追求政治权力方面都展现出极为贪婪的一面。他们虽然愿意让渡部分权力以换取无产阶级的妥协与支持，但绝不容许自己的执政地位受到挑战。相反，他们还会利用已经获得的政治权力对革命进行残酷镇压。这表明，在领导权和政权问题上，列宁的观点和做法是正确的。为什么这么说呢？其根本原因就在于，列宁坚守了由无产阶级及其政党领导革命并建立无产阶级专政的国家政权这一马克思主义国家学说的根本原则。

概言之，列宁所提出并付诸实践的种种灵活实用的斗争策略在很大程度上凝聚了斗争力量，减少了斗争阻碍，为革命事业注入了强大动力。列宁的斗争策略是建立在对原则的坚守基础之上的，其所坚守的原则就是坚持马克思主义指导、坚持无产阶级和最广大人民群众立场、坚持为人类谋解放、坚持共产主义理想。正是对这些原则矢志不渝的坚守，保证了斗争能够始终朝着正确方向推进，保证了无产阶级及其组织化产物——马克思主义政党对斗争和革命事业的领导。列宁的斗争哲学与斗争实践对后来中国共产党人在中国运用和发展马克思主义、推进革命事业产生了深远影响，提供了重要启示。今天，面对具有许多新的历史特点的伟大斗争，我们不仅要敢于斗争，还要善于斗争，要从列宁的斗争经验中感悟其高超的斗争艺术，从其斗争哲学和斗争实践中汲取智慧和力量。

第三章

为着一个光明的中国而斗争

以毛泽东同志为主要代表的中国共产党人，把马克思列宁主义基本原理同中国具体实际相结合，创立了毛泽东思想，实现了马克思主义中国化的第一次历史性飞跃。在革命战争年代，帝国主义和中华民族的矛盾、封建主义和人民大众的矛盾是当时社会的主要矛盾。面对主要矛盾，只有敢于斗争、善于斗争、敢于胜利，党才能带领全国人民实现民族独立和人民解放。1938年10月12日至14日，毛泽东在扩大的党的六届六中全会上作《论新阶段》的政治报告，强调中国共产党的任务是"领导一个几万万人口的大民族，进行空前的伟大的斗争"①，他还指出："我们有一个光明的前途；我们必须战胜日本帝国主义，必须建设新中国，也一定能够达到这些目的。但是由现在到这个光明前途的中间，存在着一段艰难的路程。为着一个光明的中国而斗争的中国共产党和全国人民，必须有步骤地同日寇作斗争；而要打败它，只有经过长期的战争。"② 在

---

① 《毛泽东选集》第2卷，人民出版社1991年版，第533页。
② 《毛泽东选集》第2卷，人民出版社1991年版，第519页。

第三章　为着一个光明的中国而斗争

社会主义革命和建设时期，以美国为首的西方列强悍然发动朝鲜战争，企图把新生的共和国扼杀在摇篮中，因此也必须敢于斗争。同时，对党内的错误思想和行为，也要敢于斗争。基于特定的历史背景和时代需要，毛泽东对于如何以斗争精神推进中国革命和建设、如何开展党内斗争等问题进行了深入思考，紧紧围绕谁来领导斗争、为什么斗争、为了谁斗争、如何斗争作出了一系列重要论述，闪烁着毛泽东思想的理论光辉，为党和人民事业发展提供了科学指引。

第一节　要革命就必须有一个革命的党

领导我们事业的核心力量是中国共产党，指导我们思想的理论基础是马克思列宁主义。中国共产党的领导和科学理论的指导是党和国家事业无往不胜的法宝。

在一个半殖民地半封建的东方大国进行革命，面对帝国主义和封建主义的双重压迫，革命的任务艰巨而又复杂，迫切需要强有力的领导核心。毛泽东指出，"领导中国民主主义革命和中国社会主义革命这样两个伟大的革命到达彻底的完成，除了中国共产党之外，是没有任何一个别的政党（不论是资产阶级的政党或小资产阶级的政党）能够担负的。而中国共产党则从自己建党的一天起，就把这样的两重任务放在自己的双肩之上了"[1]。没有这样一个核心，中国新民主主义革命、社会主义革命和建设的伟大斗争就不可能取得胜利。1948年11月，毛泽东在给欧洲共产党和工人党情报局机关刊物写的纪念十月革命三十一周年的文章中指出："既要革命，就要有一个革命党。没有一个革命的党，没有一个按照马克思列宁主义的革命理论和革命风格建立起来的革命党，就不可能领导工人阶级和广大人民群众战胜帝国主义及其走狗。"[2]

---

[1]《毛泽东选集》第 2 卷，人民出版社 1991 年版，第 652 页。
[2]《毛泽东选集》第 4 卷，人民出版社 1991 年版，第 1357 页。

读懂伟大斗争

一、推进马克思主义中国化为伟大斗争提供强大思想武器

在长期与帝国主义、封建主义、官僚资本主义等各种反动势力进行斗争和较量的过程中,中国共产党之所以能够领导中国人民克敌制胜,取得伟大斗争的胜利,首先在于中国共产党找到了解决中国问题的金钥匙——马克思列宁主义,同时将马克思列宁主义基本原理同中国革命的实际相结合,推进马克思主义中国化,为赢得伟大斗争提供了强大思想武器。

面对农民占人口绝大多数、遭受列强的侵略压迫、经济文化十分落后的特殊国情,如何带领中国人民取得新民主主义革命的胜利,成为中国共产党人需要面对的首要难题。为了解决这一难题,早期中国共产党人找到了马克思列宁主义这一强大真理武器。"主义譬如一面旗子,旗子立起了,大家才有所指望,才知所趋赴。"[1] 这句话是毛泽东重视理论工作的生动写照。毛泽东一贯重视的理论,不是书本上的理论,而是指导工作的理论。1930年5月,他为了反对红军中的教条主义,鲜明地指出,"我们说马克思主义是对的",是因为"我们的斗争需要马克思主义",马克思的理论"在我们的斗争中,证明了是对的",而不是因为马克思是"先哲"。[2] 他强调:"指导一个伟大的革命运动的政党,如果没有革命理论,没有历史知识,没有对于实际运动的深刻的了解,要取得胜利是不可能的。"[3] 并殷切地提出:"在担负主要领导责任的观点上说,如果我们党有一百个至二百个系统地而不是零碎地、实际地而不是空洞地学会了马克思列宁主义的同志,就会大大地提高我们党的战斗力量,并加速我们战胜日本帝国主义的工作。"[4] 当然,马克思列宁主义提供的只是一般的指导原理,这些原理的实际运用必须以当时的历史条件为转移。对此,以毛泽东同志为主要代表的中国共产党人提出,马克思主义必须中国化才能真正指导中国革命取得胜利。

---

[1]《毛泽东年谱(1893—1949)》上卷,中央文献出版社2002年版,第71页。
[2]《毛泽东选集》第1卷,人民出版社1991年版,第111页。
[3]《毛泽东选集》第2卷,人民出版社1991年版,第533页。
[4]《毛泽东选集》第2卷,人民出版社1991年版,第533页。

第三章　为着一个光明的中国而斗争

在《反对本本主义》中,毛泽东深刻指出:"马克思主义的'本本'是要学习的,但是必须同我国的实际情况相结合。我们需要'本本',但是一定要纠正脱离实际情况的本本主义。"①在扩大的党的六届六中全会上,毛泽东首次明确提出并阐述了"马克思主义中国化"这个重大命题,强调:"使马克思主义在中国具体化,使之在其每一表现中带着必须有的中国的特性,即是说,按照中国的特点去应用它,成为全党亟待了解并亟须解决的问题。"②在《〈共产党人〉发刊词》中,毛泽东将中国革命的经验教训凝结成战胜敌人的"三大法宝",即统一战线、武装斗争和党的建设,再一次阐明了"马克思列宁主义的理论和中国革命的实践相结合"的思想。在《改造我们的学习》中,毛泽东更是具体论述了马克思主义中国化的重大意义和具体任务。总之,毛泽东深刻阐述了理论联系实际和实事求是的思想,并通过延安整风的形式使之成为中国共产党的思想路线,为夺取新民主主义革命伟大斗争的彻底胜利奠定了思想基础。

新中国成立后,面对社会主义革命和建设的斗争任务,以毛泽东同志为主要代表的中国共产党人提出把马克思列宁主义基本原理同中国具体实际进行"第二次结合"。1956年4月4日,毛泽东明确提出:"最重要的是要独立思考,把马列主义的基本原理同中国革命和建设的具体实际相结合。民主革命时期,我们吃了大亏之后才成功地实现了这种结合,取得了新民主主义革命的胜利。现在是社会主义革命和建设时期,我们要进行第二次结合,找出在中国怎样建设社会主义的道路。"③同年4月25日,针对苏联在社会主义建设中暴露出来的弊端和问题,毛泽东在《论十大关系》中进一步提出要实现从"以苏为师"向"以苏为鉴"的转变。他在文中开宗明义地指出:"最近苏联方面暴露了他们在建设社会主义过程中的一些缺点和错误,他们走过的弯路,你还想走?过去我们就是鉴于他们的经验教训,少走了一些弯路,现在当然更要

---

① 《毛泽东选集》第1卷,人民出版社1991年版,第111—112页。
② 《毛泽东选集》第2卷,人民出版社1991年版,第534页。
③ 《毛泽东年谱(1949—1976)》第2卷,中央文献出版社2013年版,第557页。

引以为戒。"① 他还提出:"我们要学的是属于普遍真理的东西,并且学习一定要与中国实际相结合。如果每句话,包括马克思的话,都要照搬,那就不得了。我们的理论,是马克思列宁主义的普遍真理同中国革命的具体实践相结合。"② 8月24日,毛泽东在同音乐工作者谈话时又进一步强调:"中国的和外国的要有机地结合,而不是套用外国的东西",应该是将外国有用的东西,"用来改进和发扬中国的东西,创造中国独特的新东西"③。在马克思列宁主义基本原理同中国具体实际进行"第二次结合"的过程中,毛泽东思想得到了丰富和发展,为夺取社会主义革命和建设的伟大胜利提供了强大思想武器。《中共中央关于党的百年奋斗重大成就和历史经验的决议》对"第二次结合"给予了高度评价,明确指出,在社会主义革命和建设时期,"毛泽东同志提出把马克思列宁主义基本原理同中国具体实际进行'第二次结合',以毛泽东同志为主要代表的中国共产党人,结合新的实际丰富和发展毛泽东思想,提出关于社会主义建设的一系列重要思想,包括社会主义社会是一个很长的历史阶段,严格区分和正确处理敌我矛盾和人民内部矛盾,正确处理我国社会主义建设的十大关系,走出一条适合我国国情的工业化道路,尊重价值规律,在党与民主党派的关系上实行'长期共存、互相监督'的方针,在科学文化工作中实行'百花齐放、百家争鸣'的方针等。这些独创性理论成果至今仍有重要指导意义"④。

二、制定正确的纲领和路线为伟大斗争指明前进方向

党的纲领也叫作党的奋斗纲领,规定着当前和今后一个时期的奋斗目标,是一个政党举什么旗、走什么路、坚持什么样的政策策略的根本标志。路线则

---

① 《毛泽东文集》第7卷,人民出版社1999年版,第23页。
② 《毛泽东文集》第7卷,人民出版社1999年版,第42页。
③ 《毛泽东文集》第7卷,人民出版社1999年版,第82页。
④ 《中共中央关于党的百年奋斗重大成就和历史经验的决议》,人民出版社2021年版,第12—13页。

第三章　为着一个光明的中国而斗争

是党在一定时期或某个阶段的主要任务和工作准则。党依据马克思主义的基本原理确立自己的纲领，同时又依据这一纲领确定每一阶段的政治路线及与之相适应的方针、政策。毛泽东多次强调，思想上政治上的路线正确与否是决定一切的。他还明确指出："一个政党要引导革命到胜利，必须依靠自己政治路线的正确和组织上的巩固。"① 在不同的历史阶段，中国共产党总是能够根据社会主要矛盾和中心任务的变化，制定出适合中国情况的、符合中国人民利益的纲领、路线、方针、政策，为中国人民的斗争指明正确的方向。

鸦片战争后，面对战乱频仍、山河破碎、民不聊生的深重苦难，无数仁人志士进行了长期不懈的艰辛探索，历经了不屈不挠的艰苦斗争，但都未能改变旧中国半殖民地半封建的社会性质，也未能改变中国人民的悲惨命运。究其原因，就在于他们没有找到一条正确路线，没有开辟出一条正确的救国救民道路。中国共产党之所以能领导中国人民完成救国大业，很重要的一条就是"坚持了正确的马克思列宁主义的路线，并向一切与之相反的错误思想作了胜利的斗争"②，从而找到了正确的救国救民道路。中国共产党一经成立，就非常注重制定正确的纲领和路线。1921年，党的一大通过的《中国共产党纲领》把马克思主义作为思想指南，确立了党的最高纲领是实现共产主义。这一目标纲领深刻表明中国共产党是以马克思主义为指导的无产阶级政党，是以实现人类最美好的社会——共产主义社会为最终奋斗目标的先进政党。1922年，党的二大根据世界革命形势和中国政治经济状况，制定了党的最高纲领和最低纲领。大会宣言指出："中国共产党是中国无产阶级政党。他的目的是要组织无产阶级，用阶级斗争的手段，建立劳农专政的政治，铲除私有财产制度，渐次达到一个共产主义的社会。"③ 这是党的最终奋斗目标，是党的最高纲领。为了实现党的最高纲领，大会提出在目前历史条件下的最低纲领，这就是：消除内乱，

---

① 《毛泽东选集》第1卷，人民出版社1991年版，第303页。
② 《建党以来重要文献选编》第22册，中央文献出版社2011年版，第73页。
③ 《建党以来重要文献选编》第1册，中央文献出版社2011年版，第133页。

打倒军阀，建设国内和平；推翻国际帝国主义的压迫，达到中华民族完全独立；统一中国为真正的民主共和国。从此，中国共产党在始终坚持共产主义最高纲领的同时，根据中国国情和不同时代特点，不断制定出符合时代发展要求的基本纲领，同时又根据党的纲领制定行动路线。1927年，中共中央及时召开八七会议，坚决批评了大革命中的错误路线，决定了新的路线和政策。1928年，在莫斯科召开的党的六大提出了党的总路线是争取群众，准备起义，而不是立即举行全国性的起义。六大的路线基本是正确的，在党内思想十分混乱的情况下统一了全党的思想。1935年，党在长征途中召开遵义会议，在这次会议上，党独立自主地解决了政治路线、军事路线以及组织路线问题，这次会议也成为党走向成熟的标志。遵义会议通过了《中央关于反对敌人五次"围剿"的总结的决议》，结束了以王明为主要代表的"左"倾教条主义错误在党的领导机关内的统治，同时开始确立以毛泽东为主要代表的马克思主义正确路线在党中央的领导地位，成为党的历史上一个生死攸关的转折点。1945年，党的七大进一步阐述了新民主主义革命的基本纲领。在政治方面，推翻帝国主义和封建主义的统治，建立一个无产阶级领导的、以工农联盟为基础的、各革命阶级联合专政的新民主主义的共和国。在经济方面，没收封建地主阶级的土地归农民所有，没收官僚资产阶级的垄断资本归新民主主义的国家所有，保护民族工商业。在文化方面，建立无产阶级领导的人民大众的反帝反封建的文化，即民族的科学的大众的文化。同时，党的七大提出了党的政治路线："放手发动群众，壮大人民力量，在我党的领导下，打败日本侵略者，解放全国人民，建立一个新民主主义的中国。"[1] 1948年，在解放战争不断胜利推进之时，毛泽东发表《在晋绥干部会议上的讲话》，系统论述了党在新民主主义革命时期的总路线，即"无产阶级领导的，人民大众的，反对帝国主义、封建主义和官僚资

---

[1]《建党以来重要文献选编》第22册，中央文献出版社2011年版，第489页。

第三章 为着一个光明的中国而斗争

本主义的革命"①。在正确纲领和路线的指引下,党最终领导中国人民取得了新民主主义革命的伟大胜利。

从 1949 年 10 月中华人民共和国成立到 1956 年,我们党领导全国各族人民有步骤地实现了从新民主主义到社会主义的转变,迅速恢复了国民经济并开始着手进行有计划的经济建设,在全国绝大部分地区基本完成了对生产资料私有制的社会主义改造。党在过渡时期的总路线是:要在一个相当长的时期内,逐步实现国家的社会主义工业化,并逐步实现国家对农业、对手工业和对资本主义工商业的社会主义改造。这条总路线是完全正确的,在它的指引下,我们党领导人民开始进行有计划的社会主义建设和有系统的社会主义改造。可以说,正是以这一总路线为指引,中国共产党从中国国情出发,创造性地走出了一条具有中国特色的社会主义改造道路。社会主义改造基本完成后,我们党对政治路线的确立是和当时党对国内主要矛盾的判断以及全国人民在新形势下的主要任务联系在一起的。1956 年召开的党的八大,提出国内的主要矛盾已经发生转变,人民对于建立先进的工业国的要求同落后的农业国的现实之间的矛盾,人民对于经济文化迅速发展的需要同当前经济文化不能满足人民需要的状况之间的矛盾,已经成为国内的主要矛盾。同时认为,我国面临的最紧迫任务是要集中力量发展社会生产力,实现国家工业化,以逐步满足人民日益增长的物质和文化需要。这体现出党在全国执政后非常注重通过发展生产力为人民群众提供更多的物质生活条件。党的八大制定的社会主义建设的路线纲领,为我国社会主义现代化建设事业指明了方向,对中国经济社会的发展具有深远影响。

三、同党内"左"和右的错误倾向进行坚决斗争

要战胜强大的敌人,就必须进行党内思想斗争,反对党内"左"和右的错

---

① 《建党以来重要文献选编》第 25 册,中央文献出版社 2011 年版,第 253 页。

读懂伟大斗争

误倾向,才能确保对敌斗争的成功;否则,党不仅会丧失战斗力,甚至可能陷入被分裂瓦解的危险之中,并最终被敌人所击败。对此,毛泽东认为,党内思想斗争对于共产党人和人民都是有益的,也是正常的。他提倡积极的思想斗争,因为这种斗争能够达到共产党内和革命团体内的协调与团结,并且这种斗争还能成为有利于战斗的武器。毛泽东指出:"党内不同思想的对立和斗争是经常发生的,这是社会的阶级矛盾和新旧事物的矛盾在党内的反映。党内如果没有矛盾和解决矛盾的思想斗争,党的生命也就停止了。"①

　　大革命后期,由于以陈独秀为代表的右倾思想一步步发展为右倾机会主义错误,毛泽东与之进行了坚决斗争。大革命失败后,毛泽东在八七会议上明确提出"须知政权是由枪杆子中取得的",也就是"枪杆子里面出政权"的著名论断,并在建设井冈山革命根据地的过程中开辟了一条农村包围城市、武装夺取政权的适合中国实际的正确革命道路,在党的历史上、中国革命历史上具有里程碑意义。在土地革命战争时期,以李立三、王明、博古等为首的"左"的错误思想在党内几度泛滥,对党和革命造成了巨大危害。面对"左"的错误思想,毛泽东等人勇敢地站出来与之进行坚决斗争,并在遵义会议上纠正了"左"的军事、组织路线的错误,在最危急关头挽救了党、挽救了红军、挽救了中国革命。毛泽东不仅在实践中与党内"左"和右的错误倾向进行坚决斗争,而且多次从理论上对此进行分析,提醒全党吸取历史教训。1937年7月,毛泽东在《实践论》中提出:"我们反对革命队伍中的顽固派,他们的思想不能随变化了的客观情况而前进,在历史上表现为右倾机会主义。这些人看不出矛盾的斗争已将客观过程推向前进了,而他们的认识仍然停止在旧阶段。""我们也反对'左'翼空谈主义。他们的思想超过客观过程的一定发展阶段,有些把幻想看作真理,有些则把仅在将来有现实可能性的理想,勉强地放在现时来做,离开了当前大多数人的实践,离开了当前的现实性,在行动上表现为冒险

---

① 《毛泽东选集》第1卷,人民出版社1991年版,第306页。

主义。"①1938年9月，在扩大的党的六届六中全会上，毛泽东认为，经过十几年的实践，"我们的党，一般地已经学会了使用马克思列宁主义的思想斗争的武器，从两方面反对党内的错误思想，一方面反对右倾机会主义，又一方面反对'左'倾机会主义"②。1948年1月，毛泽东在总结党的历史经验的基础上更加系统地阐述了反对党内错误倾向的问题。他指出："当着我们正确地指出在全体上，在战略上，应当轻视敌人的时候，却决不可在每一个局部上，在每一个具体问题上，也轻视敌人。如果我们在全体上过高估计敌人力量，因而不敢推翻他们，不敢胜利，我们就要犯右倾机会主义错误。如果我们在每一个局部上，在每一个具体问题上，不采取谨慎态度，不讲究斗争艺术，不集中全力作战，不注意争取一切应当争取的同盟者（中农，独立工商业者，中产阶级，学生、教员、教授和一般知识分子，一般公务人员，自由职业者和开明绅士），我们就要犯'左'倾机会主义错误。"③他还强调："反对党内'左'、右倾向，必须依据具体情况决定方针。例如：军队在打胜仗的时候，必须防止'左'倾；在打败仗或者未能多打胜仗的时候，必须防止右倾。土地改革在群众尚未认真发动和尚未展开斗争的地方，必须反对右倾；在群众已经认真发动和已经展开斗争的地方，必须防止'左'倾。"④

新中国成立后，党内也曾出现"左"和右的偏向，但一些党员干部对这些错误倾向的界定并不十分清楚。对此，毛泽东曾多次作出通俗的解释。1955年3月，他在中国共产党全国代表会议上指出："什么叫'左'？超过时代，超过当前的情况，在方针政策上、在行动上冒进，在斗争的问题上、在发生争论的问题上乱斗，这是'左'，这个不好。落在时代的后面，落在当前情况的后

---

① 《毛泽东选集》第1卷，人民出版社1991年版，第295页。
② 《毛泽东选集》第2卷，人民出版社1991年版，第530页。
③ 《毛泽东选集》第4卷，人民出版社1991年版，第1267—1268页。
④ 《毛泽东选集》第4卷，人民出版社1991年版，第1268页。

面，缺乏斗争性，这是右，这个也不好。"① 同年10月，他在党的扩大的七届六中全会上又具体解释道："有人问：什么叫'左'右倾？过去我们讲过，事物在空间、时间中运动。这里主要讲时间，人们对事物的运动观察得不合实际状况，时间还没有到，他看过头了，就叫'左'倾，不及，就叫右倾。……总而言之，事物在时间中运动，到那个时候该办了，就要办，你不准办，就叫右倾；还没有到时候，你要勉强办，就叫'左'倾。"② 毛泽东不仅通俗生动地解释了"左"和右的内涵，而且提出了正确开展反对错误倾向的斗争的原则和方针，反复强调我们既要反右，又要反"左"，有什么反什么。1960年12月，为纠正曾经出现的错误，毛泽东肯定了有关同志提出的关于反对错误倾向的重要观点，强调："有的同志提的，有右反右，有'左'反'左'，有什么反什么，有多少反多少，这几句话是好的。"③

第二节 人民群众是真正的铜墙铁壁

马克思认为，"整个所谓世界历史不外是人通过人的劳动而诞生的过程"④。毛泽东在"依靠谁"的问题上，明确了人民群众的历史作用。在社会主义革命和建设时期，毛泽东反复强调人民群众是党推动一切工作从一个胜利走向另一个胜利的"不二法门"，他指出："人民，只有人民，才是创造世界历史的动力。"⑤ 不论处于斗争实践的哪个阶段，中国共产党都充分依靠人民群众的力量。实践证明，中国共产党选择的群众路线是正确的，只有紧紧依靠人民群众这一真正的铜墙铁壁，我们才能从胜利走向新的胜利。

---

① 《毛泽东文集》第6卷，人民出版社1999年版，第403页。
② 《毛泽东著作专题摘编》下，中央文献出版社2003年版，第1936页。
③ 《毛泽东文集》第8卷，人民出版社1999年版，第229页。
④ 《马克思恩格斯全集》第3卷，人民出版社2002年版，第310页。
⑤ 《毛泽东选集》第3卷，人民出版社1991年版，第1031页。

第三章　为着一个光明的中国而斗争

一、为了人民进行斗争

中国共产党自成立之日起，就肩负起解放人民的历史使命，把维护和保障人民最根本利益放在崇高位置。党的一切工作都是以人民为中心，都是服务于广大人民，都是站在人民角度的。中国共产党一心想着群众，密切联系群众，坚定不移地走群众路线。无论在何种情况下，都始终坚持一切为了群众，一切依靠群众，从群众中来，到群众中去，始终和广大人民站在一起。

毛泽东的一生是斗争的一生，也是为人民利益奋斗的一生。毛泽东强调，分清敌友的前提和关键是明确"为谁而战"，认为"谁是我们的敌人？谁是我们的朋友？这个问题是革命的首要问题"①。他曾明确提出，中国共产党领导的革命是人民战争，是为人民而战的，人民的利益问题非常关键，革命的战争也是群众的战争，如果不考虑人民的利益，战争就不会取得胜利。在毛泽东看来，人民群众的利益是至高无上的，他强调："我们的共产党和共产党所领导的八路军、新四军，是革命的队伍。我们这个队伍完全是为着解放人民的，是彻底地为人民的利益工作的。"②"紧紧地和中国人民站在一起，全心全意地为中国人民服务，就是这个军队的唯一的宗旨。"③这个"唯一的宗旨"，就是我们党及其领导的人民军队进行任何决策、从事任何活动的根本出发点和落脚点。如果离开了全心全意为人民服务这一根本宗旨，人民军队和人民战争也就失去了价值依归。毛泽东认为，以人民利益为目的的斗争才是正义的斗争，才是必胜的斗争。实现好、维护好、发展好最广大人民根本利益，就是每个共产党人奋斗不息的最终目的。

毛泽东在《井冈山的斗争》中提出，要"使士兵感觉不是为他人打仗，而是为自己为人民打仗"④，表达了中国共产党及其领导的人民军队为人民服务的

---

① 《毛泽东选集》第1卷，人民出版社1991年版，第3页。
② 《毛泽东选集》第3卷，人民出版社1991年版，第1004页。
③ 《毛泽东选集》第3卷，人民出版社1991年版，第1039页。
④ 《毛泽东选集》第1卷，人民出版社1991年版，第63页。

读懂伟大斗争

思想。毛泽东还强调:"我们的军队是真正人民的军队,我们的每一个指战员以至每一个炊事员、饲养员,都是为人民服务的。我们的部队要和人民打成一片,我们的干部要和战士们打成一片。与人民利益适合的东西,我们要坚持下去,与人民利益矛盾的东西,我们要努力改掉,这样我们就能无敌于天下。"[1] 1945 年 4 月 24 日,毛泽东在党的七大上指出:"人民,只有人民,才是创造世界历史的动力。""战争教育了人民,人民将赢得战争,赢得和平,又赢得进步。"[2] 代表人民就是代表正义,为人民而战就是为正义而战。中国共产党领导的人民战争,始终是为正义而战的。毛泽东把人民群众的问题看成一切问题的中心,一切政治的关键。在《为人民服务》中,毛泽东讲道,共产党和共产党所领导的革命队伍,"是彻底地为人民的利益工作的"[3]。他还提出,共产党员特别是党的干部不能当官做老爷,脱离人民群众;不能高高在上,老百姓见了他们"敬鬼神而远之",而应该"到哪个地方就和哪个地方的人民打成一片,为老百姓'鞠躬尽瘁,死而后已'"[4]。1947 年 10 月,毛泽东给佳县县委题词:"站在最大多数劳动人民的一面。"[5] 毛泽东重视维护农民和民族工商业者的利益,就是从为绝大多数人服务出发的。人民是党的力量之源和胜利之本,只有绝大多数人支持共产党,共产党才能把中国的事情办好。

新中国成立后,毛泽东告诫全党:"人没有饿死,就要做革命工作,就要奋斗。一万年以后,也要奋斗。共产党就是要奋斗,就是要全心全意为人民服务,不要半心半意或者三分之二的心三分之二的意为人民服务。"[6] 要求全体党员干部时刻牢记,自己写的文章、演说、谈话、写字是给什么人看、给什么人

---

[1]《毛泽东文集》第 3 卷,人民出版社 1996 年版,第 210 页。
[2]《毛泽东选集》第 3 卷,人民出版社 1991 年版,第 1031 页。
[3]《毛泽东选集》第 3 卷,人民出版社 1991 年版,第 1004 页。
[4]《毛泽东文集》第 3 卷,人民出版社 1996 年版,第 339 页。
[5]《毛泽东年谱(1893—1949)》下卷,中央文献出版社 2002 年版,第 245 页。
[6]《毛泽东文集》第 7 卷,人民出版社 1999 年版,第 285 页。

第三章 为着一个光明的中国而斗争

听的,要以真挚的人民情怀投入"为人民服务"的实践中。毛泽东强调,要不断发展生产力和社会主义文化,满足广大人民在物质和文化方面与日俱增的多样化需求,提高广大人民的生活水平,要"生产、生活同时抓,两条腿走路,不要片面性"①;并提出,通过不断解放和发展生产力"实现四个现代化",将中国由农业国转变为工业国,使其成为满足人民物质和精神需求的重要保障。这些都是毛泽东始终站稳人民立场的生动彰显。

二、兵民是胜利之本

"兵民是胜利之本。""战争的伟力之最深厚的根源,存在于民众之中。"② 中国共产党是为人民而斗争、为正义而斗争的,要想取得斗争的胜利,就必须依靠人民和从人民中走出来的人民军队,也就是要靠兵民结合。兵民结合是人民战争的一大特色,也是取得人民战争胜利的根本保障。因此,对于"靠谁而战"这一问题,毛泽东关于人民战争的思想给出的回答是:人民战争靠兵民而战。要想使人民战争获得最终胜利,兵、民二者作为主体力量是不可或缺的,尤其是兵与民的紧密结合、相互配合更是重中之重。具体来说,兵即人民军队,在整个战争中是骨干力量,冲锋陷阵、奋勇杀敌是他们义不容辞的责任与义务;民即人民群众,是人民战争的依靠力量,在筹备军粮、配合军队进攻、巩固根据地等方面发挥着重要作用。兵民结合就是要实现双方的优势互补。只有二者紧密结合、相互配合,才能实现互利共赢。

毛泽东指出,"军队须和民众打成一片,使军队在民众眼睛中看成是自己的军队,这个军队便无敌于天下"③。他强调:"依靠民众则一切困难能够克服,任何强敌能够战胜,离开民众则将一事无成。"④ 只有紧紧地依靠人民,

---

① 《毛泽东文集》第7卷,人民出版社1999年版,第452页。
② 《毛泽东选集》第2卷,人民出版社1991年版,第509、511页。
③ 《毛泽东选集》第2卷,人民出版社1991年版,第512页。
④ 《毛泽东军事文集》第2卷,军事科学出版社、中央文献出版社1993年版,第381页。

真诚地服务人民，始终坚定地站在人民一边，积极发动广大人民群众展开斗争，才能永远立于不败之地，不断从胜利走向新的胜利。毛泽东反复强调，要想取得战争胜利，必须在政治上动员全军全民共同奋斗，这是最重要和最基本的具体条件之一。他深刻指出："这个政治上动员军民的问题，实在太重要了。我们之所以不惜反反复复地说到这一点，实在是没有这一点就没有胜利。没有许多别的必要的东西固然也没有胜利，然而这是胜利的最基本的条件。"① 发动群众参加战争，在政治上可使敌人处于孤立状态，使其士气低落；在经济上可使自己获得源源不断的人力、物力和财力的供给。因此，要赢得战争的胜利，军队必须紧密联系群众，紧紧依靠群众。正如毛泽东所提出的："共产党员应该紧紧地和民众在一起，保卫人民，犹如保卫你们自己的眼睛一样，依靠人民，犹如依靠自己的父母兄弟姊妹一样。"②

在土地革命战争时期，人民战争的对象主要是国民党反动统治者；任务是深入开展土地革命；所处的客观形势是白色恐怖笼罩全国，敌我力量对比悬殊，革命根据地分散割裂。为了打破敌人的"围剿"，抵挡住敌人一次次的进攻，中国工农红军必须扎根群众，依托根据地，实行党政军民"一齐军事化"的政策。基于此，毛泽东深刻意识到建立一支由共产党独立领导的人民军队的重要性。他在1928年撰写的《中国的红色政权为什么能够存在？》中明确指出："相当力量的正式红军的存在，是红色政权存在的必要条件。""若没有相当力量的正式武装，便决然不能造成割据局面，更不能造成长期的和日益发展的割据局面。"③ 同时，毛泽东认为："因为革命战争是群众的战争，只有动员群众才能进行战争，只有依靠群众才能进行战争。"④ 怎样动员群众，进而赢得群众的支持呢？毛泽东认为，这"就得关心群众的痛痒，就得真心实意地为群众

---

① 《毛泽东选集》第2卷，人民出版社1991年版，第513页。
② 《毛泽东文集》第3卷，人民出版社1996年版，第45页。
③ 《毛泽东选集》第1卷，人民出版社1991年版，第50页。
④ 《毛泽东选集》第1卷，人民出版社1991年版，第136页。

第三章 为着一个光明的中国而斗争

谋利益,解决群众的生产和生活的问题,盐的问题,米的问题,房子的问题,衣的问题,生小孩子的问题,解决群众的一切问题"①。1929年4月,毛泽东起草的红军第四军前委给中央的信中指出,"红军不是一个单纯打仗的东西,它的主要作用是发动群众,打仗仅是一种手段。并且打仗的时间、分做群众工作的时间乃是一与十之比"②。这表明,解决群众的生产生活问题、做群众工作是基础、是根本,革命战争和红军打仗是在这个基础之上进行的。

在全面抗战时期,人民战争的对象主要是日本侵略者;任务是把日本侵略者驱逐出中国;所处的客观形势是敌强我弱、敌人来势凶猛,但敌寡助我多助。在这个生死攸关的历史紧要关头,我们实行的是广泛的抗日民族统一战线政策,坚持的是全民族的全面抗战路线,具体表现为通过建立和发展敌后根据地,广泛发动群众,实现全民抗战。在指导抗战过程中,毛泽东自始至终都是把发动群众与扩大人民军队,巩固和发展抗日根据地,打击和消耗敌人紧密结合起来的。1945年4月24日,在抗战即将胜利之际,毛泽东在党的七大上作《论联合政府》的政治报告,强调:"应该使每一个同志懂得,只要我们依靠人民,坚决地相信人民群众的创造力是无穷无尽的,因而信任人民,和人民打成一片,那就任何困难也能克服,任何敌人也不能压倒我们,而只会被我们所压倒。"③

在解放战争时期,人民战争的对象主要是国民党军队;任务是推翻国民党反动统治,解放全中国;初期所处的客观形势是敌多我少、敌人装备先进并占有较大优势,我方装备虽相对落后,但兵民士气高涨。在这种情况下,我们实行军事斗争与政治斗争相配合等政策,紧紧依靠人民群众,以多条战线的协同配合,有力打击了国民党的反动统治。1947年12月25日,毛泽东在陕北米脂杨家沟召集的会议上发表题为《目前形势和我们的任务》的报告,指出:

---

① 《毛泽东选集》第1卷,人民出版社1991年版,第138—139页。
② 《毛泽东文集》第1卷,人民出版社1993年版,第57页。
③ 《毛泽东选集》第3卷,人民出版社1991年版,第1096页。

"我们清醒地知道，在我们的前进道路上，还会有种种障碍，种种困难，我们应当准备对付一切内外敌人的最大限度的抵抗和挣扎。但是，只要我们能够掌握马克思列宁主义的科学，信任群众，紧紧地和群众一道，并领导他们前进，我们是完全能够超越任何障碍和战胜任何困难的，我们的力量是无敌的。"①

由此可见，在任何时期，人民战争的骨干力量始终都是人民军队，而人民战争的依靠力量和动力源泉始终都是广大人民群众。因此，兵民结合、靠兵民而战是我们克敌制胜的法宝和独特优势。

三、群众路线是克敌制胜的重要法宝

中国共产党在长期工作中形成的"一切为了群众，一切依靠群众，从群众中来，到群众中去，把党的正确主张变为群众的自觉行动"②的群众路线，是党的优良作风，也是党克敌制胜的重要法宝。正如毛泽东所说："依靠民众则一切困难能够克服，任何强敌能够战胜，离开民众则将一事无成。"③

早在1919年，毛泽东就认识到了群众的力量。在为《湘江评论》创刊号撰写的创刊宣言中，毛泽东提出"民众联合的力量最强"④。在大革命时期，毛泽东在《中国社会各阶级的分析》中提出党与群众的关系问题，指出"革命党是群众的向导"⑤。而如何能够成为"向导"且不会因领错路而失败呢？他又说道："我们的革命要有不领错路和一定成功的把握，不可不注意团结我们的真正的朋友，以攻击我们的真正的敌人。"⑥毛泽东进而从中国社会各阶级的经济状况入手，分析了敌我友的问题，回答了我们要团结依靠谁、到何处去寻找

---

① 《毛泽东选集》第4卷，人民出版社1991年版，第1260页。
② 《习近平著作选读》第1卷，人民出版社2023年版，第211页。
③ 《毛泽东军事文集》第2卷，军事科学出版社、中央文献出版社1993年版，第381页。
④ 《毛泽东年谱（1893—1949）》上卷，中央文献出版社2002年版，第42页。
⑤ 《毛泽东选集》第1卷，人民出版社1991年版，第3页。
⑥ 《毛泽东选集》第1卷，人民出版社1991年版，第3页。

第三章　为着一个光明的中国而斗争

力量、到何处去取得广大的同盟军等问题，并指出中国无产阶级最广大和最忠实的同盟军就是占人口绝大多数的农民。大革命失败后，毛泽东率领秋收起义部队上井冈山，开辟农村包围城市、武装夺取政权的革命道路的最初形态。井冈山这一湘赣边界的红色政权，成为革命的星星之火。毛泽东在给中央的报告中称井冈山革命根据地为"工农武装割据""创造群众的割据"。

建党初期、大革命时期和土地革命战争时期是毛泽东群众路线思想的孕育和形成期。在这一时期，毛泽东围绕党和革命的依靠力量、党和军队的性质以及党的工作方法等，提出一系列关于群众和群众工作的观点。1929年12月，毛泽东在《关于纠正党内的错误思想》中指出："红军的打仗，不是单纯地为了打仗而打仗，而是为了宣传群众、组织群众、武装群众，并帮助群众建设革命政权才去打仗的"，同时强调："党对于军事工作要有积极的注意和讨论。一切工作，在党的讨论和决议之后，再经过群众去执行。"①1930年5月，毛泽东在《反对本本主义》中指出："共产党的正确而不动摇的斗争策略，决不是少数人坐在房子里能够产生的，它是要在群众的斗争过程中才能产生的，这就是说要在实际经验中才能产生。"②1934年1月，毛泽东在第二次全国工农兵代表大会上强调："一切工作，如果仅仅提出任务而不注意实行时候的工作方法，不反对官僚主义的工作方法而采取实际的具体的工作方法，不抛弃命令主义的工作方法而采取耐心说服的工作方法，那末，什么任务也是不能实现的。"③

延安时期，毛泽东更加深入系统地阐述了群众路线的内涵及其对于赢得新民主主义革命胜利的重大意义。1943年6月1日，毛泽东在《关于领导方法的若干问题》中指出："在我党的一切实际工作中，凡属正确的领导，必须是从群众中来，到群众中去。这就是说，将群众的意见（分散的无系统的意见）集中起来（经过研究，化为集中的系统的意见），又到群众中去作宣传解释，

---

① 《毛泽东选集》第1卷，人民出版社1991年版，第86、88页。
② 《毛泽东选集》第1卷，人民出版社1991年版，第115页。
③ 《毛泽东选集》第1卷，人民出版社1991年版，第140页。

化为群众的意见，使群众坚持下去，见之于行动，并在群众行动中考验这些意见是否正确。然后再从群众中集中起来，再到群众中坚持下去。如此无限循环，一次比一次地更正确、更生动、更丰富。这就是马克思主义的认识论。"[1]之后，毛泽东在党的七大上系统总结中国共产党成立 24 年来的经验，提出"共产党人的一切言论行动，必须以合乎最广大人民群众的最大利益，为最广大人民群众所拥护为最高标准"[2]，并将和人民群众紧密联系在一起的作风列为党的三大作风之一。群众路线是毛泽东思想的重要部分，是全党的共识，被写入七大党章。刘少奇在关于修改党章的报告中专题论述了"关于党的群众路线问题"，并指出："在党章的总纲上和条文上，都特别强调了党的群众路线，这也是这次修改党章的一个特点。"[3]他还讲道，毛泽东同志屡次指示我们，在一切工作中要采取群众路线，"毛泽东同志的群众路线，就是要使我们党与人民群众建立正确关系的路线，就是要使我们党用正确的态度与正确的方法去领导人民群众的路线"[4]。

新中国成立后，毛泽东进一步强调，在推进社会主义革命和建设的伟大斗争中，必须继续坚持群众路线。1956 年 4 月，毛泽东在《论十大关系》中指出，我们"历来提倡关心群众生活，反对不关心群众痛痒的官僚主义"[5]。毛泽东认为，党的领导工作能否保持正确，取决于它能否采取从群众中来、到群众中去的工作方法。1964 年 9 月，毛泽东对党的领导干部提出要求："下决心长期下去蹲点，就能听到群众的呼声，就能从实践中逐步地认识客观真理，变为主观真理，然后再回到实践中去，看是不是行得通。如果行不通，则必须重新向群众的实践请教。这样就可以解决框框问题，即教条主义问题了，就可

---

[1]《毛泽东选集》第 3 卷，人民出版社 1991 年版，第 899 页。
[2]《毛泽东选集》第 3 卷，人民出版社 1991 年版，第 1096 页。
[3]《建党以来重要文献选编》第 22 册，中央文献出版社 2011 年版，第 397 页。
[4]《刘少奇选集》上卷，人民出版社 1981 年版，第 342、348 页。
[5]《毛泽东文集》第 7 卷，人民出版社 1999 年版，第 28 页。

以不信迷信了。"① 党的八大通过的党章根据执政后党的状况发生的变化,要求全党继续坚持群众路线,"同脱离群众、脱离实际生活的官僚主义现象进行斗争"②;同时,八大党章第一次写入"群众路线"的概念,要求"必须不断地发扬党的工作中的群众路线的传统"③。

第三节　正确的战略策略是赢得伟大斗争的重要保证

斗争是有章法的,不是逞强好胜、争勇斗狠,而是要根据实际情况采取合理、有效的方式方法,灵活机动运用斗争策略,在解决实际问题、应对风险挑战中彰显斗争智慧。我们必须在坚持斗争原则的基础上具体问题具体分析,立足实际、审时度势、量力而行,随着形势的发展变化,灵活运用和调整斗争策略。事实证明,灵活的斗争策略往往能促成斗争的胜利,机械教条是斗争失败的主要原因。

一、注重斗争的战略问题

要进行伟大斗争,就必须注重斗争的战略问题。毛泽东非常注重斗争中的战略问题,善于从全局出发,进行战略部署,以取得斗争的胜利。毛泽东在论述关于战略方针和作战指挥的基本原则时要求:"拿战略方针去指导战役战术方针,把今天联结到明天,把小的联结到大的,把局部联结到全体,反对走一步看一步。"④ 毛泽东还强调,重视战略是我党的光荣传统,只要把战略形势搞清楚,许多问题都能迎刃而解。在《中国革命战争的战略问题》《抗日游击战争的战略问题》《战争和战略问题》等文章中,毛泽东都深入探讨了如何从战

---

① 《毛泽东文集》第8卷,人民出版社1999年版,第324页。
② 《建国以来重要文献选编》第9册,中央文献出版社1994年版,第272页。
③ 《建国以来重要文献选编》第9册,中央文献出版社1994年版,第272页。
④ 《毛泽东文集》第1卷,人民出版社1993年版,第381页。

略上看问题，以取得战争的胜利。

首先，从战略上看问题，要求着眼大局、胸怀全局，不能只盯着局部，否则就可能因小失大。"不谋全局者，不足以谋一域；不谋万世者，不足以谋一时。"人们观察和认识事物，通常先从局部开始，但决不能停留在这里，必须把各个部分综合起来进行分析，形成整体的观念，才能弄清各个部分在全局中所处的位置以及彼此间的联系，以正确地指导工作。毛泽东指出："战略问题是研究战争全局的规律的东西。"[1] 他还强调："要求战役指挥员和战术指挥员了解某种程度的战略上的规律，何以成为必要呢？因为懂得了全局性的东西，就更会使用局部性的东西，因为局部性的东西是隶属于全局性的东西的。"[2] "没有全局在胸，是不会真的投下一着好棋子的。"[3] 因此，毛泽东强调要"把自己的注意力摆在照顾战争的全局上面"[4]。毛泽东还认为，思考和决策问题应着眼于斗争全局，坚持局部利益服从全局利益，眼前利益服从长远利益。他指出："只要有战争，就有战争的全局。世界可以是战争的一全局，一国可以是战争的一全局，一个独立的游击区、一个大的独立的作战方面，也可以是战争的一全局。凡属带有要照顾各方面和各阶段的性质的，都是战争的全局。研究带全局性的战争指导规律，是战略学的任务。"[5] 以军事战略而论，毛泽东一口气列举了近40对需要研究观照的相互关系，他说："战略问题，如所谓照顾敌我之间的关系，照顾各个战役之间或各个作战阶段之间的关系，照顾有关全局的（有决定意义的）某些部分，照顾全盘情况中的特点，照顾前后方之间的关系，照顾消耗和补充，作战和休息，集中和分散，攻击和防御，前进和后退，荫蔽和暴露，主攻方面和助攻方面，突击方面和钳制方面，集中指挥和分散指挥，

---

[1]《毛泽东选集》第1卷，人民出版社1991年版，第175页。
[2]《毛泽东选集》第1卷，人民出版社1991年版，第175页。
[3]《毛泽东选集》第1卷，人民出版社1991年版，第221页。
[4]《毛泽东选集》第1卷，人民出版社1991年版，第176页。
[5]《毛泽东选集》第1卷，人民出版社1991年版，第175页。

第三章 为着一个光明的中国而斗争

持久战和速决战，阵地战和运动战，本军和友军，这些兵种和那些兵种，上级和下级，干部和兵员，老兵和新兵，高级干部和下级干部，老干部和新干部，红色区域和白色区域，老区和新区，中心区和边缘区，热天和冷天，胜仗和败仗，大兵团和小兵团，正规军和游击队，消灭敌人和争取群众，扩大红军和巩固红军，军事工作和政治工作，过去的任务和现在的任务，现在的任务和将来的任务，那种情况下的任务和这种情况下的任务，固定战线和非固定战线，国内战争和民族战争，这一历史阶段和那一历史阶段，等等问题的区别和联系，都是眼睛看不见的东西，但若用心去想一想，也就都可以了解，都可以捉住，都可以精通。这就是说，能够把战争或作战的一切重要的问题，都提到较高的原则性上去解决。达到这个目的，就是研究战略问题的任务。"①毛泽东明确提出："指挥全局的人，最要紧的，是把自己的注意力摆在照顾战争的全局上面。"②三大战役中，毛泽东通观全局，将整个长江以北战场依地理条件、敌我战略部署分为三大片，并在时间、空间、目的上加以把握。他把三大片比作一盘棋，反复要求各野战军各片部队树立全局观念，以保证整体目标的实现。正因为毛泽东极好地把握了全局，使得三大战役各个阶段紧密相连，环环相扣，一气呵成。

其次，从战略上看问题，要求具有前瞻意识，善于科学预见。针对中国革命战争的战略问题，毛泽东提出要把现实、未来贯通起来思考，从而预测发展趋势，预估行动风险，作出战略预置。毛泽东认为，领导必须要有预见，"所谓预见，不是指某种东西已经大量地普遍地在世界上出现了，在眼前出现了，这时才预见；而常常是要求看得更远，就是说在地平线上刚冒出来一点的时候，刚露出一点头的时候，还是小量的不普遍的时候，就能看见，就能看到它的将来的普遍意义"③。毛泽东还强调："坐在指挥台上，如果什么也看不见，就

① 《毛泽东选集》第 1 卷，人民出版社 1991 年版，第 177—178 页。
② 《毛泽东选集》第 1 卷，人民出版社 1991 年版，第 176 页。
③ 《毛泽东文集》第 3 卷，人民出版社 1996 年版，第 395 页。

读懂伟大斗争

不能叫领导。坐在指挥台上，只看见地平线上已经出现的大量的普遍的东西，那是平平常常的，也不能算领导。只有当着还没有出现大量的明显的东西的时候，当桅杆顶刚刚露出的时候，就能看出这是要发展成为大量的普遍的东西，并能掌握住它，这才叫领导。"① 领导、预见、战略三者统一于毛泽东领导中国革命的伟大实践，可以说，没有预见就没有领导，没有预见就没有战略，战略即预见。抗日战争初期，当人们对战争前景迷茫困惑、"亡国论"和"速胜论"甚嚣尘上时，毛泽东发表了著名的《论持久战》。他以深邃的战略思维进行缜密分析，认为中国的军事、经济、政治、文化虽然不如当时日本之强，但同中国自己比较起来，却有了比过去任何一个历史时期更为进步的因素。毛泽东在文章中指出："中国共产党及其领导下的军队，就是这种进步因素的代表。中国今天的解放战争，就是在这种进步的基础上得到了持久战和最后胜利的可能性。中国是如日方升的国家，这同日本帝国主义的没落状态恰是相反的对照。"② 毛泽东通过系统分析国际国内政治、经济、军事形势，科学预见了抗日战争的发展趋势，作出了"抗日战争是持久战，最后胜利是中国的"战略判断，为处于黑暗中的国人指出了光明的前途。

再次，从战略上看问题，要求善于抓住主要矛盾和矛盾的主要方面，做到纲举目张。毛泽东在《矛盾论》中指出："在复杂的事物的发展过程中，有许多的矛盾存在，其中必有一种是主要的矛盾，由于它的存在和发展规定或影响着其他矛盾的存在和发展。""任何过程如果有多数矛盾存在的话，其中必定有一种是主要的，起着领导的、决定的作用，其他则处于次要和服从的地位。因此，研究任何过程，如果是存在着两个以上矛盾的复杂过程的话，就要用全力找出它的主要矛盾。捉住了这个主要矛盾，一切问题就迎刃而解了。"他还强调："万千的学问家和实行家，不懂得这种方法，结果如堕烟海，

---

① 《毛泽东文集》第 3 卷，人民出版社 1996 年版，第 394—395 页。
② 《毛泽东选集》第 2 卷，人民出版社 1991 年版，第 449 页。

第三章　为着一个光明的中国而斗争

找不到中心，也就找不到解决矛盾的方法。"①毛泽东还以诸葛亮为例，认为他不善用兵。"其始误于隆中对，千里之遥而二分兵力。其终则关羽、刘备、诸葛三分兵力，安得不败。"②"自古能军无出李世民之右者，其次则朱元璋耳。"③毛泽东认为，要在最要害、最有决定意义，并有必胜把握的方向上，投入最大兵力，运用最大资源，实施突破，取得胜利。

二、政策和策略是党的生命

要取得斗争的胜利，除了注重战略问题，还必须把握好政策和策略。毛泽东精辟地论证了革命斗争中政策和策略问题的极端重要性，指出政策和策略是党的生命，是革命政党一切实际行动的出发点和归宿。毛泽东指出："倘若无产阶级政党的斗争策略是错误的，或者是动摇犹豫的，那末，革命就非走向暂时的失败不可。"④1948年3月14日，毛泽东在转发一封电报时指出："没有全般的策略观点与政策观点，中国革命是永远不能胜利的。最可怕的是领导同志的自满自是，自己缺乏策略观点与政策观点，而又对中央的指示熟视无睹（不细看这些指示，不研究这些指示，忙于不应当忙的事务工作，而忽视了策略指导与政策指导这种自己责任上的主要工作）。我们要求你们每两个月做一次（每年共六次）的综合性的工作报告，就是要求你们将这种策略与政策的规定、策略与政策在实行后的结果及根据这种结果而作出的你们的自我检讨（这些就是你们日常工作的主要工作）向我们作报告。"⑤3月20日，毛泽东在为中共中央起草关于情况的通报时提出"政策和策略是党的生命"这一重要论断，指出："只有党的政策和策略全部走上正轨，中国革命才有胜利的可能。

---

① 《毛泽东选集》第1卷，人民出版社1991年版，第320、322页。
② 《毛泽东读文史古籍批语集》，中央文献出版社1993年版，第106页。
③ 《毛泽东读文史古籍批语集》，中央文献出版社1993年版，第66页。
④ 《毛泽东选集》第1卷，人民出版社1991年版，第115页。
⑤ 《毛泽东年谱（1893—1949）》下卷，中央文献出版社2002年版，第295页。

政策和策略是党的生命，各级领导同志务必充分注意，万万不可粗心大意。"[1]毛泽东同日在转发西北野战军前委指示时作出批语，强调："各野战军前委及各军区对部队推行党的政策与策略是否有没有抓得很紧的事。如果有这样的事，必须从前委与军区自己领导方面加以检讨。须知政策与策略，是我党我军的生命。"[2]

毛泽东在对敌斗争和统一战线等方面，也提出了许多重要的政策和策略，这些政策和策略集中体现在《目前抗日统一战线中的策略问题》《论政策》《关于打退第二次反共高潮的总结》《关于目前党的政策中的几个重要问题》《不要四面出击》等著作中。毛泽东指出，弱小的革命力量在变化着的主客观条件下能够最终战胜强大的反动力量；战略上要藐视敌人，战术上要重视敌人；要掌握斗争的主要方向，不要四面出击；对敌人要区别对待、分化瓦解，实行利用矛盾、争取多数、反对少数、各个击破的策略；在反动统治地区，把合法斗争和非法斗争结合起来，在组织上采取隐蔽精干的方针；对被打倒的反动阶级成员和反动分子，只要他们不造反、不捣乱，都给以生活出路，让他们在劳动中改造成为自食其力的劳动者；无产阶级及其政党要实现自己对同盟者的领导，必须具备两个条件：一是率领被领导者向着共同的敌人作坚决斗争并取得胜利；二是对被领导者给以物质利益，至少不损害其利益，同时给以政治教育，等等。[3]

"在战略上我们要藐视一切敌人，在战术上我们要重视一切敌人"[4]，这是毛泽东提出的一个非常重要的观点。毛泽东强调，"革命者必须在战略上，在全体上，藐视敌人，敢于同他们斗争，敢于夺取胜利；同时，又要在战术上，

---

[1]《毛泽东选集》第4卷，人民出版社1991年版，第1298页。
[2]《毛泽东文集》第5卷，人民出版社1996年版，第83页。
[3]《关于建国以来党的若干历史问题的决议》，人民出版社1981年版，第45页。
[4]《毛泽东军事文集》第6卷，军事科学出版社、中央文献出版社1993年版，第371页。

第三章 为着一个光明的中国而斗争

在策略上,在每一个局部上,在每一个具体斗争问题上,重视敌人"①。1936年,毛泽东在《中国革命战争的战略问题》中写道:"我们的战略是'以一当十',我们的战术是'以十当一',这是我们制胜敌人的根本法则之一。"②1948年,毛泽东在为中共中央起草的决议草案《关于目前党的政策中的几个重要问题》中指出:"当着我们正确地指出在全体上,在战略上,应当轻视敌人的时候,却决不可在每一个局部上,在每一个具体问题上,也轻视敌人。"③

毛泽东还认为,必须根据实际情况及其变化制定党的政策和策略,坚持原则性和灵活性相结合。例如,在对敌斗争的形式上,根据实际,把武装斗争与和平斗争、公开斗争与秘密斗争结合起来。1941年,毛泽东在《驳第三次"左"倾路线》中指出:"他们完全不知道中国的特点是武装斗争与和平斗争的统一,在和平斗争方面,又是公开斗争与秘密斗争的统一。这是极复杂的政治科学的一整套,中国共产党人如不学会这一整套政治科学,是无法胜利的。"④毛泽东还强调,秘密斗争应该注意隐蔽精干,公开斗争应利用一切合法的形式。1944年6月,毛泽东在《中共中央关于城市工作的指示》中提出:"在敌占区,党和抗日团体的组织,只能秘密进行,因此应该注意精干、隐蔽,严防特务分子混入。但各种普通群众组织与群众活动,就应该公开利用一切可能的合法形式去进行。"⑤"正确方法是在一切可能的与合法的范围内,去联系与团结尽可能广大的群众,去提高群众的觉悟性、组织性,而使精干的秘密组织与秘密活动隐藏在广大群众之中,隐藏在群众的合法活动之中。而在举行起义以前,一切组织形式与斗争形式,均应避免定形的与系统的形式,采用各种不定

---

① 《毛泽东选集》第4卷,人民出版社1991年版,第1191页。
② 《毛泽东选集》第1卷,人民出版社1991年版,第225页。
③ 《毛泽东选集》第4卷,人民出版社1991年版,第1267页。
④ 《毛泽东文集》第2卷,人民出版社1993年版,第341页。
⑤ 《毛泽东文集》第3卷,人民出版社1996年版,第163页。

读懂伟大斗争

形的与分散的方式,以期多得胜利,减少损害。"①这些重要论述,都生动体现了毛泽东善于根据实际情况制定政策和策略,并通过正确的政策和策略来引导斗争取得胜利。

第四节　以坚定斗争意志在不同领域进行不同形式的伟大斗争

进行伟大斗争具有普遍性和一脉相承的连贯性。中国共产党自成立之日起,就始终把坚持党的领导、坚持以人民为中心、坚持对立统一的方法论等贯穿于各个领域的斗争实践中,这深刻反映出中国共产党承担为中国人民谋幸福、为中华民族谋复兴的历史重任的接续性与坚定性,对于推进新时代伟大斗争具有重要的现实意义。

一、枪杆子里面出政权

在革命战争年代,面对残酷复杂的斗争环境,毛泽东提出"枪杆子里面出政权"的重要论断,为党领导人民坚持英勇不屈的武装斗争提供了思想武器。1923年6月,党的三大召开,大会接受了共产国际关于同国民党合作的指示,认为党在现阶段"应该以国民革命运动为中心工作"②,采取党内合作的形式同国民党建立联合战线;大会审议通过了关于共产党员加入国民党问题的议题,决定采取共产党员以个人身份加入国民党的方式,实现国共合作。这对于进一步壮大革命力量,加快推进民主革命进程起到了重要作用。但是受共产国际的影响,大会对国共两党及其所代表的阶级力量作了片面估计,没有提出工人阶级应争取对民主革命的领导权问题,这为后来党在大革命中的失利埋下了伏笔和隐患。就在北伐战争不断取得胜利的时候,以蒋介石、汪精卫为首的国民党

---

①《毛泽东文集》第3卷,人民出版社1996年版,第164页。
②《中国共产党历史》第1卷,中共党史出版社2002年版,第109页。

第三章　为着一个光明的中国而斗争

反动派把枪头对准年幼的中国共产党，先后发动四一二反革命政变和七一五反革命政变，大肆屠杀共产党员和革命群众，轰轰烈烈的大革命宣告失败。

面对白色恐怖，中国共产党坚持革命，领导人民进行艰苦卓绝的斗争。1927年8月1日，在以周恩来为书记的中共中央前敌委员会领导下，首先发动南昌起义，打响了武装反抗国民党反动派的第一枪。1927年8月7日，中国共产党在湖北汉口召开紧急会议，即八七会议，会议通过《中国共产党中央执行委员会告全党党员书》等文件，要求坚决纠正党在过去的错误，号召广大党员和革命群众继续战斗。正如告全党党员书中所指出的："我们党公开承认并纠正错误，不含混不隐瞒，这并不是示弱，而正是证明中国共产主义运动的力量。"① 会议着重批评了大革命后期以陈独秀为首的中央所犯的右倾机会主义错误及其他错误，有的同志还批评了苏联顾问、共产国际代表的一些错误。毛泽东在发言中除批评陈独秀的右倾错误外，还提出了军事斗争和农民土地这两个非常重要的问题。其中，关于军事斗争问题，毛泽东严肃批评党过去"不做军事运动专做民众运动"的错误偏向，强调"以后要非常注意军事。须知政权是由枪杆子中取得的"②。在毛泽东看来，军事运动和民众运动结合起来，斗争才更有力量。面对国民党反动派以反动武装残酷屠杀共产党人和革命群众的行径，最直接有效的应对方式就是以革命的武装去反对它。八七会议肯定了毛泽东关于军事斗争的观点，作出武装反抗国民党反动派的决定，调派积极的、坚强的、有斗争经验的同志，到各主要省区发动和领导武装起义，恢复和整顿党组织。

八七会议后，各地武装起义相继展开。8月9日，毛泽东以中央特派员身份，与彭公达一起到达湖南，负责改组省委，并领导秋收起义。8月12日，毛泽东从武汉赶到长沙，住在"板仓杨寓"，在这里与省委书记易礼容进行交

---

① 《建党以来重要文献选编》第4册，中央文献出版社2011年版，第410页。
② 《毛泽东文集》第1卷，人民出版社1993年版，第47页。

读懂伟大斗争

谈。经过多方深入了解，认为"国民党湖南省党部已与民众对立，镇压工农运动，而人民群众对国民党已另眼相看"①。8月18日，毛泽东出席中共湖南省委会议，讨论如何贯彻八七会议确定的新策略。毛泽东在会上对"枪杆子里面出政权"的重要论断作了进一步阐释，他指出："湖南的秋收暴动的发展，是解决农民的土地问题。这是谁都不能否认的。但要发动暴动，单靠农民的力量是不行的，必须有一个军事的帮助。有一两团兵力，暴动就可起来，否则终归于失败。"②这说明，毛泽东既认可农民蕴含的强大革命力量，也强调单纯依靠农民暴动是不可取的，必须要有军事上的帮助，包括军事领导、军事策略、军事组织等。

秋收起义失败后，毛泽东毅然决定放弃攻打长沙，向南转兵谋求出路。他在文家市里仁学校宣布这一决定时讲道："中国革命没有枪杆子不行。这次秋收起义，虽然受了挫折，但算不了什么！胜败乃兵家常事。我们的武装斗争刚刚开始，万事开头难，干革命就不要怕困难。"③这就是著名的"文家市转兵"。毛泽东在现实的挫折面前没有放弃武装斗争，带领部队走上井冈山，在艰苦卓绝的斗争中开启了武装起义与根据地建设相结合的伟大探索，中国革命的星星之火，不断呈现燎原之势。总的来说，八七会议后，各地党组织先后发动了100多次武装起义，涉及14省的140多个县市，参加起义的工农群众和革命士兵有数百万人。虽然这些武装起义大多由于敌强我弱、领导者实行的错误决策或客观条件不成熟而失败，但仍然给国民党反动派以有力还击，为以后红军和根据地的更大发展奠定了初步基础。

毛泽东在重视武装斗争、建设人民军队的过程中，始终保持清醒的头脑和战略定力，强调不能仅仅靠枪杆子打天下，与偏于军事观点这一错误倾向进行斗争。毛泽东在1929年6月14日给林彪的信中鲜明地指出了红四军中存在的

---

① 《毛泽东年谱（1893—1949）》上卷，中央文献出版社2002年版，第210页。
② 《毛泽东文集》第1卷，人民出版社1993年版，第48页。
③ 《毛泽东年谱（1893—1949）》上卷，中央文献出版社2002年版，第219—220页。

第三章　为着一个光明的中国而斗争

"偏于军事观点"的问题，认为这是严重的政治路线问题。1929年12月，在为红军第四军第九次代表大会（古田会议）拟定的决议中，毛泽东对存在的军事政治对立论、红军任务就是单纯打仗而忽视武装群众、军事上盲动主义等进行批判，并提出五条纠正举措，其中一条就是加紧对官兵的政治训练，"尽可能由地方政权机关选派有斗争经验的工农分子，加入红军，从组织上削弱以至去掉单纯军事观点的根源"①。这与八七会议派遣有斗争经验的人去发动武装斗争的精神是一致的，有助于帮助红军回到正确的军事战略和路线上来，更好地巩固井冈山革命根据地。只有坚持正确的斗争路线，才能赢得革命胜利。第五次反"围剿"失败后，红军开始二万五千里长征。长征路上，在生死攸关的关键时刻，召开了遵义会议，开始确立了以毛泽东为主要代表的马克思主义正确路线在党中央的领导地位，开始形成以毛泽东为核心的第一代中央领导集体，开启了党独立自主解决中国革命实际问题的新阶段，在最危急关头挽救了党、挽救了红军、挽救了中国革命。

1937年7月7日，日本悍然发动卢沟桥事变，全民族抗战由此爆发，中华民族到了生死存亡的紧要关头。如何挽救民族危亡，如何联合尽可能多的力量进行抗日战争，成为摆在中国共产党和中国人民面前最紧迫的问题。1936年9月，毛泽东在《给蔡元培的信》中就表达了坚决抵抗日本帝国主义的决心，"共产党创议抗日统一战线，国人皆曰可行，知先生亦必曰可行，独于当权在势之衮衮诸公或则曰不可行，或则曰要缓行，盗入门而不拒，虎噬人而不斗，率通国而入于麻木不仁窒息待死之绝境，先生将何以处此耶？"②毛泽东顺应时代要求，适时地提出了建立抗日民族统一战线的主张，丰富发展了"枪杆子里面出政权"的内涵。1938年11月6日，毛泽东在扩大的党的六届六中全会上作结论时，再次强调了枪杆子对中国革命和中国共产党的重要性："共产

---

① 《毛泽东选集》第1卷，人民出版社1991年版，第88页。
② 《毛泽东文集》第1卷，人民出版社1993年版，第443页。

读懂伟大斗争

党员不争个人的兵权（决不能争，再也不要学张国焘），但要争党的兵权，要争人民的兵权。现在是民族抗战，还要争民族的兵权。在兵权问题上患幼稚病，必定得不到一点东西。劳动人民几千年来上了反动统治阶级的欺骗和恐吓的老当，很不容易觉悟到自己掌握枪杆子的重要性。"①他还强调："日本帝国主义的压迫和全民抗战，把劳动人民推上了战争的舞台，共产党员应该成为这个战争的最自觉的领导者。每个共产党员都应懂得这个真理：'枪杆子里面出政权'。"②在认识到枪杆子的重要性的同时，必须坚持一个原则，那就是"党指挥枪，而决不容许枪指挥党"③，这也是人民军队建设的根本政治原则。只有这样，才不会迷失在武装斗争中，失去斗争的正确方向。

革命的斗争除了讲原则，还要有明确的斗争目标和方式方法，并且要与当时的历史背景、时代需要紧密联系，这样的斗争才是正确的斗争。抗日战争爆发后，中日民族矛盾上升为主要矛盾，毛泽东从这一实际出发，明确了中国共产党斗争的原则，"尽可能地保存自己的力量，消灭敌人的力量"④。这是毛泽东从当时的敌我力量对比作出的正确判断。至于如何坚持这一原则，毛泽东指明了具体的斗争方式。在《抗日游击战争的战略问题》中，毛泽东提出六条具体的指导性意见，"（一）主动地、灵活地、有计划地执行防御战中的进攻战，持久战中的速决战和内线作战中的外线作战；（二）和正规战争相配合；（三）建立根据地；（四）战略防御和战略进攻；（五）向运动战发展；（六）正确的指挥关系"⑤。毛泽东还强调："中国抗日战争的基本政治原则即政治目的，是驱逐日本帝国主义，建立独立自由幸福的新中国。"⑥在坚持这个斗争大方向的前提

---

① 《毛泽东选集》第 2 卷，人民出版社 1991 年版，第 546 页。
② 《毛泽东选集》第 2 卷，人民出版社 1991 年版，第 546—547 页。
③ 《毛泽东选集》第 2 卷，人民出版社 1991 年版，第 547 页。
④ 《毛泽东选集》第 2 卷，人民出版社 1991 年版，第 406 页。
⑤ 《毛泽东选集》第 2 卷，人民出版社 1991 年版，第 407 页。
⑥ 《毛泽东选集》第 2 卷，人民出版社 1991 年版，第 406 页。

第三章 为着一个光明的中国而斗争

下,中国共产党倡导建立以国共两党合作为基础的抗日民族统一战线,团结一切可以团结的力量,举全国之军事力量,赢得抗日战争的胜利。毛泽东进一步指出:"俄国共产党的枪杆子造了一个社会主义。我们要造一个民主共和国。帝国主义时代的阶级斗争的经验告诉我们:工人阶级和劳动群众,只有用枪杆子的力量才能战胜武装的资产阶级和地主;在这个意义上,我们可以说,整个世界只有用枪杆子才可能改造。我们是战争消灭论者,我们是不要战争的;但是只能经过战争去消灭战争,不要枪杆子必须拿起枪杆子。"①

解放战争时期,毛泽东深刻洞察国内主要矛盾的变化,明晰了今后一段时期内的斗争内容,并在延安干部会议上作了关于抗战胜利后的时局和斗争方针的报告。毛泽东首先明确了今后斗争的性质,他指出:"从整个形势看来,抗日战争的阶段过去了,新的情况和任务是国内斗争。蒋介石说要'建国',今后就是建什么国的斗争。是建立一个无产阶级领导的人民大众的新民主主义的国家呢,还是建立一个大地主大资产阶级专政的半殖民地半封建的国家?这将是一场很复杂的斗争。目前这个斗争表现为蒋介石要篡夺抗战胜利果实和我们反对他的篡夺的斗争。"②毛泽东指出,这将是一场全国性的内战,必须做好斗争的充足准备。在以毛泽东同志为核心的党的第一代中央领导集体的正确领导下,中国共产党人深刻总结历史经验,反思"左"和右的错误教训,握住为人民打仗的"枪杆子",最终取得了中国革命的胜利。总之,毛泽东"枪杆子里面出政权"的重要论断在中国革命实践中展现了理论的科学性、实践性,对推进人民军队建设、实现党的军事理论创新,具有重要的实践意义和思想创新价值。

---

① 《毛泽东选集》第 2 卷,人民出版社 1991 年版,第 547 页。
② 《建党以来重要文献选编》第 22 册,中央文献出版社 2011 年版,第 617 页。

> 读懂伟大斗争

二、必须准备进行同过去时代的斗争形式有着许多不同特点的伟大斗争

新中国成立初期,百废待兴,中国共产党意识到斗争主线的转换势在必行。在社会主义过渡时期,虽然当时中国的主要矛盾是阶级矛盾,但这种矛盾具有过渡性质的意味,不是以激烈的社会对抗形式展开的,而是以非对抗的形式展开的。化解这种非对抗性矛盾,要通过把不具有独立社会形态的新民主主义社会转化为独立的社会主义社会来完成,这种转化建立在对生产关系、经济基础、上层建筑的革新之上,这也是将这一时期定位为以物质生产斗争为主线的原因所在。正如毛泽东在《论人民民主专政》中指出的:"人民是什么?在中国,在现阶段,是工人阶级,农民阶级,城市小资产阶级和民族资产阶级。"[1] 城市小资产阶级和民族资产阶级都属于人民的范畴,因此,对待他们不是以那种激烈的阶级斗争,而是以平和的方式来重塑其社会关系。正是基于此,虽然当时的斗争还属于阶级斗争,但实际上,斗争形式已悄然发生变化。

值得注意的是,这种过渡性质的社会形态转变,是实践行动与理论准备共同作用的结果。从实践上看,1953年,社会主义三大改造吹响了生产方式革新的号角;1956年,社会主义改造基本完成,实现了生产资料私有制向社会主义公有制的转变,中国进入社会主义社会。从理论上看,毛泽东探讨了社会主义建设中的十大关系,包括重工业和轻工业、农业的关系,沿海工业和内地工业的关系,经济建设和国防建设的关系,国家、生产单位和生产者个人的关系,中央和地方的关系,等等,初步提出了中国社会主义经济建设的若干新方针。党的八大正确分析国内形势和国内主要矛盾的变化,将主要矛盾界定为"人民对于建立先进的工业国的要求同落后的农业国的现实之间的矛盾,已经是人民对于经济文化迅速发展的需要同当前经济文化不能满足人民需要的状况之间的矛盾"。党的八大后,毛泽东在《关于正确处理人民内部矛盾的问

---

[1]《毛泽东选集》第4卷,人民出版社1991年版,第1475页。

第三章　为着一个光明的中国而斗争

题》中指出,"现在的情况是:革命时期的大规模的急风暴雨式的群众阶级斗争基本结束",我们要"团结全国各族人民进行一场新的战争——向自然界开战,发展我们的经济,发展我们的文化"①,这表明阶级斗争已开始从台前走向幕后,物质生产斗争已告别那种犹抱琵琶半遮面的逻辑演绎,对以经济建设为中心的思想框架作了进一步展开。②

1958年,毛泽东又提出把党的工作重点转到技术革命和社会主义建设上来。这实际上是党的八大路线的延续。围绕社会主义革命和建设的实际,毛泽东更加全面地论述了科学技术对推动生产发展和社会进步的巨大作用。1955年3月,在党的全国代表会议上,毛泽东指出,我们已进入了一个新时期,"就是我们现在所从事的、所思考的、所钻研的,是钻社会主义工业化,钻社会主义改造,钻现代化的国防,并且开始要钻原子能这样的历史的新时期"③,"只要我们更多地懂得马克思列宁主义,更多地懂得自然科学,一句话,更多地懂得客观世界的规律,少犯主观主义错误,我们的革命工作和建设工作,是一定能够达到目的的"④。因此,毛泽东一再号召全党,不仅要学习马克思列宁主义理论,还要学习苏联先进的科学技术。在1956年1月召开的关于知识分子问题的会议上,周恩来代表党中央发出了"向现代科学进军"的动员令,毛泽东也号召全党努力学习科学知识,为赶上世界科学先进水平而奋斗。会后,国务院邀请几百名科学技术专家,制订了《1956—1967年科学技术发展远景规划》。这对于我国科技、经济和国防现代化的发展产生了重大影响。毛泽东指出:"我们现在不但正在进行关于社会制度方面的由私有制到公有制的革命,而且正在进行技术方面的由手工业生产到大规模现代化机器生产的革

---

① 《毛泽东文集》第7卷,人民出版社1999年版,第216页。
② 徐崇温:《毛泽东对适合中国国情的社会主义建设道路的探索》,《马克思主义与现实》2010年第3期。
③ 《毛泽东文集》第6卷,人民出版社1999年版,第395页。
④ 《毛泽东文集》第6卷,人民出版社1999年版,第393页。

读懂伟大斗争

命,而这两种革命是结合在一起的。"① "中国只有在社会经济制度方面彻底地完成社会主义改造,又在技术方面,在一切能够使用机器操作的部门和地方,统统使用机器操作,才能使社会经济面貌全部改观。"② 此后,毛泽东又把科学实验列为三大革命实践活动之一,从社会发展的高度肯定科学技术的地位和作用,其意义就在于第一次把对自然科学和社会科学的认识放在辩证唯物论的正确位置上,把科学家的活动放在人类社会实践的正确位置上。

综观世界一些国家的发展之路,毛泽东深知,欲达到富强之目的,必须采用最先进技术。毛泽东指出:"资本主义各国,苏联,都是靠采用最先进的技术,来赶上最先进的国家,我国也要这样。"③ "我们不能走世界各国技术发展的老路,跟在别人后面一步一步地爬行。我们必须打破常规,尽量采用先进技术,在一个不太长的历史时期内,把我国建设成为一个社会主义的现代化的强国。"④ 20世纪50年代,面对美帝国主义的核讹诈,毛泽东指出,美国的原子讹诈,是吓不倒中国的。⑤ 早在1946年8月,毛泽东就在和美国记者安娜·路易斯·斯特朗的谈话中讲道:"原子弹是美国反动派用来吓人的一只纸老虎,看样子可怕,实际上并不可怕。"⑥ 中国不怕原子弹,但是严峻的现实迫使中国不得不考虑研制自己的原子弹。1955年1月,毛泽东主持召开中共中央书记处扩大会议,作出了中国要发展原子能事业的重大决策。1956年4月,毛泽东在《论十大关系》中指出:"在今天的世界上,我们要不受人家欺负,就不能没有这个东西。"⑦ 1958年5月,毛泽东在党的八大二次会议上提出"我们也要搞人造卫星"的伟大号召。同年6月,毛泽东在中共中央军委扩大会议

---

① 《毛泽东文集》第6卷,人民出版社1999年版,第432页。
② 《毛泽东文集》第6卷,人民出版社1999年版,第438页。
③ 《毛泽东文集》第8卷,人民出版社1999年版,第126页。
④ 《毛泽东文集》第8卷,人民出版社1999年版,第341页。
⑤ 《毛泽东年谱(1949—1976)》第2卷,中央文献出版社2013年版,第340页。
⑥ 《毛泽东选集》第4卷,人民出版社1991年版,第1194—1195页。
⑦ 《毛泽东军事文集》第6卷,军事科学出版社、中央文献出版社1993年版,第365页。

第三章　为着一个光明的中国而斗争

上指出，"听说就这么大一个东西，没有那个东西，人家就说你不算数"，提出"搞一点原子弹、氢弹、洲际导弹"。①1964 年 10 月 16 日，我国成功爆炸第一颗原子弹，打破了大国的核垄断和核讹诈；导弹和人造卫星的研制也取得突破性进展。这些都大大提高了我国的国际地位，筑牢了国家安全基石。

三、一切反动派都是纸老虎

近代以后，对中国而言，就是一部不断与中外反动势力进行斗争的历史。实现中华民族伟大复兴，首先必须领导人民进行政治革命，彻底改变近代以后中国社会半殖民地半封建的性质，实现民族独立、人民解放。毛泽东深刻洞察当时社会的主要矛盾，面对反动势力，始终保持强大的政治定力，以高超的斗争艺术，从战略上藐视敌人，提出"一切反动派都是纸老虎"的重要论断，坚定打倒一切反动派、胜利解放全中国的斗争信心。

毛泽东指出，帝国主义是中国人民的第一个和最凶恶的敌人。它是封建地主阶级的主要支持者，如果不推翻帝国主义的统治，就不能推翻封建地主阶级的统治。1931 年日本发动九一八事变后，中国共产党于 9 月 20 日发表《中国共产党为日本帝国主义强暴占领东三省事件宣言》；9 月 22 日，作出《关于日本帝国主义强占满洲事变的决议》；9 月 30 日，发表《中国共产党为日本帝国主义强占东三省第二次宣言》；1932 年 4 月，中华苏维埃共和国临时中央政府发布《对日战争宣言》，号召"以民族革命战争，驱逐日本帝国主义出中国"，正式对日宣战。1937 年 7 月 7 日，全面抗战爆发。7 月 8 日，中国共产党向全国发出通电，号召全国人民、军队和政府团结起来，筑成民族统一战线的坚固长城，抵抗日本侵略。1938 年 5 月，毛泽东撰写《论持久战》，驳斥了"亡国论"和"速胜论"，指出中国必须、也能够经过持久抗战取得胜利，持久战必须经过战略防御、战略相持和战略反攻三个阶段，强调持久战的基础是广大民

---

① 《毛泽东军事文集》第 6 卷，军事科学出版社、中央文献出版社 1993 年版，第 374 页。

读懂伟大斗争

众。1945年8月9日，毛泽东发表《对日寇的最后一战》的声明，各解放区随即组织反攻大军，陆续发起猛烈的全面反攻。1945年9月2日，在东京湾的美国"密苏里"号巡洋舰上，日本签署了投降书。至此，中国抗日战争取得了最终胜利。这是人民战争的胜利，是中国人民的胜利。中国人民抗日战争的胜利是100多年来中国人民反抗外敌入侵第一次取得完全胜利的伟大的民族解放战争，也是中华民族走向复兴的历史新起点。抗日战争胜利后，以毛泽东同志为主要代表的中国共产党人深刻分析国内外形势，不断加强自身力量，争取广大人民的支持，做好了同以蒋介石为首的国民党反动派继续斗争的充足准备。

抗战胜利后，美国将国民党视为控制中国的代理人。1945年10月23日，美国总统杜鲁门在国会讲演中公然声称：美国的战斗力现在比历史上任何时候都强大，比世界上任何国家都强大。这是美国向全球扩张的战略宣言。美国从自身利益出发，在中国选择扶持与其意识形态属性相近的国民党，"援助国民党尽可能广大地在中国确立其权力"①，使以蒋介石为首的国民党政府有效地服务于美国的全球战略，从而实现其以控制中国为跳板进而掌控亚洲的战略目标。为加强国民党的力量，帮助其抢夺胜利果实，在日本宣布投降后，美国采取"利用日本军队阻止共产党人的方法"②，命日军负责维持其占领区的所谓法律和秩序，等待国民党政府前来"接收"，而不得向中国共产党领导的人民武装力量投降。此时的美国依仗其强大的经济和军事实力，积极向外扩张，企图推动建立一个稳定的、统一的亲美中国政府，因此大力支持国民党的反共方针。在美国的大力支持下，国民党加紧部署全面内战。而苏联领导人过高地估计国民党的力量，过低地估计中国人民的革命力量，多次向美国和国民党的代表表示，中共没有能力领导统一中国；他们只承认并支持国民党政府这个"唯一合法政府"，希望中国能在蒋介石处于"领袖地位"的前提下实现统一。苏

---

① 《中美关系资料汇编》第1辑，世界知识出版社1957年版，第35页。
② 《毛泽东年谱（1893—1949）》下卷，中央文献出版社2002年版，第6页。

第三章　为着一个光明的中国而斗争

联虽然长期以来对中国人民解放事业给予了重要的支持，但它此时所奉行的对华政策，给中国人民的解放事业带来了阻力和困难。

面对如此复杂的国际形势，中国共产党始终保持强大的战略定力，依靠自己的力量，独立自主地制定科学的、灵活的斗争策略。1945年8月11日，毛泽东在《中共中央关于日本投降后我党任务的指示》中强调，"对蒋介石发动内战的危险，应有必要的精神准备"，"对美国人民及政府中的民主分子必须表示好意"，①但要清醒地看到美国武力干涉中国内政的可能性仍然存在。8月13日，毛泽东在延安干部会议上作了《抗日战争胜利后的时局和我们的方针》的讲演，强调对于蒋介石发动全面内战必须早做准备，"有了准备，就能恰当地应付各种复杂的局面"②。针对蒋介石对人民"寸权必夺，寸利必得"的方针，毛泽东提出我们的方针是"针锋相对，寸土必争"，以军事自卫对付蒋介石的军事进攻。毛泽东还指出："全世界一切反对帝国主义的国家和人民都是我们的朋友。但是我们强调自力更生，我们能够依靠自己组织的力量，打败一切中外反动派。"③毛泽东认为，美国帮助蒋介石打内战的根本目的就是"把中国变成美国的附庸"，因此，他号召全党同志要有清醒的头脑，有充足的信心，既不相信帝国主义的"好话"，也不被"外强中干"的美帝国主义的"狠话"吓倒。

国民党当局在完成战争准备后，撕毁停战协定和政协协议，于1946年6月向解放区发动全面进攻，中国共产党领导人民奋力反抗，全面内战由此爆发。1946年7月7日，《中国共产党中央委员会为"七七"九周年纪念宣言》发表，毛泽东修改了这个宣言，并加写了这样一句话："目前中国反动派的猖獗，不是表示他们的强大和有生命力，而是表示他们的软弱和回光返照"④，并

---

① 《建党以来重要文献选编》第22册，中央文献出版社2011年版，第608页。
② 《毛泽东选集》第4卷，人民出版社1991年版，第1134页。
③ 《毛泽东选集》第4卷，人民出版社1991年版，第1132页。
④ 《毛泽东文集》第4卷，人民出版社1996年版，第141页。

读懂伟大斗争

向全国人民表明了中国共产党能够"打败中外反动派的一切反动企图"的决心。为了在全党全军中形成统一认识,第二天,他又亲自起草了《关于学习和宣传中央"七七"宣言的通知》,要求在党内开展广泛深入的讨论,进一步振奋打败反动派的士气,把少数人对与反动派的内战缺乏信心、存在的悲观情绪根本扫除。7月20日,毛泽东为中共中央起草了题为"以自卫战争粉碎蒋介石的进攻"的党内指示,对敌我双方的力量对比作了准确分析:"蒋介石虽有美国援助,但是人心不顺,士气不高,经济困难。我们虽无外国援助,但是人心归向,士气高涨,经济亦有办法。因此,我们是能够战胜蒋介石的。全党对此应当有充分的信心。"①

1946年8月6日,毛泽东在延安杨家岭接受了美国记者安娜·路易斯·斯特朗的采访。当时全面内战已经爆发一个多月,蒋介石在美帝国主义的支持下仗着军事优势,扬言要在三到六个月内消灭中国共产党。敌强我弱的严峻形势摆在中国共产党的面前:一方面,国民党拥有优势兵力和精良装备,加之美国的军事援助,军事优势十分明显;另一方面,此时的苏联对中国共产党缺乏实质性帮助。毛泽东对此作了反复论证和正反两方面估量,在同斯特朗的谈话中,满怀信心地提出"一切反动派都是纸老虎"的著名论断。这个论断,武装了中国人民的思想,增强了中国人民的必胜信心,鼓舞了人民解放军的士气,在解放战争中起到极其重要的作用。同列宁把帝国主义看作"泥足巨人"一样,毛泽东把帝国主义和一切反动派看作"纸老虎",也指明了它们的本质。

1948年1月15日,毛泽东在西北野战军前委扩大会议上指出:"美帝国主义是个纸老虎,它的强大是表面的、暂时的。它不可能像流水一样地援助蒋介石。对美帝国主义,对蒋介石,总的方面我们应该轻视他们,但对具体的敌人就不能轻视,如果轻视就会犯原则性的错误。"②看似张牙舞爪的帝国主义者,

---

① 《毛泽东选集》第4卷,人民出版社1991年版,第1187页。
② 《毛泽东文集》第5卷,人民出版社1996年版,第27页。

第三章 为着一个光明的中国而斗争

仍然是一捅就破的纸老虎,只要我们坚持战略上藐视敌人,战术上重视敌人,最终胜利一定是属于中国人民的。经过三年艰苦卓绝的浴血奋战,中国共产党领导的人民军队在人民的支持下,彻底摧毁了国民党的反动政权,赢得了解放战争的最终胜利。

1950年6月25日,朝鲜内战爆发。美国政府立即作出武装干涉朝鲜内战的决定,并派遣第七舰队侵入台湾海峡,公然干涉中国内政。10月初,美军无视中国政府一再警告,把战火烧到中朝边境,严重威胁新生的共和国政权。1950年10月8日,毛泽东发布命令,组建以彭德怀为司令员兼政治委员的中国人民志愿军,与朝鲜人民共同抗击以美帝国主义为首的所谓"联合国军"。抗美援朝战争的胜利,打破了美军不可战胜的神话,巩固了中国新生的人民政权,维护了亚洲和世界的和平。同时表明,面对美帝国主义等一切"纸老虎",只有敢于斗争、善于斗争,才能取得最终胜利。

1956年7月,毛泽东在同危地马拉前总统阿本斯谈话时再一次提出美帝国主义是纸老虎,并强调:"现在美帝国主义很强,不是真的强。它政治上很弱,因为它脱离广大人民,大家都不喜欢它,美国人民也不喜欢它。外表很强,实际上不可怕,纸老虎。外表是个老虎,但是,是纸的,经不起风吹雨打。我看美国就是个纸老虎。"①毛泽东还创造性地把"一切反动派都是纸老虎"的观点与人类社会发展的根本规律有机结合起来,指出:"整个历史证明这一点,人类阶级社会的几千年的历史证明这一点:强的要让位给弱的。美洲也是这样","只有帝国主义被消灭了,才会有太平。总有一天,纸老虎会被消灭的"②。毛泽东不但阐明了美帝国主义是纸老虎,而且明晰了同美帝国主义斗争的方法,他指出:"我们说美帝国主义是纸老虎,是从战略上来说的。从整体上来说,要轻视它。从每一局部来说,要重视它。它有爪有牙。要解决它,

---

① 《毛泽东文集》第7卷,人民出版社1999年版,第73页。
② 《毛泽东文集》第7卷,人民出版社1999年版,第73页。

读懂伟大斗争

就要一个一个地来。比如它有十个牙齿，第一次敲掉一个，它还有九个，再敲掉一个，它还有八个。牙齿敲完了，它还有爪子。一步一步地认真做，最后总能成功。"[1]

1958年12月1日，毛泽东写下《关于帝国主义和一切反动派是不是真老虎的问题》一文，对帝国主义和一切反动派是不是真老虎的问题再次进行了深入探讨。毛泽东指出："这里我想回答帝国主义及一切反动派是不是真老虎的问题。我的回答是，既是真的，又是纸的，这是一个由真变纸的过程的问题。变即转化，真老虎转化为纸老虎，走向反面。"[2]他进一步分析道："同世界上一切事物无不具有两重性（即对立统一规律）一样，帝国主义和一切反动派也有两重性，它们是真老虎又是纸老虎。历史上奴隶主阶级、封建地主阶级和资产阶级，在它们取得统治权力以前和取得统治权力以后的一段时间内，它们是生气勃勃的，是革命者，是先进者，是真老虎。在随后的一段时间，由于它们的对立面，奴隶阶级、农民阶级和无产阶级，逐步壮大，并同它们进行斗争，越来越厉害，它们就逐步向反面转化，化为反动派，化为落后的人们，化为纸老虎，终究被或者将被人民所推翻。反动的、落后的、腐朽的阶级，在面临人民的决死斗争的时候，也还有这样的两重性。一面，真老虎，吃人，成百万人成千万人地吃。人民斗争事业处在艰难困苦的时代，出现许多弯弯曲曲的道路。中国人民为了消灭帝国主义、封建主义和官僚资本主义在中国的统治，花了一百多年时间，死了大概几千万人之多，才取得一九四九年的胜利。你看，这不是活老虎，铁老虎，真老虎吗？但是，它们终究转化成了纸老虎，死老虎，豆腐老虎。这是历史的事实。"[3]基于此，毛泽东强调："从本质上看，从长期上看，从战略上看，必须如实地把帝国主义和一切反动派，都看成纸老虎。从这点上，建立我们的战略思想。另一方面，它们又是活的铁的真的老虎，它们会

---

[1]《毛泽东文集》第7卷，人民出版社1999年版，第73页。
[2]《毛泽东文集》第7卷，人民出版社1999年版，第455页。
[3]《毛泽东文集》第7卷，人民出版社1999年版，第455—456页。

第三章　为着一个光明的中国而斗争

吃人的。从这点上，建立我们的策略思想和战术思想。"①毛泽东的这篇文章，不仅进一步坚定了人民战胜帝国主义和一切反动派的信心，而且坚定了人民进行社会主义建设的信念；同时强调了战胜敌人和困难的正确策略。"一切反动派都是纸老虎"的著名论断至今仍是激励我们应对一切威胁、战胜一切困难和挑战的宝贵精神财富。

---

① 《毛泽东文集》第7卷，人民出版社1999年版，第456页。

第四章

改革是中国的第二次革命

作为党的第一代中央领导集体的重要成员和第二代中央领导集体的核心，邓小平在领导中国革命、建设和改革的实践过程中，形成了应对矛盾问题和风险挑战的丰富斗争思想，包括"改革是中国的第二次革命"，坚持与思想政治领域中的不良倾向作斗争，坚持与腐败现象作斗争，坚持与霸权主义、西方和平演变政策作斗争，等等。邓小平关于斗争的丰富思想体现了敢于斗争的精神和善于斗争的本领是应对改革开放风险挑战、实现四个现代化的内在要求，彰显了中国共产党人坚定的斗争精神和斗争信念，其相关论述指明了中国共产党人要在改革开放的伟大斗争实践中练就高超的斗争本领。

第一节 改革开放也是一场革命，要杀出一条血路

改革开放是我们党领导的一次伟大革命，正是这个伟大革命，推动了中国特色社会主义事业的伟大飞跃。以改革开放为起点，中国共产党人打开了一条一心一意搞建设的新路，并且取得了举世瞩目的成就。习近平总书记指出：

第四章　改革是中国的第二次革命

"如果没有邓小平同志指导我们党作出改革开放的决策，我们国家要取得今天的发展成就是不可想象的。"① 作为改革开放的总设计师，邓小平从一开始就深刻揭示了改革开放的革命性本质，反复强调要以革命的精神、斗争的精神将改革开放这场伟大革命进行到底。

一、不改革开放，只能是死路一条

对于中国实行改革开放的必要性这一根本问题，邓小平明确指出："中国一定要坚持改革开放，这是解决中国问题的希望。"② 他认为："社会主义如果老是穷的，它就站不住。"③ 面对一些人担心的姓"资"姓"社"的问题，邓小平多次犀利而睿智地强调改革开放的重要性和正确性，他指出："如果现在再不实行改革，我们的现代化事业和社会主义事业就会被葬送。"④ 邓小平将改革开放与社会主义的命运联系起来，便于人们理解和重视改革开放对于社会主义的巨大价值。在坚持改革开放的道路上，邓小平始终没有忘记自己的责任。邓小平指出："我们所有的改革都是为了一个目的，就是扫除发展社会生产力的障碍。"⑤ "这场革命既要大幅度地改变目前落后的生产力，就必然要多方面地改变生产关系，改变上层建筑，改变工农业企业的管理方式和国家对工农业企业的管理方式，使之适应于现代化大经济的需要。"⑥ 这就把改革的原因和改革的对象说清楚了。

对于中国搞社会主义建设的经验，邓小平作了深入分析。他把我们的错误分为两类：一类是照搬苏联的模式，"满脑袋框框"；另一类是我们自己

---

① 《习近平关于全面深化改革论述摘编》，中央文献出版社2014年版，第2页。
② 《邓小平文选》第3卷，人民出版社1993年版，第284页。
③ 《邓小平文选》第2卷，人民出版社1994年版，第191页。
④ 《邓小平文选》第2卷，人民出版社1994年版，第150页。
⑤ 《邓小平文选》第3卷，人民出版社1993年版，第134页。
⑥ 《邓小平文选》第2卷，人民出版社1994年版，第135—136页。

读懂伟大斗争

的，如"大跃进"和"文化大革命"。粉碎"四人帮"后，是实行改革开放还是固守僵化教条的体制，是摆在中国共产党和中国人民面前的一道生死攸关的选择题。此时的邓小平审时度势，以极大的政治勇气冲破"两个凡是"，力主改革开放。面对思想上的禁锢，邓小平用马克思主义的真理力量，解开了许多人内心的困惑。1978年5月10日，中央党校内部刊物《理论动态》第60期发表《实践是检验真理的唯一标准》一文；5月11日，《光明日报》以特约评论员名义公开发表这篇文章，随后引发了全国性的具有历史意义的真理标准问题的大讨论。对于这篇文章和这次大讨论，邓小平多次予以肯定和支持。在同胡耀邦的谈话中，邓小平明确指出："《实践是检验真理的唯一标准》这篇文章是马克思主义的，争论不可避免，争得好。"[①] 邓小平将这次大讨论上升到党和国家前途命运的战略高度，他指出："关于真理标准问题的争论，的确是个思想路线问题，是个政治问题，是个关系到党和国家的前途和命运的问题。"[②] 就这样，在邓小平的支持和倡导下，全党陆续开展了声势浩大的关于真理标准问题的大讨论，为改革开放作了思想上的准备。

思想解放了，思维活跃了，还要把思想统一到改革开放上来。只有科学解答"为什么要改革开放"，才能坚定改革开放的决心和信心。邓小平从发展社会主义这一根本问题出发，探讨中国改革开放的必要性；在总结历史教训的基础上，提出"贫穷不是社会主义"的著名口号。邓小平向全党全国人民大声疾呼"贫穷不是社会主义，发展太慢也不是社会主义"，"社会主义的根本任务是发展生产力"的时候，却不得不面对这样一个现实：我们自己建立起来的、曾经在新中国成立初期发挥过重要作用的高度集中的计划经济体制，已经成为进一步发展生产力的阻碍。改革，作为急迫的历史任务，摆在了人们面前。在决定当代中国命运和中华民族前途的关键时刻，邓小平代表人民的意志和时代精

---

① 《邓小平年谱（1975—1997）》上卷，中央文献出版社2004年版，第345—346页。
② 《邓小平文选》第2卷，人民出版社1994年版，第143页。

第四章 改革是中国的第二次革命

神,果敢地发动了一场新的革命。

探寻中国改革的源头,可以追溯到 1975 年。那一年,邓小平领导的整顿,实际上就是中国经济体制改革的一种尝试。邓小平曾经说:"说到改革,其实在一九七四年到一九七五年我们已经试验过一段。一九七三年周恩来总理病重,把我从江西'牛棚'接回来,开始时我代替周总理管一部分国务院的工作,一九七五年我主持中央常务工作。那时的改革,用的名称是整顿,强调把经济搞上去,首先是恢复生产秩序。凡是这样做的地方都见效。"①然而,由于历史条件的限制,整顿未能深入持久地开展下去,但作为中国改革的先声,1975 年的整顿对于开启人们的改革思路是功不可没的。第五届全国人大第一次会议的《政府工作报告》提出,实现社会主义的四个现代化,是前所未有的伟大事业,是一场极其深刻的革命。从城市到农村,从生产力到生产关系,从经济基础到上层建筑,在政治、经济、军事、文化等各个领域,都将发生巨大的变革。但是,真正提出改革的任务,深刻阐述改革的性质和基本内容的,则是 1978 年 10 月邓小平的一次重要讲话。1978 年 10 月,中国工会第九次全国代表大会在北京隆重举行,这是相隔 21 年后,中国工人阶级和工会工作者的一次盛会。邓小平对此非常重视。受党中央、国务院委托,10 月 11 日,邓小平到会发表祝词。这篇祝词突出了要进行经济体制改革这个主题,首次提出各条战线不仅需要进行技术上的重大改革,而且需要进行制度上、组织上的重要改革。一个多月以后,邓小平的这一主张在中央工作会议和十一届三中全会上成为全党的共识。"忽如一夜春风来",势不可当的改革大潮很快在中华大地上掀起了波澜。改革推动了中国的进步,但对待改革,人们还存在不同认识。一些人担心改革会把中国引向资本主义,因而对待每一项改革措施,总要习惯性地问一问姓"社"还是姓"资";"以阶级斗争为纲"的口号虽然已被摒弃,但残酷斗争、无情打击的阴影仍使许多人心有余悸。这种心态影响着中国

---

① 《邓小平文选》第 3 卷,人民出版社 1993 年版,第 255 页。

改革的进度。

1992年1月20日，88岁高龄的邓小平登上53层的深圳国贸大厦旋转餐厅，俯瞰生机勃勃的深圳。仅仅十几年，这片荒山海滩的小渔村已经发展成为举世瞩目的新兴工贸城市，成为中国改革开放的窗口。脚下的这幢建筑，是以三天一层楼的速度建成的，由此而得名的"深圳速度"向世界展示了中国改革的步伐。邓小平反反复复地讲述着这样一个道理：不坚持社会主义，不改革开放，不发展经济，不改善人民生活，只能是死路一条。为了中国的改革开放，邓小平奉献出了他的全部精力和才华，他是中国社会主义改革开放和现代化建设的总设计师。

二、把改革当作一种革命

对"什么是改革开放"这一重大历史问题的回答，体现了邓小平高超的政治智慧和话语艺术。关于改革开放的性质，邓小平将其定位为中国的第二次革命。中国人民在中国共产党的带领下，通过革命推翻了三座大山，赢得了民族独立和人民解放。中国人民广泛参与并亲身经历了革命，因此，中国的老百姓对革命是熟悉的，对革命的作用是肯定的。邓小平紧紧抓住人们对革命的关注，用简洁明了的话语将改革开放与革命进行类比和联系，有利于人们深入理解改革开放的含义。邓小平指出："革命是解放生产力，改革也是解放生产力。推翻帝国主义、封建主义、官僚资本主义的反动统治，使中国人民的生产力获得解放，这是革命，所以革命是解放生产力。社会主义基本制度确立以后，还要从根本上改变束缚生产力发展的经济体制，建立起充满生机和活力的社会主义经济体制，促进生产力的发展，这是改革，所以改革也是解放生产力。"[1] 邓小平通过这种类比的方式，向全党和全国人民阐释了改革开放的内涵和价值，起到了极好的宣传动员效果，在短时期内有效提高了人们对改革开放的思

---

[1]《邓小平文选》第3卷，人民出版社1993年版，第370页。

第四章 改革是中国的第二次革命

想认识，迅速凝聚起改革开放的磅礴之力。

中国的改革开放是一场广泛而深刻的社会变革，是社会深层次矛盾的调整，它必然要引起政治、经济、思想文化、科技教育等各个领域的深刻变革，并触及社会生活的方方面面。正如邓小平所指出的，"改革涉及人民的切身利害问题，每一步都会影响成亿的人"①。由于改革涉及的人和事都很广泛、很深刻，这就不可避免地会引起多重矛盾的交织，甚至会造成一定的社会心理震荡，所以改革每推进一步都会遇到很多阻碍。同时，改革是极其艰巨和复杂的，这就使得改革必将是一个艰苦的探索过程，我们非得有革命年代的那种革命斗争精神，以极大的政治热情和百折不挠的坚韧毅力投身于改革不可。此外，还要有革命战争时期的那种敢闯、敢冒、敢试、敢为天下先的气魄和胆略；那种认为改革可以轻而易举地取得成功的想法，是一种不切实际的幻想，是对改革开放这场革命斗争的广泛性、深刻性和艰巨性缺乏足够清醒的认识。改革开放这场新的革命，绝不是要从根本上改变我国社会主义制度的性质，而是社会主义制度的自我完善和发展。对于改革，邓小平深刻总结国际国内社会主义发展的正反两方面经验，强调两条：一是社会主义基本制度是好的，必须坚持；二是社会主义传统体制存在弊端，必须通过改革加以完善。改革作为一场革命，它不是要革社会主义制度的命，而是要革限制社会主义内在生机与活力、妨碍发挥社会主义优越性的"旧体制"的命。改革开放这场革命，也不同于以夺取政权为目标的一个阶级推翻另一个阶级的革命，它是对已经建立的社会主义制度的巩固、完善和发展，而不是对社会主义基本制度的否定。它的大前提是：这场新的革命，是在过去的革命取得成功、建设取得成就的基础上进行的。因此，改革是在社会主义制度自身基础上的自我调整、自我改进、自我完善。

早在1979年11月，邓小平就指出，我国自1978年底开始的这场以实现

---

① 《邓小平文选》第3卷，人民出版社1993年版，第113页。

读懂伟大斗争

四个现代化为目标的改革"确实是一场新的大革命。我们革命的目的就是解放生产力,发展生产力"①。1980年4月,邓小平在同中央负责同志谈话时指出,"生产力方面的革命也是革命,而且是很重要的革命,从历史的发展来讲是最根本的革命"②。1984年10月,邓小平明确指出,"我们把改革当作一种革命"③。1985年3月28日,在会见日本自由民主党副总裁二阶堂进时,邓小平指出:"现在我们正在做的改革这件事是够大胆的。但是,如果我们不这样做,前进就困难了。改革是中国的第二次革命。这是一件很重要的必须做的事,尽管是有风险的事。"④把改革比作革命,根本原因在于,只有通过改革开放才能解放和发展生产力,才能推动社会主义制度的自我完善和发展。一方面,"改革的性质同过去的革命一样,也是为了扫除发展社会生产力的障碍,使中国摆脱贫穷落后的状态"⑤;另一方面,"改革是社会主义制度的自我完善,在一定的范围内也发生了某种程度的革命性变革"⑥。正是从坚持和发展生产力的角度出发,在指导改革开放的实践中,邓小平提出了社会主义初级阶段论、社会主义本质论等一系列重要论述。

三、大胆地试,大胆地闯

对于怎样推进改革开放,邓小平认为,思想解放是改革开放的先导,要改革开放首先要解放思想。"文化大革命"后,邓小平果断地把思想路线的拨乱反正作为突破口。1978年5月,《实践是检验真理的唯一标准》一文引发了全国性的真理标准问题大讨论。1978年12月13日,邓小平在中共中央工作会

---

① 《邓小平文选》第2卷,人民出版社1994年版,第231页。
② 《邓小平文选》第2卷,人民出版社1994年版,第311页。
③ 《邓小平文选》第3卷,人民出版社1993年版,第82页。
④ 《邓小平文选》第3卷,人民出版社1993年版,第113页。
⑤ 《邓小平文选》第3卷,人民出版社1993年版,第135页。
⑥ 《邓小平文选》第3卷,人民出版社1993年版,第142页。

第四章　改革是中国的第二次革命

议闭幕会上高度评价真理标准问题大讨论，并把解放思想和实事求是统一起来，深刻阐述了党的思想路线问题。邓小平强调："解放思想，开动脑筋，实事求是，团结一致向前看，首先是解放思想。只有思想解放了，我们才能正确地以马列主义、毛泽东思想为指导，解决过去遗留的问题，解决新出现的一系列问题，正确地改革同生产力迅速发展不相适应的生产关系和上层建筑，根据我国的实际情况，确定实现四个现代化的具体道路、方针、方法和措施。"①他还一针见血地指出："一个党，一个国家，一个民族，如果一切从本本出发，思想僵化，迷信盛行，那它就不能前进，它的生机就停止了，就要亡党亡国。"②邓小平的这些话，鼓舞了全党和全国人民的思想大解放。广大干部和群众把注意力放到研究客观实际中出现的新情况新问题、研究如何开创社会主义现代化建设新局面上来。以往在"左"的束缚下不敢想的问题敢想了、不敢做的事敢尝试着做了，一切坚持以实践为检验真理的唯一标准。以改革开放为标志的新时期，就这样以解放思想、端正思想路线为先导和突破口到来了。

　　深入推进改革开放要求必须敢闯敢试。每每在改革开放面临严峻挑战的关键时刻，邓小平都会强调发扬敢闯敢试精神，突破各种障碍。邓小平还用"小脚女人"作比喻，批评了改革开放中的保守现象，他指出："改革开放胆子要大一些，敢于试验，不能像小脚女人一样。看准了的，就大胆地试，大胆地闯。"③邓小平极力推崇"试"和"闯"，他提出："没有一点闯的精神，没有一点'冒'的精神，没有一股气呀、劲呀，就走不出一条好路，走不出一条新路，就干不出新的事业。"④邓小平还强调，"大胆地闯"有两个前提：一是看准，二是试验。这样，大胆才不致成为鲁莽，闯也不致成为瞎闯，但首要的还需克服一个"怕"字，提倡一个"敢"字，有敢闯敢试的精神。关于这一点，

---

① 《邓小平文选》第 2 卷，人民出版社 1994 年版，第 141 页。
② 《邓小平文选》第 2 卷，人民出版社 1994 年版，第 143 页。
③ 《邓小平文选》第 3 卷，人民出版社 1993 年版，第 372 页。
④ 《邓小平文选》第 3 卷，人民出版社 1993 年版，第 372 页。

读懂伟大斗争

邓小平强调:"改革开放迈不开步子,不敢闯,说来说去就是怕资本主义的东西多了,走了资本主义道路。"① "多搞点'三资'企业,不要怕。只要我们头脑清醒,就不怕。"② "干革命、搞建设,都要有一批勇于思考、勇于探索、勇于创新的闯将。没有这样一大批闯将,我们就无法摆脱贫穷落后的状况,就无法赶上更谈不到超过国际先进水平。"③ 邓小平以"杀出一条血路来"的决心和气势,鼓励和感染着身边的每一个人,点燃了人们在改革开放大潮中干事创业的热情。邓小平不仅是敢闯敢试精神的积极指导者,而且是实践中敢闯敢试的典范。20世纪80年代初,广东、福建等地的改革开放,引起一些思想僵化者的担忧,改革开放被视为异端,作为改革开放排头兵的深圳被视为异端中的异端,有人评论说深圳除了国旗是红的,其他全都是资本主义的,甚至把中外合资工厂定性为"殖民地性质的厂子"。针对这种责难和声讨,邓小平鼓励继续大胆试、大胆闯,认为好的就要坚持搞下去。1984年1月24日至2月10日,邓小平视察深圳、珠海、厦门3个特区,不但肯定经济特区的成就,而且提议把它延伸和扩大,他指出:"除现在的特区之外,可以考虑再开放几个港口城市,如大连、青岛。这些地方不叫特区,但可以实行特区的某些政策。"④ 根据邓小平的建议,中共中央和国务院决定开放大连、青岛等14个沿海港口城市。这是我国发挥沿海港口城市区位优势、扩大对外开放、加快现代化建设的重大决策,对促进这些城市发展乃至带动全国经济发展具有重要意义。

---

① 《邓小平文选》第3卷,人民出版社1993年版,第372页。
② 《邓小平文选》第3卷,人民出版社1993年版,第372—373页。
③ 《邓小平文选》第2卷,人民出版社1994年版,第143页。
④ 《邓小平文选》第3卷,人民出版社1993年版,第52页。

第四章　改革是中国的第二次革命

第二节　与思想政治领域一些不良倾向及腐败现象作斗争

资产阶级自由化，"左"、右两种错误倾向及腐败思想的干扰，是危害改革开放和社会主义现代化建设事业的重要因素。因此，反对资产阶级自由化，正确认识并克服"左"、右两种错误倾向，开展反腐败斗争，是顺利推进现代化建设的重要保证。邓小平在领导全党开辟中国特色社会主义道路的过程中，分析了反对资产阶级自由化的重要性和措施，剖析了改革开放和现代化建设中的"左"、右倾错误的表现、危害和根源，提出了反腐败斗争的基本思路及主要措施。

一、反对资产阶级自由化

资产阶级自由化主要是指少数人借改革开放之机，宣扬一些怀疑和动摇党的四项基本原则的错误言论，从而造成人们思想上的混乱，带来严重的消极影响。邓小平在一系列讲话中，深刻揭露了资产阶级自由化的实质、表现、危害，并论述了其与改革开放的区别。

早在改革开放之初，邓小平就敏锐地意识到，在打开国门向发达国家学习先进技术和管理经验的同时，资产阶级价值观和腐朽生活方式也会乘虚而入。面对外来资本主义思想的侵蚀，一些意志不坚定的同志甚至党员干部的政治立场就可能发生动摇，走上资本主义道路。反对资产阶级自由化，必将是一个贯穿改革开放始终的长期过程。对此，邓小平曾经先后作出多次论述，从1983年提出"清除思想战线精神污染"，到1986年党的十二届六中全会强调"反对自由化，不仅这次要讲，还要讲十年二十年"，再到1992年在南方谈话中指出"在整个改革开放的过程中，必须始终注意坚持四项基本原则"。邓小平强调，反对资产阶级自由化"这个斗争将贯穿在实现四化的整个过程中，不仅本世纪内要进行，下个世纪还要继续进行"[①]，"在实现四个现代化的整个过程中，至

[①]《邓小平文选》第3卷，人民出版社1993年版，第204页。

读懂伟大斗争

少在本世纪剩下的十几年,再加上下个世纪的头五十年,都存在反对资产阶级自由化的问题"①。

对于资产阶级自由化的实质及表现,邓小平一针见血地指出,资产阶级自由化"崇拜西方资本主义国家的'民主'、'自由',否定社会主义"②,"实际上就是要把我们中国现行的政策引导到走资本主义道路"③。邓小平科学界定了资产阶级自由化的内涵,揭示了资产阶级自由化的实质,成为帮助我们认清意识形态领域一些"惯用伎俩""鬼把戏"的"照妖镜"。在此基础上,邓小平进一步论述了资产阶级自由化的种种表现,他指出:"资产阶级自由化的宣传,也就是走资本主义道路的宣传,一定要坚决反对。"④"自由化本身就是资产阶级的,没有什么无产阶级的、社会主义的自由化,自由化本身就是对我们现行政策、现行制度的对抗,或者叫反对,或者叫修改。"⑤"我们脑子里的四化是社会主义的四化。他们只讲四化,不讲社会主义。这就忘记了事物的本质,也就离开了中国的发展道路。这样,关系就大了。"⑥资产阶级自由化的上述表现,与我们的改革开放政策背道而驰,是对马克思主义的公然挑战。邓小平始终认为:"中国要搞现代化,绝不能搞自由化,绝不能走西方资本主义道路。"⑦"我们执行对外开放政策,学习外国的技术,利用外资,是为了搞好社会主义建设,而不能离开社会主义道路。"⑧此外,邓小平还一针见血地批评了一些人借改革开放需要解放思想之名,行资产阶级自由化之实的行为。

对于资产阶级自由化的危害,邓小平始终保持头脑清醒。他认为,改革

---

① 《邓小平文选》第3卷,人民出版社1993年版,第211页。
② 《邓小平文选》第3卷,人民出版社1993年版,第123页。
③ 《邓小平文选》第3卷,人民出版社1993年版,第181页。
④ 《邓小平文选》第3卷,人民出版社1993年版,第145页。
⑤ 《邓小平文选》第3卷,人民出版社1993年版,第182页。
⑥ 《邓小平文选》第3卷,人民出版社1993年版,第204页。
⑦ 《邓小平文选》第3卷,人民出版社1993年版,第123页。
⑧ 《邓小平文选》第3卷,人民出版社1993年版,第195页。

第四章　改革是中国的第二次革命

开放和四个现代化建设，离不开一个安定团结的政治局面，绝不能瞎折腾。邓小平在不同场合多次强调："坚持四项基本原则的核心，是坚持共产党的领导。没有共产党的领导，肯定会天下大乱，四分五裂。"① "自由化思潮一发展，我们的事业就会被冲乱。总之，一个目标，就是要有一个安定的政治环境。不安定，政治动乱，就不可能从事社会主义建设，一切都谈不上。"② "搞自由化，就会破坏我们安定团结的政治局面。没有一个安定团结的政治局面，就不可能搞建设。"③ 邓小平告诫大家："我们的社会主义建设，必须在安定团结的条件下有领导、有秩序地进行，我特别强调有理想、有纪律，就是这个道理。如果搞资产阶级自由化，就是再来一次折腾。搞资产阶级自由化，否定党的领导，十亿人民没有凝聚的中心，党也就丧失了战斗力，那样的党连个群众团体也不如了，怎么领导人民搞建设？"④

针对国内外一些人"强调四项基本原则、反对资产阶级自由化，就会妨碍甚至终止改革开放"的错误观点，邓小平强调，不能把改革开放与反对资产阶级自由化割裂开来、对立起来。邓小平指出，反对资产阶级自由化"不是今天才讲的，而是十一届三中全会以来一直在讲的。有人说我们改变了方针政策，那是一种误解"⑤。同时，他强调："中国的政策基本上是两个方面，说不变不是一个方面不变，而是两个方面不变。人们忽略的一个方面，就是坚持四项基本原则，坚持社会主义制度，坚持共产党领导。"⑥ 改革开放和反对资产阶级自由化是党的十一届三中全会以来国家路线、方针、政策的两个方面，要把二者关联起来。邓小平指出："我们党的十一届三中全会决定实行开放政策，同时也

---

① 《邓小平文选》第 2 卷，人民出版社 1994 年版，第 391 页。
② 《邓小平文选》第 3 卷，人民出版社 1993 年版，第 124 页。
③ 《邓小平文选》第 3 卷，人民出版社 1993 年版，第 182 页。
④ 《邓小平文选》第 3 卷，人民出版社 1993 年版，第 196—197 页。
⑤ 《邓小平文选》第 3 卷，人民出版社 1993 年版，第 211 页。
⑥ 《邓小平文选》第 3 卷，人民出版社 1993 年版，第 217 页。

要求刹住自由化的风，这是相互关联的问题。不刹住这股风，就不能实行开放政策。要搞四个现代化，要实行开放政策，就不能搞资产阶级自由化。"① "要搞现代化建设使中国兴旺发达起来，第一，必须实行改革、开放政策；第二，必须坚持四项基本原则，主要是坚持党的领导，坚持社会主义道路，反对资产阶级自由化，反对走资本主义道路。这两个基本点是相互依存的。"②邓小平之所以强调坚持四项基本原则、反对资产阶级自由化，是为了更好地推进改革开放和社会主义现代化建设。邓小平强调："我们现在讲的对内搞活经济、对外开放是在坚持社会主义原则下开展的。"③他还警告道："如果中国搞资产阶级自由化，那末肯定会有动乱，使我们什么事情也干不成，我们制定的方针、政策、路线、三个阶段发展战略的目标统统告吹。"④十一届三中全会以来，正是由于始终坚定不移地反对资产阶级自由化，改革开放事业才能历经曲折而始终向前。

二、要警惕右，但主要是防止"左"

在党史中，"左"和右是指特定的政治立场和态度。其中，"左"倾主义者常常把马克思主义观点奉为教条，以激进或马克思主义"正统"的姿态反对符合发展趋势的事物，主要表现为实行超越革命发展阶段的政策，或者进行过火的党内斗争，将党内斗争扩大化；右的错误主要表现为不敢坚持，甚至放弃原则，妥协退让，在革命和建设时机已经到来时不敢放手去干，白白延误时机，最终损害革命事业。无论是"左"的还是右的倾向，其错误的根源都是在政治上脱离了实事求是这条马克思主义的根本思想原则，导致思想与实际、主观与客观相脱节。因此，"左"的、右的倾向都是对人们思想的束缚，只有摆脱

---

① 《邓小平文选》第3卷，人民出版社1993年版，第124页。
② 《邓小平文选》第3卷，人民出版社1993年版，第248页。
③ 《邓小平文选》第3卷，人民出版社1993年版，第138页。
④ 《邓小平文选》第3卷，人民出版社1993年版，第344页。

第四章　改革是中国的第二次革命

"左"的、右的思想束缚，才能真正做到解放思想，推动党的事业不断从胜利走向胜利。

由于右的倾向往往表现为在对敌斗争中妥协甚至投降，因此比较容易识别和抵制；而"左"的倾向往往是以貌似革命的面貌出现的，有更大的欺骗性，因此我们党在历史上受"左"的错误影响的时间更长，危害也更大。进入改革开放和社会主义现代化建设新时期，同样面临着如何破除"左"和右两种错误倾向，特别是要解决"左"的倾向的干扰的问题。长期以来，党内形成了这样一种片面认识：右是立场问题，"左"是认识问题。在实际中，对右的错误的处理比较重，对"左"的错误的处理比较轻，这也导致产生了"左"比右好，宁"左"勿右的观念。所有这些，都使"左"的错误容易发生且难以纠正。改革开放以来，要深刻认识什么是社会主义、怎样建设社会主义，必须突破"左"倾教条主义的干扰。在改革开放和社会主义现代化建设历程中，"左"的倾向主要表现为：认为多一分外资，就是多一分资本主义；农村家庭联产承包责任制，使集体经济成为"空壳"；和平演变的危险主要来自经济领域；等等。这些错误认识实际上否定了我国改革开放的具体政策，会束缚人们的思想，干扰经济建设这个中心，阻碍社会主义生产力的发展，甚至葬送社会主义。

邓小平一贯主张"既要反'左'，又要反右"，运用两点论与重点论相结合的方法论来分析和处理。党的十一届三中全会提出解放思想，主要是针对"两个凡是"，重点是纠正"左"的错误。但在纠"左"过程中又出现了右的倾向。对此，邓小平提出，"要批判'左'的错误思想，也要批判右的错误思想"，"对'左'的错误思想不能忽略，它的根子很深。重点是纠正指导思想上'左'的倾向，但只是这样还不能完全解决问题，同时也要纠正右的倾向"，"对'左'对右，都要做具体分析"。①1983年10月12日，邓小平在党的十二届二中全会上再次强调："'左'的错误决不允许重犯。但是，不少同志片面地总结

---

① 《邓小平文选》第2卷，人民出版社1994年版，第379页。

读懂伟大斗争

历史教训，认为一讲思想斗争和严肃处理就是'左'，只提反'左'不提反右，这就走到软弱涣散的另一个极端。"①1987年，针对资产阶级自由化思潮的传播和蔓延，邓小平又几次讲到既要反"左"又要反右的问题。他指出："我们党的十一届三中全会以来，着重反对'左'，因为我们过去的错误就在于'左'。但是也有右的干扰。所谓右的干扰，就是要全盘西化，不是坚持社会主义，而是把中国引导到资本主义。"②他还强调："搞现代化建设，搞改革、开放，存在'左'和右的干扰问题。'左'的干扰更多是来自习惯势力。旧的一套搞惯了，要改不容易。右的干扰就是搞资产阶级自由化，全盘西化，包括照搬西方民主。'左'的和右的干扰，最主要的是'左'的干扰。建国后，从一九五七年到一九七八年，我们吃亏都在'左'。"③1992年，邓小平在南方考察时更加深入地讲了这个问题，强调警惕右，但主要是防止"左"。他指出："'左'带有革命的色彩，好像越'左'越革命。'左'的东西在我们党的历史上可怕呀！一个好好的东西，一下子被他搞掉了。右可以葬送社会主义，'左'也可以葬送社会主义。中国要警惕右，但主要是防止'左'。"④

改革开放和社会主义现代化建设新时期，如何有效地进行反"左"和防右的斗争呢？邓小平提出要始终坚持和确保改革开放政策和四项基本原则，用坚持改革开放的方针政策来战胜"左"的干扰，用坚持四项基本原则的办法来排除右的干扰。他指出："搞社会主义现代化建设是基本路线。要搞现代化建设使中国兴旺发达起来，第一，必须实行改革、开放政策；第二，必须坚持四项基本原则，主要是坚持党的领导，坚持社会主义道路，反对资产阶级自由化，反对走资本主义道路。"⑤在实际斗争中，邓小平审时度势地运用这些斗争方

---

① 《邓小平文选》第3卷，人民出版社1993年版，第37—38页。
② 《邓小平文选》第3卷，人民出版社1993年版，第225页。
③ 《邓小平文选》第3卷，人民出版社1993年版，第248—249页。
④ 《邓小平文选》第3卷，人民出版社1993年版，第375页。
⑤ 《邓小平文选》第3卷，人民出版社1993年版，第248页。

第四章　改革是中国的第二次革命

法，一次又一次成功地排除了"左"和右这两种错误倾向对贯彻执行党的基本路线的干扰。当"左"的思潮冒头时，邓小平坚定不移地大力倡导改革开放，领导全党解放思想，实事求是，突破"左"的框框，战胜习惯势力对改革中新生事物的扼制；当右的倾向来临时，邓小平又及时高举四项基本原则的大旗，坚决用人民民主专政的手段维护党的领导和社会主义道路。正是因为我们党有效战胜了"左"和右这两种错误倾向的干扰和阻碍，才使社会主义现代化建设得以顺利推进。

三、深入开展反腐败斗争

针对改革开放后党内存在的各种腐败现象和腐败问题，邓小平主张从党的自身建设抓起，坚持从严从重从快重拳反腐、从严治党。邓小平以高瞻远瞩、高屋建瓴的战略眼光，深刻阐述了党内反腐倡廉的必要性和紧迫性，确定了反腐败斗争的大方向和着力点。

提出从事关党和国家生死存亡高度看待反腐败斗争。"反对腐败是关系党和国家生死存亡的严重政治斗争。我们党是任何敌人都压不倒、摧不垮的。堡垒最容易从内部攻破，绝不能自己毁掉自己。如果腐败得不到有效惩治，党就会丧失人民群众的信任和支持。"①腐败是社会毒瘤，是直接影响经济社会发展、国家长治久安的致命风险。坚决惩治和有效预防腐败，关系人心向背，关系党和国家生死存亡。邓小平认为，腐败问题直接关系到中国共产党的领导地位，直接关系到能否保持党的本色和社会主义的本质，如果腐败问题得不到有效解决，就会对我党造成致命伤害，甚至会亡党亡国。早在1982年4月，邓小平就指出："如果我们党不严重注意，不坚决刹住这股风，那末，我们的党和国家确实要发生会不会'改变面貌'的问题。这不是危言耸听。"②后来，

---
① 《十五大以来重要文献选编》上，人民出版社2000年版，第42页。
② 《邓小平文选》第2卷，人民出版社1994年版，第403页。

读懂伟大斗争

他又告诫全党："要整好我们的党，实现我们的战略目标，不惩治腐败，特别是党内的高层的腐败现象，确实有失败的危险。"[1] 1992年初，邓小平在南方谈话中指出："在整个改革开放过程中都要反对腐败。对干部和共产党员来说，廉政建设要作为大事来抓。"[2]

提出反腐败斗争的"两手抓"指导原则。所谓"两手抓"，即"一手抓改革开放，一手抓惩治腐败"，它是邓小平重拳反腐的指导原则。党的十一届三中全会以来，邓小平多次提到"两手抓"的问题。邓小平认为，改革开放以来，有两个严峻考验摆在我们面前，一是能否把经济建设搞上去，一是党风和社会风气是否会垮下来，它们都关系到党的生死存亡和社会主义国家的兴衰成败。因此，在整个改革开放过程中，我们必须坚持"两手抓"，始终如一地做好反腐倡廉工作。1989年6月，邓小平指出："我们一手抓改革开放，一手抓惩治腐败，这两件事结合起来，对照起来，就可以使我们的政策更加明朗，更能获得人心。"[3] 1992年初，邓小平在南方谈话中再次强调："要坚持两手抓，一手抓改革开放，一手抓打击各种犯罪活动。这两只手都要硬。打击各种犯罪活动，扫除各种丑恶现象，手软不得。"[4]

提出反腐败斗争的"两个靠"重要手段。在邓小平看来，党内反腐败斗争要坚持"两个靠"：一要"靠教育"，即加强思想政治教育，筑牢拒腐防变的思想防线；二要"靠法制"，即加强法制建设，筑牢拒腐防变的制度防线。就思想政治教育而言，由于思想是行动的先导，任何人走上腐败道路都是思想上被腐蚀了。邓小平一直认为，加强党的政治思想教育是党的纯洁性和先进性建设的根本保证，要取得反腐败斗争的胜利，就必须加强对人的思想政治教育，"教育全党同志发扬大公无私、服从大局、艰苦奋斗、廉洁奉公的精神，坚持

---

[1]《邓小平文选》第3卷，人民出版社1993年版，第313页。
[2]《邓小平文选》第3卷，人民出版社1993年版，第379页。
[3]《邓小平文选》第3卷，人民出版社1993年版，第314页。
[4]《邓小平文选》第3卷，人民出版社1993年版，第378页。

共产主义思想和共产主义道德"①"把共产党员教育好,把人民和青年教育好。中国要出问题,还是出在共产党内部。"②就法制教育而言,由于市场经济是法治经济,因此,必须有完备的法律规范体系与之相适应。邓小平认为:"制度好可以使坏人无法任意横行,制度不好可以使好人无法充分做好事,甚至会走向反面。"③因此,我们要一手抓经济建设,一手抓法制建设,依靠法律制度建设,大力加强党内反腐败斗争。邓小平指出:"对干部和共产党员来说,廉政建设要作为大事来抓。还是要靠法制,搞法制靠得住些。"④可见,大力加强法律制度建设,对于开展反腐败斗争,改善党风、社会风气,是至关重要的。

提出反腐败斗争的"两个监督"有效路径。加强监督机制建设,必须突出"两个监督",即党内监督和群众监督。关于加强党内监督问题。由于腐败问题与绝对权力联系在一起,而绝对权力又是与掌握权力的党政领导干部联系在一起的,因此,要防止和消除腐败问题和腐败现象,必须从党政机关和领导干部抓起。对于党政领导干部来说,首先必须接受党内监督,这是最直接、最重要的监督形式。党内监督是党自我约束、自我完善的基本途径,也是提高党的治国理政能力的根本途径。关于完善群众监督问题。群众监督是提高政府行政效能的重要途径,也是监督政府行为的有效方式。群众监督无论是对发现腐败问题,还是对腐败问题的根治,都具有重要作用。邓小平指出,大力加强反腐倡廉工作,"要有群众监督制度,让群众和党员监督干部,特别是领导干部"⑤,要求把群众举报制度和专门机构的工作制度有机结合起来。但需要注意的是,反腐败斗争虽然要走群众路线,要相信群众和依靠群众,但也必须坚持党的领导,不能搞群众性的政治运动。只有这样,才能有效地依靠人民群众反对腐

---

① 《邓小平文选》第 2 卷,人民出版社 1994 年版,第 367 页。
② 《邓小平文选》第 3 卷,人民出版社 1993 年版,第 380 页。
③ 《邓小平文选》第 2 卷,人民出版社 1994 年版,第 333 页。
④ 《邓小平文选》第 3 卷,人民出版社 1993 年版,第 379 页。
⑤ 《邓小平文选》第 2 卷,人民出版社 1994 年版,第 332 页。

读懂伟大斗争

败、惩治腐败分子。

提出反腐败斗争"依法从严"行动准则。在对党内腐败问题和腐败现象严防死守的同时，我们还必须根据"依法从严"的行动准则，采取高压重拳的态势，从严从重从快地处理一切腐败分子，决不姑息放纵。邓小平一向对党内腐败问题和腐败现象深恶痛绝，认为解决腐败问题必须有雷霆万钧的手腕，要求对待党内罪大恶极的贪污腐败分子，坚持从严从重从快处理，"必须依法杀一批，有些要长期关起来。还要不断地打击，冒出一批抓一批。不然的话，犯罪的人无所畏惧，十年二十年也解决不了问题"[1]。对形形色色的党内腐败分子，"要雷厉风行地抓，要公布于众，要按照法律办事。该受惩罚的，不管是谁，一律受惩罚"[2]。按照邓小平重拳反腐的指示精神，对待党内各种腐败问题和腐败现象，我们不但要依据"依法从严"的行动准则，按照从严从重从快的要求，采取高压重拳的行动态势；而且必须有持之以恒的行动毅力，坚持"严打"方针不动摇。邓小平指出："开放、搞活政策延续多久，端正党风的工作就得干多久，纠正不正之风、打击犯罪活动就得干多久，这是一项长期的工作，要贯穿在整个改革过程之中，这样才能保证我们开放、搞活政策的正确执行。"[3]

第三节　与来自外部的风险挑战进行斗争

在新的历史时期，面对改革开放后面临的外部环境考验，邓小平提出一系列应对外部风险挑战的斗争方针原则。例如，要旗帜鲜明地同霸权主义作斗争，立场坚定地在中英就香港问题的谈判上开展斗争，开展防止西方和平演变的斗争，等等。这些关于应对外部风险挑战的重要论述，是新时期中国外交理

---

[1]《邓小平文选》第3卷，人民出版社1993年版，第34页。
[2]《邓小平文选》第3卷，人民出版社1993年版，第297页。
[3]《邓小平文选》第3卷，人民出版社1993年版，第164页。

第四章　改革是中国的第二次革命

论的重要组成部分。

一、同霸权主义作斗争

"霸权主义"一词源于希腊文，原意是指一些强大的城邦对其他弱小城邦的控制和支配；现在则泛指大国或强国，依仗经济、军事、科技实力，使用武力或以武力相威胁，践踏国际关系基本准则，把自己的影响和意志强加于别国，谋求对一个地区或更大范围进行统治的政策和行为。邓小平认为："毛泽东思想在世界上是同反霸权主义的斗争分不开的。"[1]进入改革开放和社会主义现代化建设新时期后，邓小平继承和发展了毛泽东关于反霸权主义斗争的思想，并根据新形势，从全人类的战略高度，将维护世界和平与反对霸权主义联系在一起作为中国外交战略的基本方针，并提出了一系列与之相适应的策略和原则。

1979年2月，邓小平在会见埃及总统特使、负责总统府事务的副总理时指出："霸权主义是世界最危险的战争策源地，是危害世界和平、安全和稳定的根源。"[2]此后，邓小平在不同场合反复强调要反对霸权主义、维护世界和平。1980年1月，邓小平在《目前的形势和任务》中指出："第一件事，是在国际事务中反对霸权主义，维护世界和平。全世界都估计到，八十年代是个危险的年代。反对霸权主义这个任务，每天都摆在我们的议事日程上。八十年代的开端就不好，发生了阿富汗事件，还有伊朗问题，更不用说早一点的越南问题、中东问题。这样的问题以后还会很多。总之，反对霸权主义的斗争，始终是作为一项严重的任务摆到我们国家和全国人民的日程上面就是了。"[3]1982年8月21日，邓小平在会见联合国秘书长德奎利亚尔时阐述了中国的对外政策，他指出："中国的对外政策是一贯的，有三句话，第一句话是反对霸权主义，第二句话是维护世界和平，第三句话是加强同第三世界的团结和合作，或者叫

---

[1]《邓小平文选》第2卷，人民出版社1994年版，第172页。
[2]《邓小平年谱（1975—1997）》上卷，中央文献出版社2004年版，第491页。
[3]《邓小平文选》第2卷，人民出版社1994年版，第239—240页。

读懂伟大斗争

联合和合作。为什么现在我特别强调第三世界这一点，因为反对霸权主义、维护世界和平对第三世界有特殊的意义。"① 他还认为，霸权主义的直接受害者是"第三世界的国家和人民。这就决定了有切身利益的第三世界是真正的维护世界和平、反对霸权主义的主力"②，并强调："反对霸权主义、维护世界和平是我们真实的政策，是我们对外政策的纲领。"③

此外，邓小平还充分估计了反对霸权主义、维护世界和平的长期性和艰巨性。他指出："中国革命胜利后，一直奉行反对霸权主义、维护世界和平、支持一切被压迫民族独立和解放斗争的政策。这个任务还没有结束，可能至少还要进行一个世纪的斗争。反对霸权主义不是一件容易的事。"④ 他还强调，西方以所谓的"人权、自由、民主"为借口，对发展中国家动辄进行制裁，或以制裁相威胁，其实质是霸权主义的表现。⑤ 历史的发展证明了邓小平的真知灼见。霸权主义和强权政治不会自动消失，唯一的办法是与之进行坚持不懈的斗争。只有这样，才能创造长期稳定的和平的国际环境。

怎样应对霸权主义？单独一个国家即使比较强大，也对付不了霸权主义，邓小平据此提出"联合反霸"的主张。他指出："反对霸权主义的力量联合起来，可以延缓战争爆发的时间。如果我们反对战争有力，对付霸权主义有力，延缓战争爆发甚至争取比较长的和平时间是可能的。我们讲联合反霸就是为的这个目的。"⑥ 在反对霸权主义的力量中，邓小平高度重视第三世界国家的地位和作用，将其视为"真正的维护世界和平、反对霸权主义的主力"⑦。1978年2月，邓小平在访问尼泊尔时指出，霸权主义者在南亚的激烈争夺，使这一地区

---

① 《邓小平文选》第2卷，人民出版社1994年版，第415页。
② 《邓小平文选》第2卷，人民出版社1994年版，第416页。
③ 《邓小平文选》第2卷，人民出版社1994年版，第417页。
④ 《邓小平文选》第3卷，人民出版社1993年版，第289页。
⑤ 《邓小平文选》第3卷，人民出版社1993年版，第345页。
⑥ 《邓小平年谱（1975—1997）》下卷，中央文献出版社2004年版，第37页。
⑦ 《邓小平文选》第2卷，人民出版社1994年版，第416页。

第四章　改革是中国的第二次革命

长期不得安宁,严重威胁着这一地区国家的独立和安全,遭到南亚人民的谴责和反对。中国政府和人民深切同情并坚决支持这种正义的立场。中国将继续加强同第三世界国家和人民的团结,加强同一切受帝国主义侵略、颠覆、干涉、控制和欺负的国家的团结,结成广泛的国际统一战线,反对霸权主义。①

邓小平还认为,要反对霸权主义,就要打破国际旧秩序,建立国际新秩序。早在1974年4月,邓小平在出席联合国大会第六次特别会议时就积极主张建立国际经济新秩序,强调国际经济事务应该由世界各国共同来管,而不应该由少数国家来垄断,占世界人口绝大多数的发展中国家应该参与决定国际贸易、货币、航运等方面的大事。②邓小平除了认为需要建立国际经济新秩序,还认为需要建立国际政治新秩序。1988年12月,邓小平在会见日本国际贸易促进协会访华团时指出:"目前是建立国际政治新秩序的时期。国际政治领域由对抗转为对话,由紧张转向缓和,出现了许多新的情况。因此应当提出一个建立国际政治新秩序的理论。在新的国际形势下,超级大国的霸权主义和地区性霸权主义应该停止了,它们应该用和平共处五项原则来代替霸权政治。"③早在改革开放之初,邓小平就提出和平与发展是当今世界的主题。政治新秩序是实现和平的重要途径,经济新秩序则是为了更好地促进各种不同类型国家的共同发展。这就使反霸、和平、发展、新秩序有机地结合在一起了。

建立国际政治经济新秩序,应以和平共处五项原则为基础。邓小平指出:"处理国与国之间的关系,和平共处五项原则是最好的方式。其他方式,如'大家庭'方式,'集团政治'方式,'势力范围'方式,都会带来矛盾,激化国际局势。总结国际关系的实践,最具有强大生命力的就是和平共处五项原

---

① 《邓小平年谱(1975—1997)》上卷,中央文献出版社2004年版,第264页。
② 《中华人民共和国代表团团长邓小平在联大特别会议上的发言》,《人民日报》1974年4月11日第1版。
③ 《邓小平关于建设有中国特色社会主义的论述专题摘编》,中央文献出版社1992年版,第166页。

📕 读懂伟大斗争

则。"① 可以说，和平共处五项原则不仅是处理国际政治关系的准则，也应是处理国际经济关系的准则；不仅适用于不同社会制度国家间的相互关系，对相同社会制度的国家间、一国内政和国际热点冲突等也同样适用。正如邓小平所指出的，"进一步考虑，和平共处的原则用之于解决一个国家内部的某些问题，恐怕也是一个好办法"②。

要反对霸权主义、维护世界和平，关键还在于发展我们自己。邓小平指出："中国发展得越强大，世界和平越靠得住。"③ 1986 年 5 月 20 日，邓小平在会见澳大利亚总理罗伯特·霍克时指出："中国把自己看成是维护世界和平的力量，但是究竟能为世界持久和平发挥多大力量，还要取决于我们发展的程度。如果中国发展了，意味着争取世界和平的力量壮大了，我们对和平的贡献也就更多了。"④ 这就要求我们，在国际上坚决反对霸权主义，维护我们的独立、主权，就必须尽快地发展起来，首先是发展经济。正如邓小平所说："中国能不能顶住霸权主义、强权政治的压力，坚持我们的社会主义制度，关键就看能不能争得较快的增长速度，实现我们的发展战略。"⑤

二、中英就香港问题的谈判斗争

在香港回归祖国的谈判斗争历程中，邓小平提出用"一国两制"的方针解决香港问题并亲自领导了香港问题谈判的整个斗争过程。特别是在关键问题、关键时刻，邓小平作了许多重要指示，为香港胜利回归祖国和"一国两制"大政方针的顺利实施打下了坚实基础，作出了不可磨灭的历史性贡献。

新中国成立后，中国政府对香港问题的一贯立场是：香港是中国的领土，

---

① 《邓小平文选》第 3 卷，人民出版社 1993 年版，第 96 页。
② 《邓小平文选》第 3 卷，人民出版社 1993 年版，第 96 页。
③ 《邓小平文选》第 3 卷，人民出版社 1993 年版，第 104 页。
④ 《邓小平年谱（1975—1997）》下卷，中央文献出版社 2004 年版，第 1117 页。
⑤ 《邓小平年谱（1975—1997）》下卷，中央文献出版社 2004 年版，第 1311 页。

第四章　改革是中国的第二次革命

中国不承认帝国主义强加的三个不平等条约，主张在适当时机通过谈判解决这一问题，未解决前暂时维持现状。① 在中英两国谈判的斗争中，邓小平坚持从香港的实际出发，实事求是，为香港胜利回归祖国打下了坚实基础。1984年2月22日，邓小平在会见美国战略和国际问题研究中心代表团时指出："世界上有许多争端，总要找个解决问题的出路。我多年来一直在想，找个什么办法，不用战争手段而用和平方式，来解决这种问题。我们提出的大陆与台湾统一的方式是合情合理的。统一后，台湾仍搞它的资本主义，大陆搞社会主义，但是是一个统一的中国。一个中国，两种制度。香港问题也是这样，一个中国，两种制度。"② "一国两制"的构想是邓小平对马克思列宁主义、毛泽东思想的继承和发展，也是邓小平理论的重要组成部分。用邓小平自己的话来讲，"我们的社会主义制度是有中国特色的社会主义制度，这个特色，很重要的一个内容就是对香港、澳门、台湾问题的处理，就是'一国两制'"③。

1982年9月，英国首相撒切尔夫人访问中国，拉开了中英关于香港问题谈判的序幕。撒切尔夫人提出，香港的繁荣有赖于英国的统治，如果现在对英国的管理实行或宣布重大改变，将对香港产生灾难性影响。对此，邓小平斩钉截铁地表示：主权问题不是一个可以讨论的问题。对于撒切尔夫人的立场，邓小平早已非常清楚。会谈一开始，撒切尔夫人就老调重弹，她说："在英国看来，香港是属于英国的，这是国际法认可的三个条约，而其中有两个是割让条约。中国若要合法收回香港，唯一的途径就是通过双方协商来修改条约。"④ 她还认为，在提出香港主权问题之前，必须首先解决维护香港未来繁荣与稳定的安排。而只有英国继续对香港进行管治，才能提供这种保障。她表示，如果

---

① 《邓小平文选》第3卷，人民出版社1993年版，第387页。
② 《邓小平年谱（1975—1977）》下卷，中央文献出版社2004年版，第962页。
③ 《邓小平年谱（1975—1977）》下卷，中央文献出版社2004年版，第1178页。
④ ［英］罗拨·郭瞳：《香港的终结：英国撤退的秘密谈判》，岳经纶译，香港明报出版社1993年版，第125—126页。

读懂伟大斗争

能就行政区管理权问题达成一个"令人满意"的协议,她将就香港主权问题考虑向英国国会提出建议。[①]针对撒切尔夫人的这种强硬表态,邓小平开门见山地指出:"我们对香港问题的基本立场是明确的,这里主要有三个问题。一个是主权问题;再一个问题,是一九九七年后中国采取什么方式来管理香港,继续保持香港繁荣;第三个问题,是中国和英国两国政府要妥善商谈如何使香港从现在到一九九七年的十五年中不出现大的波动。"[②]针对撒切尔夫人的"三个条约有效论",邓小平表示,中国在主权问题上"没有回旋余地","主权问题不是一个可以讨论的问题",强调"如果中国在一九九七年,也就是中华人民共和国成立四十八年后还不把香港收回,任何一个中国领导人和政府都不能向中国人民交代,甚至也不能向世界人民交代。如果不收回,就意味着中国政府是晚清政府,中国领导人是李鸿章","如果十五年后还不收回,人民就没有理由信任我们,任何中国政府都应该下野,自动退出政治舞台"。[③]邓小平明确表示,"保持香港的繁荣,我们希望取得英国的合作,但这不是说,香港继续保持繁荣必须在英国的管辖之下才能实现。香港继续保持繁荣,根本上取决于中国收回香港后,在中国的管辖之下,实行适合于香港的政策"[④]。邓小平还讲道:"我还要告诉夫人,中国政府在做出这个决策的时候,各种可能都估计到了。我们还考虑了我们不愿意考虑的一个问题,就是如果在十五年的过渡时期内香港发生严重的波动,怎么办?那时,中国政府将被迫不得不对收回的时间和方式另作考虑。如果说宣布要收回香港就会像夫人说的'带来灾难性的影响',那我们要勇敢地面对这个灾难,做出决策。""我们建议达成这样一个协议,即双方同意通过外交途径开始进行香港问题的磋商。前提是一九九七年中

---

① [英]罗拨·郭瞳:《香港的终结:英国撤退的秘密谈判》,岳经纶译,香港明报出版社1993年版,第146页。
② 《邓小平文选》第3卷,人民出版社1993年版,第12页。
③ 《邓小平文选》第3卷,人民出版社1993年版,第12—13页。
④ 《邓小平文选》第3卷,人民出版社1993年版,第13页。

第四章 改革是中国的第二次革命

国收回香港,在这个基础上磋商解决今后十五年怎样过渡得好以及十五年以后香港怎么办的问题。"① 邓小平在坚定表明中国政府立场的同时,也为未来的中英香港问题谈判定下了基调。撒切尔夫人最终不得不接受了邓小平的建议。

自1982年10月至1983年2月,中英两国政府就香港问题先后举行了第一阶段的五轮会谈,谈判双方争论的焦点集中在"主权"和"治权"的问题上。1983年9月10日,邓小平在会见英国前首相爱德华·希思时指出:"英国想用主权来换治权是行不通的。希望不要再在治权问题上纠缠,不要搞成中国单方面发表声明收回香港,而是要中英联合发表声明。在香港问题上,希望撒切尔夫人和她的政府采取明智的态度,不要把路走绝了。中国一九九七年收回香港的政策不会受任何干扰,不会有任何改变,否则我们就交不了账。从现在到一九九七年还有十四年,这十四年要过渡好,核心是一九九七年能顺利收回香港,不会引起动荡。比较顺当地交接对各方面都有好处。"② 事已至此,撒切尔夫人很快作出回应,来函表示双方可在中国建议的基础上讨论香港的持久性安排。在接下来的会谈中,英国方面不再坚持英国管治,也不谋求任何形式的共管,并理解中国的计划是建立在1997年后整个香港的主权和管治权应该归还中国这一前提之下的。至此,中英两国关于香港问题的谈判的主要障碍已经扫除。经过两年多共22轮的艰难谈判,1984年12月,中英两国政府正式签署关于香港问题的联合声明,确认中国政府于1997年7月1日对香港恢复行使主权。

总而言之,香港之所以能胜利回归祖国,归根结底在于邓小平的原则与策略都是理性的,一切从实际出发,实事求是。回顾整个谈判过程,可以更加清晰地感受邓小平的政治勇气与智慧。没有邓小平在原则立场上的坚定不移,步步为营的英国人是不会轻而易举退却的。但是,强硬的原则无法取代灵活的妥

---

① 《邓小平文选》第3卷,人民出版社1993年版,第14—15页。
② 《邓小平年谱(1975—1977)》下卷,中央文献出版社2004年版,第932页。

读懂伟大斗争

协。邓小平说过，中英谈判中大的原则问题，我们坚持到底，具体问题我们仍有灵活性。应该说，中英香港问题谈判中的每一次突破都凝结了邓小平的政治与外交智慧；同时，邓小平主导的中英香港问题谈判，也为当今世界提供了一个用和平谈判的方式解决国与国争端的成功范例。正如邓小平所言："世界上一系列争端都面临着用和平方式来解决还是用非和平方式来解决的问题。总得找出个办法来，新问题就得用新办法来解决。香港问题的成功解决，这个事例可能为国际上许多问题的解决提供一些有益的线索。"[①]将香港问题放到国际大背景下看，"一国两制"是国际关系史上的理论和实践创新，也是中国共产党和中国政府对世界和平事业的重要贡献。

三、开展防止和平演变的斗争

防止和平演变是无产阶级政党和社会主义国家面临的一个严峻的历史任务。和平演变战略是指帝国主义对社会主义国家的武装干涉、军事包围和政治孤立政策遭到失败之后，采取的以军事实力为后盾，以经济、政治、思想和文化渗透为主要手段，企图使社会主义国家政权从内部演变，从而达到颠覆社会主义制度的目的的一种战略。从20世纪70年代末开始，中国和其他一些社会主义国家，先后进行了全面的社会主义体制改革。这本来是社会主义制度的自我完善，但在西方敌对势力的眼中，却是他们实施和平演变战略，葬送社会主义的大好时机。美国总统尼克松就曾断言："随着一代人接替另一代人，我们将开始看到东方集团内部出现和平演变的过程，正如匈牙利和中国已经在很小的程度上出现和平演变那样。"[②]后来，他还抛出针对中国的"跨越长城论"，即鼓吹通过"接触"来促使和平演变的实现。美国总统里根上台后，于1982年6月在英国议会发表了一篇关于美国对外政策总目标的讲话，他提出，在当

---

① 《邓小平文选》第3卷，人民出版社1993年版，第59—60页。
② 辛灿：《西方政界要人谈和平演变》，新华出版社1989年版，第34页。

第四章　改革是中国的第二次革命

前两种不同社会制度的斗争中，最终的决定因素不是核弹和火箭，而是意志和思想的较量；并且宣称，民主自由事业在向前挺进途中将把马克思主义抛进"历史垃圾堆"。20世纪80年代以来，特别是苏联解体、东欧剧变之后，西方资本主义更是加紧攻势，叫嚷要"打一场没有硝烟的世界战争"，完全融化掉社会主义。在强调攻心战的同时，他们还企图利用经济优势来达到演变社会主义国家的政治目的，凭借经济和科技的优势，交替使用经济援助和经济制裁的手段，对社会主义国家软硬兼施，妄图改变社会主义国家的方向。

在新的历史时期，邓小平以无产阶级战略家的清醒认识，对我国面临的国际形势进行了科学分析。他强调："整个帝国主义西方世界企图使社会主义各国都放弃社会主义道路，最终纳入国际垄断资本的统治，纳入资本主义的轨道。现在我们要顶住这股逆流，旗帜要鲜明。因为如果我们不坚持社会主义，最终发展起来也不过成为一个附庸国，而且就连想要发展起来也不容易。现在国际市场已经被占得满满的，打进去都很不容易。只有社会主义才能救中国，只有社会主义才能发展中国。"[①]在新形势下，针对西方敌对势力对社会主义国家推行以武力为后盾的世界性的和平演变攻势，邓小平指出："美国，还有西方其他一些国家，对社会主义国家搞和平演变。美国现在有一种提法：打一场无硝烟的世界大战。我们要警惕。资本主义是想最终战胜社会主义，过去拿武器，用原子弹、氢弹，遭到世界人民的反对，现在搞和平演变。"[②]"西方国家正在打一场没有硝烟的第三次世界大战。所谓没有硝烟，就是要社会主义国家和平演变。"[③]邓小平多次要求全党高度重视这个事关社会主义历史命运的问题，始终保持应有的警惕性。

西方国家在中国推行和平演变战略的根本途径，就是搞资产阶级自由化。对此，邓小平一针见血地指出："所谓资产阶级自由化，就是要中国全盘西化，

---

① 《邓小平文选》第3卷，人民出版社1993年版，第311页。
② 《邓小平文选》第3卷，人民出版社1993年版，第325—326页。
③ 《邓小平文选》第3卷，人民出版社1993年版，第344页。

读懂伟大斗争

走资本主义道路。"① "自由化是一种什么东西？实际上就是要把我们中国现行的政策引导到走资本主义道路。这股思潮的代表人物是要把我们引导到资本主义方向上去。"② 正是由于资产阶级自由化的性质，决定了其具有严重的危害性，正如邓小平所说："资产阶级自由化泛滥，后果极其严重。特区搞建设，花了十几年时间才有这个样子，垮起来可是一夜之间啊。垮起来容易，建设就很难。在苗头出现时不注意，就会出事。"③ 邓小平还强调："自由化思潮一发展，我们的事业就会被冲乱。总之，一个目标，就是要有一个安定的政治环境。不安定，政治动乱，就不可能从事社会主义建设，一切都谈不上。治理国家，这是一个大道理，要管许多小道理。那些小道理或许有道理，但是没有这个大道理就不行。"④ 需要指出的是，资产阶级自由化的存在具有必然性，而反对资产阶级自由化的斗争也具有长期性。一方面，和平与发展成为当代世界的主题，世界总的趋势是走向缓和；特别是经济全球化的加速发展使世界各国、各地区更紧密地联系起来，中国必须抓住并积极利用这一机遇发展自己。但是另一方面，要看到，帝国主义亡我之心不死，他们妄图在世界上消灭社会主义并实现资本主义一统天下的既定方针是不会改变的；尤其是在苏联解体、东欧剧变后，更是把和平演变的矛头指向中国。尽管中国反对资产阶级自由化的节节胜利挫败了帝国主义的和平演变战略，但他们绝不会善罢甘休，必然会利用各种机会采取公开或隐蔽的多种方式对中国进行政治、经济渗透，明里暗里地扶植和支持那些搞自由化的各种反动势力。正因如此，在中国进行反对资产阶级自由化的斗争必然是长期的。邓小平旗帜鲜明地提出，在整个改革开放的过程中，必须始终注意坚持四项基本原则，反对资产阶级自由化。⑤ 1986年，在

---

① 《邓小平文选》第3卷，人民出版社1993年版，第207页。
② 《邓小平文选》第3卷，人民出版社1993年版，第181页。
③ 《邓小平文选》第3卷，人民出版社1993年版，第379页。
④ 《邓小平文选》第3卷，人民出版社1993年版，第124页。
⑤ 《邓小平文选》第3卷，人民出版社1993年版，第379页。

第四章　改革是中国的第二次革命

讨论党的十二届六中全会决议时，针对有的中央领导同志提出决议不要写反对资产阶级自由化的意见，邓小平明确表态："搞自由化就是要把我们引导到资本主义道路上去，所以我们用反对资产阶级自由化这个提法"，"反对自由化，不仅这次要讲，还要讲十年二十年。"① 最终，反对资产阶级自由化的内容写进了党的十二届六中全会决议。1987年1月，邓小平在会见津巴布韦总理穆加贝时提出："这几年来，一直存在着资产阶级自由化思潮，但反对不力。"② 同年3月3日，邓小平在会见美国国务卿舒尔茨时再次强调："在整个四个现代化的过程中都存在一个反对资产阶级自由化的问题。"③ 这些都阐明了反对资产阶级自由化斗争的长期性。特别是在与舒尔茨的谈话中，邓小平明确指出："四个现代化，我们要搞五十至七十年，在整个四个现代化的过程中都存在一个反对资产阶级自由化的问题。"④ 这实际是警告西方，不要对中国抱有不切实际的幻想，中国走社会主义道路、反对资产阶级自由化的决心是坚定不移的。在这个问题上，中国共产党和中国人民不会有任何妥协和退让。

和平演变与反和平演变的斗争，实质上是资本主义同社会主义的一场竞争与较量。社会主义最终要战胜资本主义，归根结底要创造出比资本主义更高的劳动生产率。邓小平认识到，要提高抵制西方和平演变的能力，关键在于不断增强社会主义的物质技术基础。他认为，国际社会的竞争，归根结底是经济实力和以经济实力为基础的综合国力的竞争与较量。邓小平指出："加强思想政治工作，讲艰苦奋斗，都很必要，但只靠这些也还是不够。最根本的因素，还是经济增长速度，而且要体现在人民的生活逐步地好起来。人民看到稳定带来的实在的好处，看到现行制度、政策的好处，这样才能真正稳定下来。不论国

---

① 《邓小平文选》第3卷，人民出版社1993年版，第182页。
② 《邓小平文选》第3卷，人民出版社1993年版，第201页。
③ 《邓小平文选》第3卷，人民出版社1993年版，第208页。
④ 《邓小平文选》第3卷，人民出版社1993年版，第208页。

🚩 **读懂伟大斗争**

际大气候怎样变化，只要我们争得了这一条，就稳如泰山。"①

第四节　高超斗争智慧的充分彰显

邓小平非常重视斗争策略。他认为，斗争不能光靠勇敢，还要有策略，这样才会收到好的效果。在邓小平看来，斗争光靠勇气而没有策略，是不可能很好地解决复杂问题的。改革开放后取得的丰硕成果，正展现了邓小平高超的斗争智慧。

一、解放思想与实事求是相统一

坚持解放思想与实事求是相统一是邓小平在改革开放和社会主义现代化建设新时期的斗争策略之一。邓小平在强调必须坚持解放思想和实事求是并深刻阐述其重大意义时，还论述了解放思想和实事求是的关系。他指出："解放思想，是指在马克思主义指导下打破习惯势力和主观偏见的束缚，研究新情况，解决新问题。"② "解放思想，就是使思想和实际相符合，使主观和客观相符合，就是实事求是。"③ 这些论述，不仅阐明了解放思想的科学内涵，而且揭示了解放思想和实事求是的辩证关系，把解放思想和实事求是有机统一起来，赋予党的思想路线以更深层次的时代内涵，为新时期开展斗争实践提供了理论指引。

邓小平作为中国改革开放和社会主义现代化建设的总设计师，不仅在斗争实践中为我们树立了解放思想、实事求是的光辉典范，而且在理论上深刻地阐述了解放思想与实事求是不可分割的内在联系。一方面，解放思想是实事求是的前提和必要条件。实事求是要求我们的思想能够反映不断变化着的客观实际，不断深化对中国国情的认识，研究和把握社会发展的客观规律，把马克思

---

① 《邓小平文选》第 3 卷，人民出版社 1993 年版，第 355 页。
② 《邓小平文选》第 2 卷，人民出版社 1994 年版，第 279 页。
③ 《邓小平文选》第 2 卷，人民出版社 1994 年版，第 364 页。

第四章　改革是中国的第二次革命

主义的普遍真理同改革开放和社会主义现代化建设的具体实践相结合，找出适合中国情况的革命和建设道路，确定我们党领导人民改造中国、建设中国的战略策略，把我们的事业不断推向前进。倘若认识上禁区重重，思想上凝固僵化，教条主义盛行，就不可能正确地研究和把握客观事物内部的规律，就无法做到实事求是。只有解放思想，排除认识的障碍，冲破思想的牢笼，才能排除主观上对实事求是的干扰和障碍，真正做到实事求是。另一方面，实事求是是解放思想的目的和基本原则。解放思想就是要打破习惯势力和主观偏见的束缚，为我们研究新情况、解决新问题创造良好的思想环境，从而正确地认识世界和改造世界，而不是脱离实际的盲目空想、信口开河。离开实事求是，脱离实际，脱离亿万群众的斗争实践，不是真正的思想解放，只会走上主观幻想的歧途。总之，解放思想和实事求是是高度统一的有机整体。人们越是解放思想，就越能以发展的辩证的眼光对客观事物进行动态的认识，就越能做到实事求是；而越是实事求是，就越能正视和尊重客观事物的变化，观察问题就越敏锐，就越能摒弃旧观念、创立新理论，就越能解放思想。因此，只有把解放思想和实事求是紧密结合起来，才能从根本上防止主观随意性和思想僵化的偏向，才能真正做到解放思想、实事求是。

解放思想是改革开放、经济发展和社会进步的先导。没有思想的解放，就不会有改革开放的兴起和经济社会的快速发展。同时，斗争实践的不断发展又为解放思想提出新的课题。邓小平强调："今后，在一切工作中要真正坚持实事求是，就必须继续解放思想。认为解放思想已经到头了，甚至过头了，显然是不对的。"① 这段论述深刻揭示了解放思想、实事求是的辩证发展规律，即实践—解放思想、实事求是—再实践……循环往复，以至无穷，而每一次循环都将把解放思想、实事求是推上更高的层次。从认识论的角度来看，这个过程实际上就是思想认识不断深化的过程。在这个过程中，既要不断地对在原来的实

---

① 《邓小平文选》第2卷，人民出版社1994年版，第364页。

读懂伟大斗争

践基础上形成的认识进行再认识,包括对原来认识中正确部分的继承,对原来认识中错误部分和过时部分的摒弃;又要不断地研究新的实践中出现的新情况新问题,总结新的实践经验,形成新的观念、理论和方法;还要不断地用新的观念、理论和方法去指导新的实践,并在实践发展的曲折和反复中,深刻总结事物发展的规律,从而更好指导实践。党的十一届三中全会以来,从农村到城市、从经济体制到政治体制,我们不断解放思想、不断深化改革,这就是一个思想解放的深化不断为改革实践的发展提供思想武器、改革实践的发展又为思想解放的深化不断提出新课题的过程,就是一个主观认识和客观实际逐步统一的过程。正如江泽民所指出的,解放思想、实事求是"是我们认识新事物、适应新形势、完成新任务的根本思想武器。这二十多年中国改革和发展的历程,就是在邓小平理论的指导下,全党同志总结以往的历史经验和教训,坚持一切从实际出发,解放思想,实事求是,不断探索创新,从而不断推进建设有中国特色社会主义事业的伟大历程"①。在新的历史时期,我们必须继续坚持解放思想、实事求是的思想路线,紧跟时代发展的潮流,不断研究新情况,解决新问题,形成新认识,开辟新境界。

二、坚持原则与务实灵活相统一

坚持原则与务实灵活相统一是我们党长期坚持的方法论,也是邓小平在改革开放和社会主义现代化建设新时期的斗争策略之一。开展工作既讲原则,又讲灵活,这是马克思主义一贯提倡的科学方法,是中国共产党人践行实事求是思想路线的具体体现。邓小平把坚持原则与务实灵活相统一的工作方法创造性地运用到新时期斗争实践中,制定了新时期的战略策略和工作方法。坚持原则就是指各项政策始终服务于社会主义现代化建设和推进祖国统一大业目标;务实灵活就是在着眼于战略目标的前提下,根据客观形势的变化,照顾不同阶

---

① 江泽民:《论党的建设》,中央文献出版社2001年版,第443页。

第四章 改革是中国的第二次革命

级、阶层和社会集团的实际利益,善于作出必要的妥协和让步,灵活地制定具体的斗争策略和方法,使这些策略和方法体现在维护人民利益的各项任务中。

在推进改革开放的进程中,邓小平高度重视关系改革开放前进方向的重大问题,坚持原则与务实灵活相统一,旗帜鲜明地坚持四项基本原则,指明了改革开放的本质与前途。1979年3月,邓小平在党的理论工作务虚会上作《坚持四项基本原则》的讲话,旗帜鲜明地提出必须坚持社会主义道路,坚持无产阶级专政,坚持共产党的领导,坚持马列主义、毛泽东思想,"这是实现四个现代化的根本前提"①。1979年1月18日至4月3日,理论工作务虚会在北京召开。会议分为两个阶段进行。第一阶段从1月18日至2月16日,以中央宣传部、中国社会科学院名义联合召开,邀请了中央和北京的理论宣传单位参加。第二阶段从3月28日至4月3日,以中共中央名义召开。第二阶段在前一阶段的基础上,邀请各省、市、自治区主管宣传工作的负责人参加。②在理论工作务虚会第一阶段,大家畅所欲言,各抒己见,提出一些需要研究的问题,进一步打破了思想战线的僵化,使思想理论界出现了多年未有的活跃局面。但与此同时,党内和社会上出现了一些值得注意的思想动向。一方面,一部分人仍然存在思想僵化或半僵化的问题,阻碍党的十一届三中全会路线的贯彻;另一方面,一部分人宣扬无政府主义和资产阶级自由化,反对社会主义道路,反对无产阶级专政,反对党的领导以及反对马列主义、毛泽东思想。基于此,3月30日,邓小平在会上作了《坚持四项基本原则》的讲话。他指出:"要在中国实现四个现代化,必须在思想政治上坚持四项基本原则。这是实现四个现代化的根本前提。这四项是:第一,必须坚持社会主义道路;第二,必须坚持无产阶级专政;第三,必须坚持共产党的领导;第四,必须坚持马列

---
① 《邓小平文选》第2卷,人民出版社1994年版,第164页。
② 黄一兵:《理论工作务虚会与〈关于建国以来党的若干历史问题的决议〉的起草》,《中共党史研究》2013年第4期。

· 149 ·

> 读懂伟大斗争

主义、毛泽东思想。"[1]邓小平还强调："如果动摇了这四项基本原则中的任何一项，那就动摇了整个社会主义事业，整个现代化建设事业。"[2]这篇讲话，不仅为理论工作务虚会做了总结，而且为思想理论工作指明了方向。坚持四项基本原则后来成为党的基本路线的两个基本点之一，为改革开放和社会主义现代化建设事业提供了思想和政治保证。

邓小平新时期的外交战略思想与实践，同样体现了坚持原则与务实灵活相统一。例如，在反对霸权主义问题上，在坚持原则的前提下，不使正常的国家关系僵化。不会因为反对霸权主义，就不同这些国家改善关系；也不会因为要同他们改善关系，就放弃反对霸权主义的立场。在处理南海问题时，在坚持主权在我的前提下，邓小平提出了"搁置争议、共同开发"的八字方针；在反对复活日本军国主义倾向的同时，又特别强调发展正常、友好的中日关系。一方面，我们坚决反对以美国为首的西方世界的强权政治和干涉我国内政的行径；另一方面，又积极争取打破封锁和制裁，改善和发展同这些国家的关系。原则性和灵活性的统一，使我国取得了外交上的主动，改善了国际环境，维护了国家的独立和主权。

三、胆子要大与步子要稳相统一

改革开放之初，邓小平提出一系列指导改革的方针和原则，其中一个重要方面就是关于胆子要大和步子要稳。邓小平曾对"胆子要大，步子要稳"作出阐释："我们确定的原则是：胆子要大，步子要稳。所谓胆子要大，就是坚定不移地搞下去；步子要稳，就是发现问题赶快改。"[3]与此同时，邓小平强调"胆子要大"与"步子要稳"相统一，提出以点带面、"摸着石头过河"是稳健的做法，强调改革也是有底线的，在治国中不能出现根本性失误，要坚决维护

---

[1]《邓小平文选》第2卷，人民出版社1994年版，第164—165页。
[2]《邓小平文选》第2卷，人民出版社1994年版，第173页。
[3]《邓小平文选》第3卷，人民出版社1993年版，第118页。

第四章　改革是中国的第二次革命

四项基本原则，稳中求进。

邓小平认识到，改革开放的斗争实践过程中可能隐含种种不可预测的风险，他明确指出，"应该说改革是有点风险的"，要充分估计到改革"不会是一帆风顺的"。他还提醒道，就改革开放而言，"我们在改革中遇到的难题比在开放中遇到的难题要多"。[1] 邓小平再三指出，推进改革开放和加快社会主义现代化建设，"我们不能避开风险，也绕不过去，除非不改革"[2]。同时，邓小平强调要对风险有足够的认识，"我们要把工作的基点放在出现较大的风险上，准备好对策。这样，即使出现了大的风险，天也不会塌下来"[3]。对于如何应对风险，邓小平提出："我们不能怕，不能因噎废食，不能停步不前。"[4] "不要怕冒风险，胆子还要再大些。如果前怕狼后怕虎，就走不了路。"[5]

需要强调的是，邓小平提出的"胆子要大"，绝不是一种脱离实际、违背客观的主观臆想，更不是头脑发热和胡想蛮干，而是建立在科学理性基础之上的。邓小平把敢"闯"、敢"冒"的大胆探索和实践，与脚踏实地、稳扎稳打、一步一个脚印前进的发展轨迹有机结合起来，使其成为改革开放和社会主义现代化建设的重要指导。

在新的历史阶段，对于"胆子要大，步子要稳"，习近平总书记也作出明确要求："对改革进程中已经出现和可能出现的问题，困难要一个一个克服，问题要一个一个解决，既敢于出招又善于应招，做到'蹄疾而步稳'。"[6] 此外，习近平总书记还对"胆子要大，步子要稳"的内涵作了进一步诠释。"胆子要大"，就在于：改革再难也要向前推进，敢于担当，敢于啃硬骨头，敢于涉险

---

[1]《邓小平文选》第3卷，人民出版社1993年版，第307页。
[2]《邓小平年谱（1975—1997）》下卷，中央文献出版社2004年版，第1240页。
[3]《邓小平文选》第3卷，人民出版社1993年版，第267页。
[4]《邓小平文选》第3卷，人民出版社1993年版，第229页。
[5]《邓小平文选》第3卷，人民出版社1993年版，第263页。
[6]《习近平关于全面深化改革论述摘编》，中央文献出版社2014年版，第148页。

滩;"步子要稳",就在于:方向一定要准,行驶一定要稳,尤其是不能犯颠覆性错误。① 习近平总书记强调,改革是循序渐进的工作,既要敢于突破,又要一步一个脚印、稳扎稳打向前走,确保实现改革的目标任务。② 新时代新征程,我们党将带领人民继续自强不息、自我革新,坚定不移全面深化改革,逢山开路,遇水架桥,将改革进行到底。

---

① 《习近平接受俄罗斯电视台专访》,《人民日报》2014年2月9日第1版。
② 《完善和发展中国特色社会主义制度　推进国家治理体系和治理能力现代化》,《人民日报》2024年2月18日第1版。

第五章

必须经得起改革开放和执政的考验

党的十三届四中全会以后，以江泽民同志为主要代表的中国共产党人，团结带领全党全国各族人民，坚持党的基本理论、基本路线，加深了对什么是社会主义、怎样建设社会主义和建设什么样的党、怎样建设党的认识，积累了治党治国新的宝贵经验，形成了"三个代表"重要思想。在国内外形势十分复杂、世界社会主义出现严重曲折的严峻考验面前，捍卫了中国特色社会主义，确立了社会主义市场经济体制的改革目标和基本框架，贯彻了中国共产党执政为民的理念，深入推进了反腐败斗争，为把中国特色社会主义推向21世纪创造了积极条件。

第一节 捍卫中国特色社会主义的伟大斗争

捍卫中国特色社会主义绝不是一句简单的口号，而是付诸实践、克服重重阻碍的伟大斗争。面对20世纪末社会主义阵营发生的剧变，我国也出现了质疑社会主义制度的声音。以江泽民同志为主要代表的中国共产党人，坚持与党内党外国内国外的反动势力进行坚决斗争，捍卫了中国特色社会主义制度，保证了改革开放与社会主义现代化建设的正确方向。

一、捍卫中国特色社会主义的时代背景

从党的十三届四中全会到党的十六大的这 13 年，是国际国内环境变化最为剧烈的时期。第二次世界大战结束后，信息技术的巨大突破引领了生产力的大发展，世界进入知识化和信息化时代。随着冷战的结束和新科技革命的蓬勃发展，经济全球化的进程加快，全球化浪潮第一次真正波及世界的各个角落，市场这只"看不见的手"发挥了无与伦比的重要作用。为了发展生产力、提高人民生活水平、增强综合国力，20 世纪 70 年代末，以邓小平同志为主要代表的中国共产党人，解放思想，实事求是，作出把党和国家工作中心转移到经济建设上来、实行改革开放的历史性决策，明确提出走自己的路、建设中国特色社会主义。到 20 世纪 90 年代，我国初步完成了由传统计划经济向社会主义市场经济的转变，在世界上首次把市场经济与社会主义结合在一起，中国由此全面融入经济全球化的进程。随着工业化和城镇化的发展，人民的生活水平得到极大改善，实现了由温饱不足到总体小康、奔向全面小康的历史性跨越，但社会经济成分、组织形式、就业方式、利益关系和分配方式等日益多样化，各种思想文化相互激荡，也对中国特色社会主义提出新的挑战。

20 世纪 80 年代末 90 年代初，世界社会主义事业出现严重曲折，苏联解体、东欧剧变，维持世界稳定 40 余年的两极格局轰然倒塌，世界进入了由一超独大向一超多强、再向多极化转变的曲折发展时期。在这种情况下，许多社会主义国家在探索新的发展道路时陷入迷途，西方国家借机加紧了西化、分化的攻势。一些国家改旗易帜，山河变色。在国际大气候的影响下，中国国内也产生了一股资产阶级自由化的小气候。极少数人利用党和政府工作中的失误和人民群众对物价上涨的焦虑，以及人民对一些党员干部中存在腐败现象的不满情绪，进行煽动反对共产党的领导、反对社会主义制度的活动。在关系党和国

第五章　必须经得起改革开放和执政的考验

家生死存亡的关键时刻，中央政治局在邓小平和其他老一辈革命家坚决有力的支持下，依靠人民，旗帜鲜明地反对动乱。北京和其他大中城市很快恢复正常秩序。这场政治风波促使党更加冷静地思考过去、现实和未来。

在关系党和国家前途命运的重大历史关头，以江泽民同志为核心的党的第三代中央领导集体在老一辈无产阶级革命家支持下，紧紧依靠全党全国各族人民，高举邓小平理论伟大旗帜，立场坚定，旗帜鲜明，审时度势，运筹帷幄，有力回答了能不能坚持社会主义和怎样坚持社会主义的问题，把中国特色社会主义事业的航船引向了正确航道。

二、捍卫中国特色社会主义的斗争实践

1989年6月，在党的十三届四中全会上，江泽民当选为中共中央政治局常委、中央委员会总书记。江泽民在会上坚定指出："党的十一届三中全会以来的路线和基本政策没有变，必须继续贯彻执行。在这个最基本的问题上，我要十分明确地讲两句话：一句是坚定不移，毫不动摇；一句是全面执行，一以贯之。"①

到党的十四大召开前，江泽民发表了大量重要论述，全面阐释了党的基本路线，正本清源、解疑释惑，对于全党全国各族人民统一思想、凝聚意志，探索出一条社会主义改革的成功之路，发挥了重要作用。针对那些对中国社会主义前途命运产生动摇的思潮，江泽民指出："中国的社会主义既不是苏联模式，也不是东欧模式，而是有中国特色的社会主义。走这条道路，是中国人民经过一百多年的奋斗与探索作出的历史性的选择。"② 针对某些怀疑改革开放基本政策的观点，江泽民强调改革开放是强国之路，指出："要划清两种改革开放观，即坚持四项基本原则的改革开放，同资产阶级自由化主张的实质上是资本主

---

① 《江泽民文选》第1卷，人民出版社2006年版，第57页。
② 《江泽民思想年编（1989—2008）》，中央文献出版社2010年版，第69页。

读懂伟大斗争

义化的'改革开放'的根本界限。"①针对有的同志提出一方面抓经济建设、一方面反和平演变的主张,江泽民明确表示,"中心只能有一个,就是以经济建设为中心,不能搞'多中心论'。坚持党的'一个中心、两个基本点'的基本路线"②。

面对以美国为首的一些西方国家的"制裁"和反华浪潮,江泽民坚定地表示:"在当代中国,爱国主义和社会主义本质上是统一的。""中国人民从来没有、今后也决不会屈从于任何外来压力,决不会放弃社会主义道路和民族独立来换取别人的施舍。"③同时,我国从维护国家主权和民族尊严出发,采取正确的外交方针和策略,在外交工作中绝不示弱,敢于斗争,逐步打破西方"制裁",令国际社会刮目相看。

此外,江泽民还强调对全体人民特别是青年学生进行中国国情和爱国主义教育,要求广大青年正确认识什么是真正的自由、民主和人权,自觉把个人前途与国家的前途紧密地联系在一起。这一时期,江泽民还就党的性质、人民代表大会制度、多党合作和政治协商制度、统一战线、军队建设、新闻工作和宣传工作等问题发表了许多重要讲话,进一步明确了党和国家必须坚守的核心阵地,捍卫了社会主义中国的国体、政体和基本制度,捍卫了中国共产党的性质、宗旨和指导思想。江泽民的这些重要论述,对于保证中国在国际风云变幻中立定足跟、稳住阵脚,发挥了重要作用。

要坚持社会主义,就必须发展社会主义,使社会主义不断获得新的生命力。面对复杂多变的国内外形势,以江泽民同志为主要代表的中国共产党人,没有安于现状、消极防御,而是在总结世界社会主义运动经验教训的基础上,不断对社会主义建设规律进行探索。江泽民强调:"社会主义制度已经在中国大地上扎根并初步显示出优越性,但由于它是一个新生的制度,还不成熟、不

---

① 《江泽民文选》第1卷,人民出版社2006年版,第163页。
② 《江泽民文选》第2卷,人民出版社2006年版,第526页。
③ 《江泽民文选》第1卷,人民出版社2006年版,第68页。

第五章 必须经得起改革开放和执政的考验

完善，生产关系和上层建筑中还存在不适应生产力发展的方面和环节，必须通过深化改革来逐步解决这个问题。"①1990年12月30日，江泽民在党的十三届七中全会上指出："改革既要克服过去体制中存在的弊端，又要继承和发扬我们在长期革命和建设中形成的好经验、好做法和好传统，并且适应新的历史条件不断地有所创造。如果不坚决改变那些不适应社会生产力发展要求的制度和办法，革除过去体制中的弊端，我们的事业就无法前进。"②

我国经济体制改革确定什么样的目标模式，是关系整个社会主义现代化建设全局的一个重大问题。党的十四大上，江泽民明确提出"我国经济体制改革的目标是建立社会主义市场经济体制"，此后，江泽民就建立社会主义市场经济体制及其相关问题作了大量论述，要求积极探索如何综合地、协同地运用经济手段、法律手段和必要的行政手段，建立起适应社会主义市场经济发展要求的新的宏观调控体系；同时，要求深化金融、财政、计划体制改革，完善宏观调控手段和协调机制，实施适度从紧的财政政策和货币政策，注意掌握调控力度。到20世纪末，我国已初步建立了社会主义市场经济体制的基本框架。

江泽民还明确了中国实现现代化的阶段任务。1997年9月12日，江泽民在党的十五大报告中正式提出，在新世纪"第一个十年实现国民生产总值比二〇〇〇年翻一番，使人民的小康生活更加宽裕，形成比较完善的社会主义市场经济体制；再经过十年的努力，到建党一百年时，使国民经济更加发展，各项制度更加完善；到世纪中叶建国一百年时，基本实现现代化，建成富强民主文明的社会主义国家"③。这就是新"三步走"战略的主要内容。2002年，江泽民在党的十六大报告中提出："要在本世纪头二十年，集中力量，全面建设惠及十几亿人口的更高水平的小康社会。"④这是对十五大提出的"两个一百

---

① 《江泽民文选》第1卷，人民出版社2006年版，第152页。
② 《十三大以来重要文献选编》中，中央文献出版社2011年版，第780页。
③ 《十五大以来重要文献选编》上，中央文献出版社2011年版，第4页。
④ 《十六大以来重要文献选编》上，中央文献出版社2011年版，第14页。

读懂伟大斗争

年"奋斗目标的细化，进一步明确了我国现代化建设的阶段任务。

同时，我国对外开放的水平不断提高，其中标志性事件就是加入世界贸易组织。江泽民指出："从政治上看，从二十一世纪国际竞争日趋激烈的大环境看，我们搞现代化建设，必须到国际市场的大海中去游泳。"① 我国于1986年7月申请恢复关贸总协定协约国地位，并同缔约各方进行谈判。1995年1月世界贸易组织成立后，我国开始与世贸组织成员国逐一进行拉锯式的双边谈判。从"复关"到"入世"，进行了长达15年的谈判。党中央始终高度重视，做了大量工作。2001年11月10日，在卡塔尔首都多哈举行的世界贸易组织第四届部长级会议上，通过了中国加入世界贸易组织的决定；同年12月11日，中国正式成为世界贸易组织第143名成员。这打开了我国对外开放的新天地。从此，中国得到了更为广阔的发展空间，对经济体制改革和现代化建设也产生了深远影响。

此外，江泽民非常重视科学技术对社会主义现代化建设的重要推动作用。他强调："没有强大的科技实力，就没有社会主义的现代化"②，"惟有自己掌握核心技术，拥有自主知识产权，才能将祖国的发展与安全的命运牢牢掌握在我们手中"③。1995年5月，党中央、国务院颁布《关于加速科学技术进步的决定》，首次正式提出实施科教兴国战略，把经济建设转移到依靠科技进步和提高劳动者素质的轨道上来，加速实现国家繁荣强盛。

三、捍卫中国特色社会主义的斗争经验

第一，坚持中国共产党领导。中国特色社会主义最本质的特征是中国共产党领导，中国特色社会主义制度的最大优势是中国共产党领导。苏联解体和东欧剧变的重要原因无不在于弱化了马克思主义政党的领导，党的领导一旦弱化，社会主义事业就将难以为继。只要我们坚持党的全面领导不动摇，把党的

---

① 《江泽民文选》第3卷，人民出版社2006年版，第450页。
② 《十四大以来重要文献选编》中，中央文献出版社2011年版，第384页。
③ 《江泽民论有中国特色社会主义（专题摘编）》，中央文献出版社2002年版，第248页。

第五章　必须经得起改革开放和执政的考验

领导落实到党和国家事业各领域各方面各环节，就一定能够确保全党全军全国各族人民团结一致向前进。

第二，建立社会主义市场经济体制。建立社会主义市场经济体制是一个系统工程，不仅要建立良好的宏观经济环境，而且要建立起一整套充满活力的经济制度，搞活微观经济。这一时期，江泽民就建立与社会主义市场经济相适应的所有制结构、完善社会主义初级阶段基本经济制度、搞活国有企业、解决"三农"问题等重要课题作出一系列论述。例如，在所有制结构的问题上，江泽民强调，"既不能脱离生产力发展水平搞单一的公有制，又不能动摇公有制经济的主体地位，不能搞私有化"①，并逐步确立了公有制为主体、多种所有制经济共同发展的基本经济制度。

第三，发展中国特色社会主义。20世纪80年代末90年代初，世界社会主义出现严重曲折，我国社会主义事业发展面临巨大困难和压力。江泽民带领党的中央领导集体，紧紧依靠全党全军全国各族人民，捍卫了中国特色社会主义伟大事业，打开了我国改革开放和社会主义现代化建设新局面。

第二节　建立社会主义市场经济体制的伟大斗争

社会主义可不可以搞市场经济体制？这曾经是社会主义国家难以突破的重大理论和实践问题。党的十一届三中全会以后，以邓小平同志为主要代表的中国共产党人提出社会主义也可以搞市场经济，计划和市场都是方法，计划经济和市场经济不是社会主义与资本主义的本质区别，等等，突破了国内外理论界长期把计划经济与社会主义、市场经济与资本主义画等号的观点。在党的十四大上，以江泽民同志为主要代表的中国共产党人继承和发展了邓小平关于社会主义市场经济的理论成果，继续解放思想，攻坚克难，把建立社会主义市场经

---

① 《江泽民文选》第1卷，人民出版社2006年版，第153页。

> 读懂伟大斗争

济体制确定为中国经济体制改革的目标，为中国经济持续快速健康发展提供了体制保障。

一、建立社会主义市场经济体制的时代背景

西方经济学理论和马克思主义经济学理论，都不认为社会主义可以发展市场经济。西方经济学理论认为，商品交换和市场经济都是建立在私有制基础上的，社会主义国家只要坚持公有制，就不能发展市场经济。马克思、恩格斯认为，在社会主义社会，社会经济的发展将根据社会需要有计划、按比例地进行。马克思、恩格斯不但不认为社会主义会实行市场经济，而且认为商品生产与商品交换即我们所讲的商品经济也不存在。列宁甚至将计划经济与市场经济视作两种相互对立的体制。列宁在《土地问题和争取自由的斗争》中明确提出："只要还存在着市场经济，只要还保持着货币权力和资本力量，世界上任何法律都无法消灭不平等和剥削。只有建立起大规模的社会化的计划经济，一切土地、工厂、工具都转归工人阶级所有，才可能消灭一切剥削。"①

从实行第一个五年计划起直到改革开放前，我国普遍认为社会主义必然实行计划经济，计划经济是社会主义的本质特征，它与公有制、按劳分配一起，作为社会主义经济制度的基本内容，已成为全社会的共识。改革开放后，我们党开始在社会主义条件下进行发展市场经济的探索。1979年11月，邓小平在同美国不列颠百科全书出版公司编委会副主席吉布尼等人的谈话中指出："说市场经济只存在于资本主义社会，只有资本主义的市场经济，这肯定是不正确的。社会主义为什么不可以搞市场经济，这个不能说是资本主义。"②1982年，党的十二大报告中提出"计划经济为主、市场调节为辅"的原则；1984年，党的十二届三中全会通过《中共中央关于经济体制改革的决定》，作出社会主义

---

① 《列宁全集》第13卷，人民出版社2017年版，第124页。
② 《邓小平文选》第2卷，人民出版社1994年版，第236页。

计划经济"是在公有制基础上的有计划的商品经济"的重要论断；1987年，党的十三大明确提出，社会主义有计划商品经济的体制，应该是计划与市场内在统一的体制。将社会主义有计划商品经济的体制界定为计划与市场内在统一的体制，为制定社会主义市场经济体制改革的目标准备了理论基础。

由于我国新旧体制并存，因此存在不少复杂问题与矛盾，经济体制改革领域出现了不少困难和阻力。厘清计划经济、市场经济与社会主义制度的关系，讲清社会主义市场经济的概念，继续将改革开放推向前进的任务就历史地摆在了以江泽民同志为主要代表的中国共产党人面前。

二、建立社会主义市场经济体制的斗争实践

首先，确定经济体制改革的目标。根据中国社会主义建设的历史经验教训和改革开放的实践经验，江泽民指出："我国经济体制改革确定什么样的目标模式，是关系整个社会主义现代化建设全局的一个重大问题。这个问题的核心，是正确认识和处理计划与市场的关系。"① 邓小平南方谈话后，随着人们对计划与市场关系认识的不断深化，关于经济体制改革的目标模式形成了三种不同提法：一是建立计划与市场相结合的社会主义商品经济体制；二是建立社会主义有计划的市场经济体制；三是建立社会主义的市场经济体制。针对这一问题，江泽民指出："我个人的看法，比较倾向于使用'社会主义市场经济体制'这个提法。""我觉得使用'社会主义市场经济体制'是可以为大多数干部群众所接受的。虽然是我个人的看法，但也与中央一些同志交换过意见，大家基本上是赞成的。"② 江泽民就此征求了邓小平的意见，得到邓小平的赞同。此后不久，江泽民在党的十四大报告中明确指出："实践的发展和认识的深化，要求我们明确提出，我国经济体制改革的目标是建立社会主义市场经济体制，以利

---

① 《江泽民文选》第1卷，人民出版社2006年版，第225页。
② 《江泽民文选》第1卷，人民出版社2006年版，第202页。

读懂伟大斗争

于进一步解放和发展生产力。"①

其次,界定社会主义市场经济体制的科学内涵。邓小平虽然提出社会主义和市场经济之间不存在根本性的矛盾,但究竟什么是社会主义市场经济?社会主义市场经济体制的科学内涵是什么?江泽民在党的十四大报告中对社会主义市场经济体制的科学内涵作出明确界定。他指出:"我们要建立的社会主义市场经济体制,就是要使市场在社会主义国家宏观调控下对资源配置起基础性作用,使经济活动遵循价值规律的要求,适应供求关系的变化;通过价格杠杆和竞争机制的功能,把资源配置到效益较好的环节中去,并给企业以压力和动力,实现优胜劣汰;运用市场对各种经济信号反应比较灵敏的优点,促进生产和需求的及时协调。同时也要看到市场有其自身的弱点和消极方面,必须加强和改善国家对经济的宏观调控。"②

按照这一界定,社会主义市场经济体制的科学内涵主要包括以下方面。第一,坚持社会主义基本制度是发展社会主义市场经济的根本前提和制度基础。放弃了社会主义就不成其为社会主义市场经济体制。江泽民指出:"我们搞的市场经济,是同社会主义的基本制度紧密结合在一起的。如果离开了社会主义基本制度,就会走向资本主义","我们搞的是社会主义市场经济,'社会主义'这几个字是不能没有的,这并非多余,并非'画蛇添足',而恰恰相反,这是'画龙点睛'。所谓'点睛'就是点明我们市场经济的性质。西方市场经济符合社会化大生产、符合市场一般规律的东西,毫无疑义,我们要积极学习和借鉴,这是共同点;但西方市场经济是在资本主义制度下搞的,我们的市场经济是在社会主义制度下搞的,这是不同点,而我们的创造性和特色也就体现在这里"③。之所以必须坚持社会主义基本制度,根本原因在于,如果中国放弃社会主义走向资本主义,不但发展不起来、富强不起来,而且国家和民族独立也保

---

① 《江泽民文选》第1卷,人民出版社2006年版,第226页。
② 《江泽民文选》第1卷,人民出版社2006年版,第226—227页。
③ 《江泽民论有中国特色社会主义(专题摘编)》,中央文献出版社2002年版,第69页。

第五章　必须经得起改革开放和执政的考验

不住，势必变成发达资本主义国家的附庸，丧失独立自主权。第二，充分发挥市场机制对社会资源配置的基础性作用，这是社会主义市场经济体制的根本要求和关键所在。江泽民指出，国内外发展的大量事实表明："市场是配置资源和提供激励的有效方式，它通过竞争和价格杠杆把稀缺物资配置到能创造最好效益的环节中去，并给企业带来压力和动力。而且，市场对各种信号的反应也是灵敏迅速的。"① 正因为市场经济具有激励企业竞争、优化资源配置、推动经济发展的积极作用，所以在建立和完善社会主义市场经济体制的过程中，必须十分重视和充分利用好市场机制的作用。第三，加强和完善国家对经济运行的宏观调控，是社会主义市场经济健康发展的重要保证和不可或缺的重要环节。在肯定市场经济积极作用的同时，要清醒地认识到，市场经济并不是万能的，也有其固有的弱点和局限性。由于市场的自发性、盲目性和滞后性，可能造成宏观经济失衡，公共利益受损，对某些行业的市场调节失灵，收入差距扩大，加剧两极分化，等等。因此，必须加强宏观调控，充分发挥计划调节的优势，来弥补和抑制市场调节的不足和消极作用，优化资源配置，提高经济效率。江泽民认为："宏观调控的主要任务，是保持经济总量平衡，抑制通货膨胀，促进重大经济结构优化，实现经济稳定增长。宏观调控主要运用经济手段和法律手段。"② 江泽民在谈到正确运用宏观调控手段时，还特别强调国家计划仍然是宏观调控的重要手段之一，要善于运用计划手段来加强社会保障和社会收入再分配的调节，防止两极分化，保障社会公平。

再次，构建社会主义市场经济体制的基本框架。以江泽民同志为核心的党的第三代中央领导集体在不断总结中国改革开放和发展社会主义市场经济实践经验的基础上，不仅对社会主义市场经济体制的科学内涵作了明确阐释，而且对社会主义市场经济体制的基本框架作了重要探索。江泽民在党的十四大报

---

① 《江泽民文选》第 1 卷，人民出版社 2006 年版，第 200 页。
② 《江泽民文选》第 2 卷，人民出版社 2006 年版，第 23 页。

读懂伟大斗争

告中指出,建立社会主义市场经济体制,要认真抓好几个相互联系的重要环节:一是转换国有企业特别是大中型企业的经营机制,把企业推向市场,增强它们的活力,提高它们的素质;二是加快市场体系的培育;三是深化分配制度和社会保障制度的改革;四是加快政府职能的转变。党的十四大后,江泽民进一步强调了发展社会主义市场的重要性,并阐述了其基本内容。江泽民指出:"要了解发展社会主义市场经济,不仅要发展各种商品市场,而且要培育、健全各种生产要素市场,包括债券和股票等有价证券的金融市场、技术市场、劳务市场、信息市场、房地产市场等等,形成全国统一、开放、有序的市场体系。所有这些市场的培育和管理,都必须运用政策、法律、法规等手段,规范其行为。"[1]1993年11月,党的十四届三中全会通过《中共中央关于建立社会主义市场经济体制若干问题的决定》,对社会主义市场经济体制的基本框架作了全面深入的阐述和具体部署。1995年4月,江泽民对社会主义市场经济体制的基本框架作了更加明确的概括。他指出:"根据我们现在的认识,社会主义市场经济体制的基本框架是,在公有制为主体、多种经济成分共同发展的方针指导下,建立适应社会主义市场经济要求的现代企业制度;形成全国统一开放的市场体系,实现城乡市场紧密结合,国内市场和国际市场相互衔接,促进资源的优化配置;转变政府管理经济的职能,建立以间接手段为主的完善的宏观调控体系,保证国民经济的健康运行;建立以按劳分配为主体、多种分配方式并存,效率优先、兼顾公平的收入分配制度,鼓励一部分地区一部分人先富起来,最终实现全体人民的共同富裕;建立多层次的社会保障制度,为城乡居民提供同我国国情相适应的社会保障,促进经济发展和社会稳定。围绕这些环节,还要建立和完善相应的法律体系,以保证市场在国家宏观调控下对资源配置发挥基础性作用。"[2]社会主义市场经济体制基本框架的确立,使中国经济体

---

[1]《江泽民论有中国特色社会主义(专题摘编)》,中央文献出版社2002年版,第64—65页。
[2]《江泽民论有中国特色社会主义(专题摘编)》,中央文献出版社2002年版,第66—67页。

制改革不仅有了明确的方向和目标,而且有了明确而规范的内容和结构,使经济体制改革更加具有自觉性、前瞻性和可操作性。

江泽民还对建立社会主义市场经济体制的历史进程作了比较符合实际的设想。他指出:"按照我们的设计,中国在本世纪末初步建立起社会主义市场经济新体制以后,再经过二十年的努力,在各方面可以形成更加成熟和定型的制度。"① 实践充分证明,社会主义市场经济体制既体现了社会主义制度优势,又同我国社会主义初级阶段社会生产力发展水平相适应,是党和人民的伟大创造。今后,必须进一步深化改革,构建高水平社会主义市场经济体制,为全面建设社会主义现代化国家提供体制保障。

三、建立社会主义市场经济体制的斗争经验

第一,从中国实际出发,体现中国特色。江泽民指出:"在社会主义条件下搞市场经济,世界上还没有先例,这是一个伟大的试验和艰辛的创造,许多规律性的东西我们还不熟悉。西方发达国家发展市场经济的那些合乎市场一般规律的成功经验和合理做法,我们正在积极学习和借鉴。但从根本上说,中国建立社会主义市场经济体制,还是要坚持从中国实际出发,在实践中不断探索,走出一条自己的路。"② 当前,我们要立足基本国情,充分考虑中国人口众多以及发展不平衡不充分的现状,依法规范和引导市场发展,坚定不移深化改革、扩大开放,构建更加系统完备、更加成熟定型的高水平社会主义市场经济体制。

第二,与时俱进,坚持创新。江泽民是一位具有高度政治责任感和战略眼光的领导人,善于从政治和战略高度思考问题,把解放思想、理论创新作为历史责任。江泽民指出:"我现在的责任,也可以说我的历史责任,就是要带头解

---

① 《江泽民论有中国特色社会主义(专题摘编)》,中央文献出版社2002年版,第67页。
② 《江泽民论有中国特色社会主义(专题摘编)》,中央文献出版社2002年版,第66页。

> **读懂伟大斗争**

放思想，勇于进行理论探索和创新。中央一再强调要进行理论创新，为什么？因为这是马克思主义唯物辩证法的根本要求。要使党和国家的发展不停顿，首先理论上不能停顿，否则一切新的发展都谈不上。"[1] "我们必须与时俱进，继续丰富和发展马克思主义。如果因循守旧、停滞不前，我们就会落伍，我们党就有丧失先进性和领导资格的危险。"[2] 社会主义市场经济体制是中国特色社会主义的重大理论和实践创新。这一制度创新创造，为我国经济社会发展注入强大动力活力，为我国在强国之路上越走越宽广提供有力制度保障。

第三，实事求是，尊重实践。马克思、恩格斯一贯要求一切从实际出发，这是马克思主义认识论的根本要求。中国共产党始终坚持一切从实际出发，解放思想、实事求是，摆脱了认为社会主义和市场经济相互对立的传统观念，成功实现了从高度集中的计划经济体制到充满活力的社会主义市场经济体制的转变。正如江泽民所强调的，"马克思主义的一个基本道理，就是不能用本本去框实践，而只能用实践去发展本本。如果一切都要先看本本上有没有，老祖宗讲过没有，就很难在实践中迈开步子"[3]。在进行改革开放和社会主义现代化建设的伟大事业中，要坚持和运用马克思主义立场观点方法解决实际问题，实事求是，结合新的实践不断作出新的理论创造。

第三节　贯彻执政为民理念的伟大斗争

建设中国特色社会主义全部工作的出发点和落脚点，是为了不断实现好、维护好、发展好最广大人民根本利益。制定和贯彻党的方针政策，基本着眼点是要代表最广大人民根本利益，正确反映和兼顾不同方面群众利益，使全体人民朝着共同富裕的方向稳步前进。必须始终坚持党的群众路线，一切为了群

---

[1]《江泽民文选》第3卷，人民出版社2006年版，第336页。
[2]《江泽民文选》第3卷，人民出版社2006年版，第335页。
[3]《江泽民文选》第3卷，人民出版社2006年版，第338页。

第五章　必须经得起改革开放和执政的考验

众，一切依靠群众，从群众中来，到群众中去，尊重人民群众创造，倾听人民群众呼声，反映人民群众意愿，集中人民群众智慧和力量去发展各项事业，在整个改革开放和社会主义现代化建设的过程中都要努力使工人、农民、知识分子和其他群众共同享受到经济社会发展成果。

一、贯彻执政为民理念的时代背景

随着社会主义市场经济体制的建立和完善，中国的社会经济成分多样化、组织形式多样化、就业方式多样化、利益关系多样化和分配方式多样化的趋势不断发展，人民群众的权利意识越来越强，利益诉求越来越具体，要求越来越高，差异化越来越明显，纠纷越来越复杂。在这种情况下，中国共产党如何践行群众路线、贯彻好执政为民理念，是一个极为重大而现实的课题。与此同时，随着党和国家事业的发展，党的队伍也发生了重大变化。新党员的数量大幅度增加，干部队伍新老交替不断进行，一大批年轻干部走上领导岗位。这给党的发展带来新的活力，但也提出新的挑战。中国共产党自成立以来，积累了丰富的自身建设经验，也积累了丰富的组织动员群众、带领依靠群众共同奋斗的经验。但是，随着执政时间越来越长，特别是在推进改革开放和发展社会主义市场经济的过程中，党内一些人的错误思想倾向越来越多地显现出来。有的人宗旨意识日益淡薄，官僚主义严重，不深入基层，不深入群众，不关心群众疾苦，以致群众反映交通、通信发达了，但干部离群众却远了；有的人热衷于迎来送往，不讲实效，做表面文章，搞花架子；有的人精神颓废，不思进取，沉迷于吃喝玩乐，灯红酒绿；有的人滥用职权，谋取私利，贪赃枉法，欺压群众；有的人甚至把党和人民赋予的职权，把自己的地位、影响和工作条件，看作谁也动不得的"既得利益"，并想方设法地去维护和扩大这种所谓的"既得利益"。这些现象，引起了人民群众的强烈不满，严重损害了党群关系。可以说，在长期执政，特别是在推进改革开放和发展社会主义市场经济的条件下，如何贯彻党的群众路线，如何保持党同人民群众的血肉联系，成为摆在我们党

读懂伟大斗争

面前的一个重大课题，成为我们党必须应对的挑战。

江泽民提出提高领导水平和执政水平、增强拒腐防变和抵御风险能力两大历史性课题，要求全党认真研究和解决。只有始终保持共产党人的蓬勃朝气、昂扬锐气和浩然正气，永远同人民群众心连心，党的执政基础才能坚如磐石。

二、贯彻执政为民理念的斗争实践

中国共产党始终代表中国先进生产力的发展要求，代表中国先进文化的前进方向，代表中国最广大人民的根本利益。人民群众是先进生产力和先进文化的创造主体，也是实现自身利益的根本力量；发展先进生产力和先进文化，归根结底都是为了满足人民群众日益增长的物质文化生活需要，实现最广大人民的根本利益。江泽民明确指出："贯彻'三个代表'重要思想，关键在坚持与时俱进，核心在保持党的先进性，本质在坚持执政为民"[①]，"我们党来自人民，植根于人民，服务于人民"[②]。

党的一切权力来自人民，所以必须服务于人民，接受人民的监督；党的一切执政活动，都要从人民的意愿和利益出发，把为人民谋利益当作最根本目的。归结起来，就是"执政为民"四个字。贯彻"三个代表"重要思想，本质就在于坚持执政为民。只有坚持执政为民，正确运用权力，才能符合人民的意愿，这样的权力也才真正属于人民。我们党始终把实现好、维护好、发展好最广大人民根本利益作为检验先进性和纯洁性的试金石。因此，必须坚持把党和人民赋予的权力用来为人民谋幸福，永葆共产党人的政治本色。

江泽民指出："全心全意为人民谋利益，不能挂在嘴上，不能搞'虚功'，而是要实实在在为群众办事，要从群众最关心、最迫切需要解决的实际问题入手开展工作，把我们党的根本宗旨落实到各项工作中，落实到广大人民群众身

---

① 《江泽民文选》第3卷，人民出版社2006年版，第537页。
② 《江泽民文选》第2卷，人民出版社2006年版，第45页。

上。"①也就是说，中国共产党人必须践行全心全意为人民服务的宗旨，扎扎实实为民办事，着力解决群众急难愁盼问题。只有这样，人民才能与党同心同德，把社会主义现代化事业不断推向前进。

要做到执政为民，党员干部必须时刻以高的标准严格要求自己。应该明确，党的政策措施和工作，必须以符合最广大人民的利益、得到最广大人民的拥护为出发点和归宿。对人民负责就是对党负责，人民的利益就是党的利益，损害人民的利益就是损害党的利益。凡是对人民有益的事情，也是党要求做的事情；凡是有损群众利益的事情，也是党反对的事情。既要坚决反对借口对上级负责，不从本地情况出发，不顾本地客观条件和群众的承受能力，教条式地执行上级指示的错误做法；又要坚决反对借口对群众负责，拒不执行上级指示，搞上有政策、下有对策，损害全局利益、国家利益、人民利益的错误做法。江泽民指出："当干部，当领导，都是要为党和人民的利益工作的，都要时刻准备着为党和人民牺牲与贡献自己的一切，这是每个共产党员的光荣。党把你放在哪个岗位上，就要在那个岗位上兢兢业业地履行职责，真正干出成绩来。决不能老是去琢磨自己怎样升官，怎样出人头地，怎样捞点好处。如果这样，是做不好工作，而且很容易犯错误的。"②只有从党和人民的利益出发，坚持实事求是的原则，把中央精神、上级指示与本地实际相结合，把长远利益与现实利益相结合，把国家利益与人民群众利益相结合，创造性地贯彻落实上级指示，才能将对上负责和对下负责统一起来，作出的决策才能经受住实践的检验。

三、贯彻执政为民理念的斗争经验

第一，全面推进党的建设。在我们这样一个多民族的发展中大国，要把全体人民意志和力量凝聚起来，全面建设小康社会，加快推进社会主义现代

---

① 《江泽民文选》第2卷，人民出版社2006年版，第365—366页。
② 《十五大以来重要文献选编》中，中央文献出版社2011年版，第287页。

化，必须毫不放松加强和改善党的领导，全面推进党的建设新的伟大工程。贯彻执政为民理念，是推进党的建设的重要内容，也是加强党政治引领力的重要举措。

第二，树立正确的群众观，切实转变干部作风。密切联系群众，是我们党的优良传统和政治法宝，也是我们党开展工作、加快发展的根本方法。新形势下的群众工作任务重、头绪多，密切联系群众，树立正确的群众观显得尤为紧迫和重要。各级领导干部一定要牢固树立正确的群众观，把密切联系群众摆在突出位置，始终坚持以人为本、切实转变工作作风，始终坚持感情上贴近群众、行动上深入群众、工作上依靠群众，真正做到权为民所用、情为民所系、利为民所谋，从而推动经济社会持续健康发展。

第三，树立正确的利益观，坚持人民利益高于一切。党的性质和宗旨决定了我们党除了工人阶级和最广大人民的利益，没有自己特殊的利益。人民群众是历史的创造者，是发展先进生产力和建设先进文化的主体，是推动社会前进的根本力量。领导干部要强化宗旨意识，深深扎根于人民群众之中，做到立身不忘做人之本、为政不移公仆之心、用权不谋一己之私，始终把人民群众的利益放在第一位，把人民群众的呼声作为第一信号，把人民群众的需要作为第一选择，把人民群众的满意作为第一标准，切实实现好、维护好、发展好最广大人民的根本利益。

第四节　应对风险考验的伟大斗争

恩格斯指出："没有哪一次巨大的历史灾难不是以历史的进步为补偿的。"[①]改革开放和社会主义现代化建设时期，包括自然灾害、突发性公共卫生事件、公共安全事件以及涉外危机等在内的各种重大危机不断发生，给党和国家事业

---

① 《马克思恩格斯全集》第39卷，人民出版社1974年版，第149页。

第五章　必须经得起改革开放和执政的考验

发展带来严峻考验。自然原因或者由于人类发展过程中的历史局限性所造成的重大危机，给人民生命和财产安全造成极大损害，给生产力造成极大破坏，阻碍和延缓了社会进步。以江泽民同志为主要代表的中国共产党人，团结带领全体中国人民，充分发扬敢于斗争、敢于胜利精神，战胜了一个个重大危机和风险挑战。

一、应对风险考验的时代背景

江泽民担任党和国家主要领导职务之际，我国正面临着国内外形势十分复杂、世界社会主义出现严重曲折的严峻考验。江泽民团结带领党的中央领导集体，紧紧依靠全党全军全国各族人民，从容应对一系列关系我国主权和安全的国际突发事件，战胜在政治、经济领域和自然界出现的困难和风险，特别是成功应对了亚洲金融危机的冲击、夺取了1998年抗洪抢险斗争的全面胜利、获得了中美南海撞机事件的谈判胜利。保证了改革开放和社会主义现代化建设的航船始终沿着正确方向破浪前进。

二、应对风险考验的斗争实践

1. 应对亚洲金融危机的伟大斗争

20世纪80年代至90年代中期，一些亚洲国家抓住经济全球化的机会，采用外向型经济发展模式，即以出口为导向的经济发展模式，实现了经济的快速增长。这些国家年均经济增长率保持在7%—10%，当时的国际社会将这种现象称为"亚洲奇迹"。但在经济繁荣的同时，这些经济体积累的各种矛盾和风险也逐渐暴露出来。然而，这些国家并未及时对自己的经济增长方式和经济结构作出有效调整，加之金融监管体系尚不健全以及美元作为国际货币在进入加息周期后形成的外溢效应等的影响，加速了危机爆发。

这场金融危机首先从泰国开始。1997年初，索罗斯"量子基金会"和罗伯逊"老虎基金会"联手向泰国银行借贷泰铢，然后向泰国外汇市场抛泰铢购

读懂伟大斗争

美元,泰国金融市场发生震荡。泰国政府入市,暂时稳定了金融市场;但到了5月,索罗斯继续炒作泰铢,加速了泰国金融秩序的崩溃。同年7月2日,泰国政府被迫宣布放弃固定汇率制,实行浮动汇率制度,泰铢当天暴跌近20%。这场金融危机风暴随后席卷东南亚与东北亚,并迅速演变为一场经济、社会和政治危机。①

亚洲金融危机爆发后,以江泽民同志为核心的党的第三代中央领导集体高度重视、沉着应对。1998年2月,党中央明确提出"坚定信心,心中有数,未雨绸缪,沉着应付,趋利避害"的指导方针。党中央清醒地认识到,要保持经济持续健康发展,实现既定的经济增长目标,就必须针对内需不足、外需下滑、经济增长乏力的情况,果断扩大内需,采取积极的财政政策和稳健的货币政策。为此,党中央决定,由中央财政向商业银行增发长期建设国债,增加投资,加强基础设施建设,大力开展农村电网改造、高速公路建设、城市基础设施建设、国家粮库建设、长江干堤加固等。同时,增加中低收入者的生活保障,改善人民生活;提高出口退税率、打击走私,千方百计增加出口;降低存贷款利率,教育、医疗和住房进行市场化改革,设置节假日"黄金周",使这些措施形成合力,刺激消费。党中央在采取以上措施时,严肃强调:要以市场为导向,以效益为中心,不生产积压产品,不搞重复建设;基础性建设要有总体规划,注意合理布局,充分发挥现有设施潜力,不能盲目铺新摊子。

在党中央的坚强领导下,积极的财政政策和稳健的货币政策迅速取得了明显的成效。外贸出口从1999年下半年开始大幅度回升,国家外汇储备不断增加。到2000年,国民经济稳步回升。在一些亚洲国家因为这场金融危机出现经济衰退、货币大幅贬值的危机下,中国不仅兑现了人民币不贬值的承诺,为缓解危机作出积极贡献,而且成功化解了金融危机对本国经济的冲击。

为共同应对金融危机的影响,中国政府还采取一系列措施,参与国际货币

---

① 张来明、张瑾:《亚洲金融危机回顾与思考》,《中国经济时报》2022年8月18日第1版。

第五章　必须经得起改革开放和执政的考验

基金组织对亚洲有关国家的援助行动，帮助受到危机冲击的国家走出困境。在外汇储备并不充裕的情况下，中国仍向泰国等国提供了总额超过40亿美元的援助，向印尼等国提供了出口信贷和紧急无偿药品援助。中国还在亚太经济合作组织第六次领导人非正式会议上，提出加强区域合作以制止危机蔓延、改革和完善国际金融体制、尊重有关国家和地区为克服金融危机的自主选择三项主张。

2. 进行抗洪抢险的伟大斗争

1998年6月，受暴雨影响，鄱阳湖水系暴发洪水，抚河、信江、昌江水位先后超过历史最高水位；洞庭湖水系的资水、沅江和湘江也发生了洪水。两湖洪水汇入长江，致使长江中下游干流监利以下水位迅速上涨。7月，长江中游地区再度出现大范围强降雨过程。8月，长江中下游及两湖地区水位居高不下，长江上游又接连出现5次洪峰，其中8月7日至17日连续出现了3次洪峰，致使中游水位不断升高。此外，东北嫩江、松花江也暴发了超历史记录的特大洪水。① 据不完全统计，全国受灾面积3亿多亩，受灾人口2.2亿多人，直接经济损失2000亿元人民币。

面对特大洪水的袭击，中共中央、国务院和中央军委周密部署，指挥了一场气壮山河的抗洪抢险斗争。6月30日，国家防汛抗旱总指挥部发出《关于长江、淮河防汛抗洪工作的紧急通知》，要求各级领导立即上岗到位，切实负起防汛指挥的重任，迎战洪峰，战胜洪水。中央紧急调动和部署了30余万官兵投入抗洪抢险，使之成为夺取这场斗争胜利举足轻重的中坚力量。江泽民等党和国家领导人多次亲临抗洪第一线，各级领导干部纷纷奔赴现场，同广大军民一道顽强奋战。经过将近两个月的艰苦奋战，终于夺取了抗洪抢险斗争的胜利，创造了在特大洪水情况下将受灾损失减少到最低限度的奇迹。9月4日，江泽民在江西九江就抗洪救灾工作发表重要讲话，宣布抗洪抢险斗争已经取得

---

① 余海文编著：《自然：消灭的自然灾难》，汕头大学出版社2015年版，第6—8页。

读懂伟大斗争

决定性的伟大胜利,并号召灾区广大干部群众,继续发扬不怕困难、顽强拼搏的精神,艰苦奋斗,互助互济,做好救灾工作,早日把生产恢复和发展上去,早日重建美好的家园。

1998年9月28日,全国抗洪抢险总结表彰大会在北京人民大会堂召开,江泽民在会上宣布:中国人民已经取得了这场抗洪斗争的全面胜利。江泽民指出:"我们的人民,我们的人民军队,我们的广大党员、干部,以自己的英勇行动书写了中华民族发展史上新的壮丽篇章,这将作为人类战胜自然灾害的一个壮举载入史册。当代中国人民战胜自然灾害以及各种艰难险阻的勇气和力量,是世所罕见的!这次抗洪抢险的胜利,正以其巨大的力量,激励和鼓舞灾区人民排除万难去恢复生产、重建家园,激励和鼓舞全国人民更加奋发地去实现跨世纪发展的战略任务"①,"在同洪水的搏斗中,我们的民族和人民展示出了一种十分崇高的精神。这就是万众一心、众志成城,不怕困难、顽强拼搏,坚韧不拔、敢于胜利的伟大抗洪精神"②。

3. 处理中美南海撞机事件的伟大斗争

2001年4月1日上午,美国一架EP-3军用侦察机飞到我国海南岛东南海域上空活动。我空军两架歼-8战斗机立即起飞对其进行跟踪监视。9时07分,正当我方军机在海南岛东南104公里处正常飞行时,美国的侦察机违反飞行规则,突然大角度转向,撞上我方一架军机,致使飞机失控坠海,飞行员王伟失踪。受损的美机则在未经许可的情况下,进入我国领空,并降落在海南陵水军用机场。按国际法和中国法律的有关规定,并从中美关系的全局出发,我国对美国侦察机上的24名美方人员进行了安置。

2001年4月12日下午,我国外交部发言人在记者招待会上宣布,中美双方将于4月18日就此事件及其他相关问题进行谈判,谈判议题将包括造成撞

---

① 《江泽民文选》第2卷,人民出版社2006年版,第224页。
② 《江泽民文选》第2卷,人民出版社2006年版,第229—230页。

第五章　必须经得起改革开放和执政的考验

机的原因、美方停止派飞机到中国近海进行侦察活动、如何避免今后再发生类似事件及其他相关问题。然而，待美方机组人员返回后，美方态度却重新蛮横起来。考虑到美方"不负责、不道歉、不配合、不悔改"的蛮横态度，我方代表唐家璇决定从四个方面和美方代表普理赫深谈一次：第一，美方应当为这次事件负全责；第二，事件发生后美方采取的态度和做法是错误的，我们很不满意；第三，要想中方放人，美方必须先道歉；第四，美方应当立即停止在中国沿海的侦察活动。

面对中方解决问题的积极态度，美方也作出了具有实质性的让步，决定放弃飞机飞回方案而同意将飞机拆解空运回国，双方达成一致协议。经过艰苦斗争，终于迫使美国方面满足了中方的所有要求，并正式向我们递交道歉信，这是这场外交斗争中一个重要的阶段性成果。① 后续，中美又就美机返还问题举行多次磋商，最终美国同意中方的要求拆卸飞机，并租用俄罗斯航空公司的民用运输机将其运走。

从某种程度上讲，一部改革开放史，就是一部党团结带领广大人民群众战胜各种重大危机事件的历史。自然原因或者由于人类发展过程中的历史局限性所造成的重大危机，给人民生命和财产安全带来极大损害，给生产力造成极大破坏，阻碍和延缓了社会进步。中国共产党团结带领全体中国人民，充分发扬敢于斗争、敢于胜利精神，战胜了一个个重大危机和一切风险挑战。

三、应对风险考验的斗争经验

第一，坚持科学理论指导。坚持科学理论指导，是提高党的执政能力，有效防范执政风险，把握执政规律的基本前提。马克思主义看到了理论的巨大力量："批判的武器当然不能代替武器的批判，物质力量只能用物质力量来摧毁；

---

① 唐家璇：《劲雨煦风：唐家璇外交回忆录》，世界知识出版社2009年版，第272—273页。

但是理论一经掌握群众，也会变成物质力量。"①科学理论是正确的认识，正确的认识对实践具有积极的促进作用，因此，我们要想成功应对各种风险，就必须坚持科学理论的指导。

第二，遵循科学规律。马克思主义认为，规律是客观事物之间存在的内在的必然的联系，决定着事物发展的方向和趋势。我们党始终强调要善于把握一切事物的内在规律，坚持认识规律、把握规律、遵循规律、按规律办事。只有深刻认识和把握共产党执政规律、社会主义建设规律和人类社会发展规律，才能掌握党和国家事业发展的历史主动，增强干事创业的勇气和力量。

第三，提高应对风险的能力。我们党在执政历程中深刻地认识到：应对风险考验，说到底就是要不断提高党防范化解各领域风险的能力。我国发展面临的风险挑战，既有国内的也有国际的，既有经济、政治、文化、社会等领域的也有来自自然界的，既有传统的也有非传统的。因此，要不断提高应对风险挑战的能力水平，健全应对风险的体制机制，提升制度效能、发挥制度优势，以不断深化改革积极防范化解风险。

第五节　深入推进反腐败的伟大斗争

江泽民高度重视党的自身建设，号召全党同志坚持从新的实际出发，以改革的精神研究和解决党的建设面临的重大理论和现实问题，使党始终保持先进性和纯洁性，充满创造力、凝聚力、战斗力。江泽民提出"治国必先治党，治党务必从严"，完整提出提高领导水平和执政水平、增强拒腐防变和抵御风险的能力两大历史性课题，要求全党认真研究和解决。关于加强和改进党的作风建设，深入开展反腐败斗争，江泽民强调："推进党的作风建设，核心是保持党同人民群众的血肉联系。我们党的最大政治优势是密切联系群众，党执政后

---

① 《马克思恩格斯选集》第 1 卷，人民出版社 2012 年版，第 9 页。

第五章　必须经得起改革开放和执政的考验

的最大危险是脱离群众。"①坚决反对和防止腐败是全党一项重大的政治任务,要坚持标本兼治、综合治理的方针,逐步加大治本力度,加强教育,发展民主,健全法制,强化监督,创新体制,把反腐败寓于各项重要政策措施之中,从源头上预防和解决腐败问题。江泽民强调:"全党同志始终保持共产党人的蓬勃朝气、昂扬锐气和浩然正气,永远同人民群众心连心,我们党的执政基础就坚如磐石。"②

一、深入推进反腐败斗争的时代背景

从理论基础来看,中国共产党人在长期的奋斗历程中,一直与党内存在的腐败现象进行着坚决的斗争。以毛泽东同志为核心的党的第一代中央领导集体在领导中国革命和建设的过程中,一贯重视党的建设,形成了一套富有特色的党的纪律建设思想。在党的七大上,毛泽东把理论联系实际、密切联系群众、批评和自我批评概括为"党的三大作风";此后,毛泽东还提出一系列保持党的先进性和纯洁性的措施。在党的七届二中全会上,毛泽东再次告诫全党要警惕资产阶级的糖衣炮弹,"务必使同志们继续地保持谦虚、谨慎、不骄、不躁的作风,务必使同志们继续地保持艰苦奋斗的作风"③。

改革开放和社会主义现代化建设新时期,以邓小平同志为核心的党的第二代中央领导集体,清醒地认识到在改革开放特别是经济体制转换的历史条件下可能出现腐败易发多发的严峻形势,告诫全党如果失去警觉,可能要毁掉一批干部,作出"执政党的党风问题是有关党的生死存亡的问题"④这一重要论断,把加强反腐倡廉的问题及时提到全党同志面前。邓小平立足于改革开放和社会主义现代化建设的实际,根据新时期反腐败斗争的新情况和新特点,作出一系

---

① 《江泽民文选》第3卷,人民出版社2006年版,第572页。
② 《江泽民文选》第3卷,人民出版社2006年版,第574页。
③ 《毛泽东选集》第4卷,人民出版社1991年版,第1438—1439页。
④ 《邓小平文选》第2卷,人民出版社1994年版,第358页。

> 读懂伟大斗争

列关于党风廉政建设和反腐败斗争的重要论述，提出"从严治党"和"两手抓"方针，推动党的自我革命走上制度化、法制化轨道。

从实践来看，改革开放后，我国社会主义现代化建设取得巨大成就，但在经济快速发展的过程中也面临种种矛盾、问题与挑战。一方面，我国要转变长期以来的计划经济体制，建立社会主义市场经济体制，从而适应经济全球化的发展趋势，解放和发展生产力、解放和增强社会活力。另一方面，建立社会主义市场经济体制、加入世界贸易组织在为我国发展带来新机遇的同时，会不可避免地增加开放的风险，对经济、政治、文化、社会等方面都将产生深刻影响。例如，一些西方国家实行"和平演变"战略，经济上拉拢、贿赂、腐蚀党员干部，思想文化上渗透、传播资产阶级的意识形态，达到"西化""分化"我国的图谋。此外，国内经济社会生活中也出现了一些新变化，如经济成分和利益格局多样化、社会生活多样化、社会组织形式多样化、就业岗位和就业形式多样化，这些都给我们党的党风廉政建设和反腐败工作提出了新课题。

二、深入推进反腐败斗争的具体实践

党的十三届四中全会后，以江泽民同志为主要代表的中国共产党人坚持治国必先治党，治党必须从严，把反腐败提升到"关系党和国家生死存亡的严重政治斗争"的高度。1993年8月，中共中央作出开展反腐败斗争的决定，并在十四届中央纪委二次全会上进行了重要部署。1996年1月，江泽民在中央纪委第六次全会上指出："我们正在逐步找到一条围绕经济建设这个中心，把反腐败斗争同改革、发展、稳定有机结合起来，依靠自身的力量和人民群众的支持，抵御资产阶级和各种剥削阶级腐朽思想的侵蚀，努力把消极腐败现象减少到最低限度的路子。"[①]

首先，反腐败斗争要围绕经济建设这个中心来开展。坚持党的基本路线，

[①]《十四大以来重要文献选编》中，中央文献出版社2011年版，第646页。

第五章　必须经得起改革开放和执政的考验

坚持以经济建设为中心，一手抓改革开放，一手抓惩治腐败，把反腐败斗争放在整个建设中国特色社会主义事业大局中来把握，同深化改革、扩大开放、促进发展、保持稳定结合起来。针对把反腐败与经济建设对立起来的错误认识和做法，江泽民指出："把反腐败同经济建设对立起来、同改革开放对立起来，认为反腐败会影响经济建设和改革开放，是不对的；在反腐败过程中，不牢牢把握经济建设这个中心，不注意更好地为经济建设和改革开放服务，也是不对的。"① 紧紧围绕经济建设开展反腐败斗争，必须坚持把反腐败斗争同改革开放和经济建设紧密结合起来，针对妨碍改革、发展和稳定的突出问题，确定反腐败斗争的阶段性目标和任务，及时研究、制订反腐败斗争的方针和策略，打好一个个阶段性战役。改革过程中出现的某些漏洞和不完善之处，有可能成为违法违纪者钻营舞弊的场所。因此，在每一项重大改革措施、重大决策出台前，都要认真研究党风廉政建设方面可能出现的问题、提出治理对策，反复进行事前预测，变消极的事后处理为积极的事前防治，从而有效把握反腐败斗争的局势和动向。只有这样，才能持续发力、纵深推进反腐败斗争。

其次，标本兼治，综合治理。江泽民在党的十五大报告中指出："坚持标本兼治，教育是基础，法制是保证，监督是关键。通过深化改革，不断铲除腐败现象滋生蔓延的土壤。"② 江泽民要求必须把反腐败工作作为一项系统工程来抓，标本兼治，综合治理，持之以恒。

教育是基础。江泽民强调："我们党历来把思想政治建设摆在党的建设的首位。这是我们党提高自身凝聚力、战斗力的一条十分重要的经验，也是我们党始终保持工人阶级先锋队性质、坚持拒腐防变的一项根本性措施。"③ 在江泽民看来，教育是拒腐防变的基础和治本之策，必须把加强思想政治教育摆在更加突出的位置。法制是保证。江泽民指出："在反腐败斗争中，从管理的薄弱环节

① 《江泽民文选》第 1 卷，人民出版社 2006 年版，第 320 页。
② 《江泽民文选》第 2 卷，人民出版社 2006 年版，第 46 页。
③ 《十四大以来重要文献选编》中，中央文献出版社 2011 年版，第 209 页。

> 读懂伟大斗争

和制度的漏洞入手，有针对性地建立健全规章制度，不断加强法制建设，非常重要。"① 开展反腐败斗争，走依法惩治腐败之路，这首先是由法制本身的特点决定的。法制相对于教育，是以外在力量约束、防治腐败的治本之道。由于法制具有规范性、强制性、公开性、平等性等特点，因此在约束、防范和惩治腐败现象时，就可以防止因认识水平的差异而产生时紧时松、此宽彼严等问题。监督是关键。江泽民指出："越是改革开放，越要加强和健全党内监督；越是领导机关、领导干部，越要有严格的党内监督。"② 为了把监督这一反腐败斗争的关键落到实处，要增强监督意识，强化监督制约机制；要重点抓好对领导干部尤其是党政"一把手"的监督；此外，还要充分发挥纪检监察机关的作用。

再次，完善反腐败斗争的领导体制和工作机制。江泽民在党的十五大报告中指出："党委统一领导，党政齐抓共管，纪委组织协调，部门各负其责，依靠群众的支持和参与，坚决遏制腐败现象。"③ 这一领导体制和工作机制，使反腐败工作更加系统化、规范化，形成了与反腐败三项工作格局相适应的制度框架。实践证明，这一领导体制和工作机制，是切实加强党的领导，充分调动各方面积极性，形成反腐败斗争强大合力，将反腐败倡廉工作推向深入的重要保证；它既是对反腐败工作规律性的概括和总结，也是深入开展反腐败斗争，加强党的领导的总要求。同时，我们必须看到，建立和健全反腐败斗争的领导体制和工作机制，是一个在实践中不断完善的过程。要不断完善反腐败法规制度体系，不断拓展反腐败斗争深度广度，推动防范和治理腐败问题常态化、长效化。

三、深入推进反腐败斗争的主要经验

第一，坚持党对反腐败斗争的统一领导。党政军民学，东西南北中，党是

---

① 《十四大以来重要文献选编》中，中央文献出版社2011年版，第210页。
② 《十四大以来重要文献选编》中，中央文献出版社2011年版，第650页。
③ 《江泽民文选》第2卷，人民出版社2006年版，第46页。

第五章　必须经得起改革开放和执政的考验

领导一切的。坚持中国共产党领导，是当代中国最高的政治原则，是中国特色社会主义最本质的特征，也是中国特色社会主义制度的最大优势。反腐败斗争涉及面广，任务繁重，不同主体担负着不同责任，但从根本上讲，加强党的领导，坚持党对反腐败斗争的统一领导，是反腐败斗争取得实效的根本保证。

第二，坚定反腐败斗争必胜的信念和决心。坚定不移惩治腐败，是我们党有力量的表现，也是全党同志和广大群众的共同愿望。要坚定各级党组织和广大党员干部对反腐败斗争必胜的信心和决心，使之自觉投入反腐败斗争中，凝聚起正风反腐的强大力量。要对反腐败斗争的民意有足够信心，充分认识到反腐败斗争顺党心、合民意，有着广泛而坚实的政治基础和群众基础，必将带来多方面正向效应。要对反腐败斗争的光明前景有足够信心，充分认识到反腐败斗争形势虽然依旧严峻复杂，但只要我们党以反腐败永远在路上的坚韧和执着，深化标本兼治，保证干部清正、政府清廉、政治清明，就一定能够跳出历史周期率，确保党和国家长治久安。

第三，坚持用改革的思路办法推进反腐败斗争。在反腐败斗争中，仍存在一些体制机制性障碍和制度漏洞，必须加强规律性研究，深化腐败问题多发领域和环节的改革，从源头上有效防治腐败。必须坚持改革创新，深化纪律监察体制改革，健全党和国家监督体系，推进党内监督和党外监督有机结合。必须善于用法治思维和法治方式治理腐败，完善党内法规制度建设，加强反腐败国家立法。必须坚持和完善反腐败领导体制和工作机制，认真落实党风廉政建设责任制，形成防止和惩治腐败的合力。

第六章

坚决破除一切妨碍科学发展的思想观念和体制机制弊端

党的十六大以后,以胡锦涛同志为主要代表的中国共产党人,团结带领全党全国各族人民,根据新的发展要求,集中全党智慧,在全面建设小康社会进程中推进实践创新、理论创新、制度创新,围绕坚持和发展中国特色社会主义提出一系列紧密相连、相互贯通的新思想、新观点、新论断,形成了科学发展观。科学发展观是马克思主义同当代中国实际和时代特征相结合的产物,深刻认识和回答了新形势下实现什么样的发展、怎样发展等重大问题,使我们党对共产党执政规律、社会主义建设规律、人类社会发展规律的认识达到新高度,是中国特色社会主义理论体系的重要创新成果。在这一时期,我们党贯彻落实科学发展观,"坚决破除一切妨碍科学发展的思想观念和体制机制弊端",创造了科学发展的辉煌业绩,为全面建成小康社会打下了坚实基础。在这一时期,我们党发扬伟大斗争精神,战胜了前进道路上一系列重大挑战,巩固和发展了改革开放和社会主义现代化建设大局。例如,战胜了突如其来的非典疫情,夺

第六章　坚决破除一切妨碍科学发展的思想观念和体制机制弊端

取了抗击汶川特大地震等严重自然灾害和灾后恢复重建的重大胜利，妥善处置了一系列重大突发事件。面对来势凶猛的国际金融危机，科学判断、果断决策，出台并不断完善一揽子应对计划，在全球率先实现经济企稳回升。成功举办北京奥运会、残奥会和上海世博会，兑现了对国际社会的庄严承诺。这一时期，应对急事难事、战胜大灾大难、举办喜事盛事的不平凡历程和生动实践，彰显了中国特色社会主义的强大生命力和巨大优越性，增强了中国人民和中华民族的自豪感和凝聚力。

第一节　必须加快转变经济发展方式

党的十六大首次提出："要在本世纪头二十年，集中力量，全面建设惠及十几亿人口的更高水平的小康社会，使经济更加发展、民主更加健全、科教更加进步、文化更加繁荣、社会更加和谐、人民生活更加殷实。"对我国来说，这二十年是一个必须牢牢把握并且可以大有作为的重要战略机遇期。一方面，随着改革开放的广度和深度进一步拓展，在经济体制上，我国成功实现了从计划经济向市场经济的转变，社会主义市场经济体制已经初步建立起来，正在向着更高水平、更高质量、更加成熟的社会主义市场经济体制迈进。尤其是2003年前后，随着外贸型经济的蓬勃发展，国内市场空间进一步打开，我国经济逐渐具备了平稳快速发展的诸多有利条件。另一方面，世界多极化趋势更加明显，一超多强格局正加速形成，和平与发展的时代潮流成为影响经济全球化的重要因素。科技创新、产业升级、国际经济高度融合发展的大趋势在为我国带来重大历史机遇的同时，为我国市场经济的平稳发展提出严峻挑战。

一、科学发展是解决我国所有问题的关键

2003年，非典的发生和蔓延，为我国经济社会事业均衡发展敲响了警钟。针对市场经济发展过程中存在的城乡发展不平衡、区域发展不协调、公共卫生

读懂伟大斗争

事业发展滞后等现实问题，胡锦涛在广东考察期间提出要坚持"全面的发展观"。2003年8月底9月初，在江西考察期间，胡锦涛明确提出"要牢固树立协调发展、全面发展、可持续发展的科学发展观"[1]。2007年10月，党的十七大首次对科学发展观的价值内涵作出重要阐释，科学发展观"第一要义是发展，核心是以人为本，基本要求是全面协调可持续，根本方法是统筹兼顾"[2]，并将其写入党章。2012年11月，党的十八大把科学发展观同马克思列宁主义、毛泽东思想、邓小平理论、"三个代表"重要思想确立为党的指导思想和行动指南，并载入党章。

将加快转变经济发展方式作为党在新形势下的一项重大战略任务，在本质上与全面贯彻落实科学发展观的重要精神是一个完整的逻辑统一体。转变经济发展方式，归根到底就是为了更充分地实现科学发展；而实现科学发展，必须首先把好转变经济发展方式这个关键抓手。加快转变经济发展方式是党和国家在科学发展观指引下，对实现什么样的发展、怎样发展等一系列问题深入思考和实践创新的重要成果。胡锦涛强调，转变经济发展方式是事关经济发展质量和效益、事关我国经济的国际竞争力和抵御风险能力、事关经济可持续发展和经济社会协调发展的战略问题。[3]全党务必紧抓机遇、直面挑战，主动承担起维护改革发展稳定大局的历史使命和政治责任，"把加快经济发展方式转变作为深入贯彻落实科学发展观的重要目标和战略举措，放在更加重要的位置，坚定不移调结构，脚踏实地促转变"[4]。

2008年国际金融危机爆发后，以胡锦涛同志为主要代表的中国共产党人

---

[1] 《继承发扬党的优良革命传统 加快全面建设小康社会步伐》，《人民日报》2003年9月3日第1版。

[2] 《胡锦涛文选》第2卷，人民出版社2016年版，第623页。

[3] 《打好转变经济发展方式这场硬仗 努力实现经济社会又好又快发展》，《人民日报》2010年3月6日第1版。

[4] 《胡锦涛文选》第3卷，人民出版社2016年版，第342—343页。

第六章 坚决破除一切妨碍科学发展的思想观念和体制机制弊端

深刻认识到,新形势下建立健全我国社会主义市场经济体制,妥善解决内需外需不平衡、投资消费不协调、产业结构不合理、发展方式不可持续等一系列重大问题,要"坚持把经济结构战略性调整作为主攻方向,坚持把科技进步和创新作为重要支撑,坚持把保障和改善民生作为根本出发点和落脚点,坚持把建设资源节约型、环境友好型社会作为重要着力点,坚持把改革开放作为强大动力"①,使加快转变经济发展方式要求贯穿经济社会发展全过程和各领域。要通过不断深化经济体制改革,充分发挥市场在资源配置中的决定性作用,不断完善社会主义市场经济体制框架下的宏观调控体系,为经济社会可持续发展提供强大动力和坚强保障。

二、转变经济发展方式是党在经济发展领域的一场伟大斗争

加快转变经济发展方式,是我们党面对新形势下经济社会发展新特征、新挑战进行的一场伟大斗争。胡锦涛在党的十八大报告中明确指出:"在当代中国,坚持发展是硬道理的本质要求就是坚持科学发展。以科学发展为主题,以加快转变经济发展方式为主线,是关系我国发展全局的战略抉择。"② 转变经济发展方式,务必紧紧抓住全面深化经济体制改革这个关键,牢牢把握经济结构战略性调整的主攻方向,坚持科学发展观,紧抓机遇、勇担使命,敢于斗争、敢于胜利,在斗争中把加快转变经济发展方式作为深入贯彻落实科学发展观、全面深化经济体制改革的重要目标和关键举措,不断提高经济发展效益、社会发展水平和国际竞争能力。

加快转变经济发展方式,是以科学发展应对粗放发展的一场伟大斗争。新形势下,党和国家发展面临的一个现状是,国内出现的各类深层次矛盾全都集中指向了一个问题,即发展的问题。坚持科学发展观,归根到底就是为了通过

---

① 胡锦涛:《深入贯彻落实党的十七届五中全会精神 不断开创中国特色社会主义事业新局面》,《求是》2011年第1期。
② 《胡锦涛文选》第3卷,人民出版社2016年版,第628页。

科学发展的方式，妥善解决党和国家在经济社会发展中面临的各类深层次矛盾。改革开放所带来的经济高速增长与社会治理水平不能满足这种增长需要的矛盾，市场经济条件下资源配置与政府职能转变之间的矛盾，资本集中带来的两极分化趋势与社会主义共同富裕之间的矛盾，以及城乡发展、中东西部区域发展不协调的矛盾，都要求我们坚持科学发展。要实现科学发展，必须首先解决经济结构不合理、产业体系分布不平衡、分配制度不完善的问题。从历史经验来看，推动经济发展方式转变是实现科学发展、可持续发展的充分条件。加快转变经济发展方式，实现经济结构战略性调整，全面深化经济体制改革，是我国总结国内外经济发展经验，深入贯彻落实科学发展观的必由之路。

发展是党执政兴国的第一要务，如何实现高质量发展，推动经济社会发展与人的发展、生态环境保护相协调，加快构建可持续的现代化产业体系，是我们党在新的国内外政治经济形势下必须妥善解决的问题。胡锦涛强调，我国正处于社会主义现代化建设的关键时期，务必"抓住机遇、迎接挑战，保持我国经济社会发展的良好势头，关键是要坚持以科学发展观统领经济社会发展全局，加快转变经济增长方式，推动我国经济社会发展切实转入以人为本、全面协调可持续发展的轨道"[1]。事实证明，经济发展方式的转变，不仅实现了我国经济结构的合理化布局，而且在后金融危机时代各类风险因素增多的情况下，成功解决了我国经济产业结构发展不平衡、不协调的问题，为全面建成小康社会奠定坚实基础。

三、在新的历史条件下加快转变经济发展方式

加快转变经济发展方式，是党中央针对我国经济社会发展面临的各类风险挑战和不稳定因素作出的重大战略部署，是对科学发展观的深入实践，是改革

---

[1]《加快转变经济增长方式　推动经济又快又好发展》，《人民日报》2006年2月23日第1版。

第六章 坚决破除一切妨碍科学发展的思想观念和体制机制弊端

开放这场当代中国伟大的社会革命的重要组成部分。胡锦涛强调:"加快经济发展方式转变是我国经济领域的一场深刻变革,关系改革开放和社会主义现代化建设全局。全党全国必须增强主动性、紧迫感、责任感,深化认识,统一思想,加强规划引导,突出战略重点,明确主要任务,兼顾当前和长远,处理好速度和效益、局部和整体的关系,调动各方面积极性,推动经济发展方式转变不断取得扎扎实实的成效。"①

转变经济发展方式,关键在党。中国共产党是中国特色社会主义事业的领导核心,同时是社会主义市场经济持续健康发展的根本保证。胡锦涛强调,全党要深刻领会和认真贯彻中央关于加快经济发展方式转变的战略思路和决策部署,着眼于增强发展的均衡性、协调性、可持续性,打好转变经济发展方式这场硬仗,努力实现经济社会又好又快发展。②以全面提高党的建设科学化水平为导向,时刻保持全党在经济发展方式转变上的使命感、紧迫感,全力以赴处理好改革发展稳定的各项工作,深入贯彻落实科学发展观,发扬伟大斗争精神,推动经济社会发展实现新突破。

转变经济发展方式,必须加强党员干部队伍建设。政治路线确定之后,干部就是决定的因素。党员干部队伍是实现加快转变经济发展方式,贯彻落实科学发展观的关键因素,是推动实现科学发展、促进社会和谐的中坚力量。要把加快转变经济发展方式、贯彻落实科学发展观重要指示精神的全过程,与坚持党要管党、从严治党充分结合起来。在经济结构调整中,以改革创新精神抓党建,以为民务实清廉要求抓队伍,不断提高干部队伍的思想素质、能力素质和作风素质,使其成为推动加快转变经济发展方式的坚强领导核心。

转变经济发展方式,重点在贯彻落实科学发展观。加快转变经济发展方式,是贯彻落实科学发展观,实现国民经济又好又快发展的根本要求;产业结

---

① 《胡锦涛文选》第3卷,人民出版社2016年版,第342页。
② 《打好转变经济发展方式这场硬仗 努力实现经济社会又好又快发展》,《人民日报》2010年3月6日第1版。

构调整，产业总体布局转变，城乡、区域经济结构融合等，是对科学发展观的具体实践。党的十八大首次提出的"五位一体"总体布局，正是在科学发展观基础上，对加快推进我国经济发展方式转变的系统性总结。如果说科学发展观是加快转变经济发展方式的逻辑起点，那么"五位一体"总体布局就是实现好和维护好经济发展方式转变成果的实践形式。胡锦涛强调，面对新形势新挑战，"必须更加自觉地把全面协调可持续作为深入贯彻落实科学发展观的基本要求，全面落实经济建设、政治建设、文化建设、社会建设、生态文明建设五位一体总体布局，促进现代化建设各方面相协调，促进生产关系与生产力、上层建筑与经济基础相协调，不断开拓生产发展、生活富裕、生态良好的文明发展道路"[①]。这也是我们党领导实现经济发展方式转变的根本追求。

第二节 努力构建社会主义和谐社会

实现社会生产力的解放，实现人的自由而全面的发展，是马克思主义追求的根本价值目标。在马克思主义看来，和谐社会的构建与生产力的解放、人的自由而全面的发展是紧密相连的。社会主义和谐社会，是实现社会生产力高度发展和人的全面解放的必要条件和必然结果，是社会主义国家建设发展的内在要求。恩格斯指出："我们的目的是要建立社会主义制度，这种制度将给所有的人提供健康而有益的工作，给所有的人提供充裕的物质生活和闲暇时间，给所有的人提供真正的充分的自由。"[②] 因此，社会主义和谐社会就其本质而言，是一个"以每一个个人的全面而自由的发展为基本原则的社会形式"[③]，是"全体人民各尽其能、各得其所而和谐相处的社会"[④]。社会主义和谐社会以人的

---

① 《胡锦涛文选》第3卷，人民出版社2016年版，第618—619页。
② 《马克思恩格斯全集》第28卷，人民出版社2018年版，第652页。
③ 《马克思恩格斯全集》第44卷，人民出版社2001年版，第683页。
④ 《十六大以来重要文献选编》中，中央文献出版社2011年版，第716页。

第六章　坚决破除一切妨碍科学发展的思想观念和体制机制弊端

自由而全面的发展为特征，以生产力的高度发展为前提，是科学发展、全面发展、人与人、人与自然、人与社会协调发展的社会主义发展阶段。从根本上看，社会和谐是社会主义社会发展的内在要求和本质属性，是党领导全国人民探索和发展中国特色社会主义事业的重要理论和实践成果。

一、社会和谐是中国特色社会主义的本质属性

2002年11月，党的十六大报告首次将实现"社会更加和谐"作为全面建设更高水平的小康社会的重要目标提了出来。2005年2月，在省部级主要领导干部提高构建社会主义和谐社会能力专题研讨班上，胡锦涛对社会主义和谐社会的科学内涵作了全面阐释，他指出："我们所要建设的社会主义和谐社会，应该是民主法治、公平正义、诚信友爱、充满活力、安定有序、人与自然和谐相处的社会。"[①]2006年10月，在党的十六届六中全会上，胡锦涛进一步将构建社会主义和谐社会与全面推进社会主义现代化建设、实现全面建设小康社会奋斗目标结合起来，提出"以解决人民群众最关心、最直接、最现实的利益问题为重点，着力发展社会事业、促进社会公平正义、建设和谐文化、完善社会管理、增强社会创造活力，走共同富裕道路，推动社会建设与经济建设、政治建设、文化建设协调发展"[②]。这反映了我们党领导人民建立的社会主义和谐社会，实质上就是以解决现实经济社会发展问题为导向，以构建全面协调可持续的科学发展体系和人的自由而全面的发展为追求的社会主义社会发展形态，是针对新形势下中国特色社会主义建设进程中出现的各类风险矛盾进行的伟大斗争和积极探索。

构建社会主义和谐社会体现了中国特色社会主义的本质要求，是其理论和现实发展的必然结果。胡锦涛指出："实现社会和谐，建设美好社会，始终是

---

① 《十六大以来重要文献选编》中，中央文献出版社2011年版，第706页。
② 《十六大以来重要文献选编》下，中央文献出版社2011年版，第650页。

读懂伟大斗争

人类孜孜以求的一个社会理想,也是包括中国共产党在内的马克思主义政党不懈追求的一个社会理想。"① 构建社会主义和谐社会,是在全面推进改革开放、深入推进中国特色社会主义现代化建设进程中的一场伟大的社会革命,体现了我们党坚持把马克思主义基本原理同中国具体实际相结合,反映了党对中国特色社会主义建设规律的新认识,是党在新的历史起点上面向全党、全国开展的一场深刻的社会发展层面的伟大斗争,对于继承和发展马克思主义社会发展理论,继续推进党和人民事业发展具有重要的理论指导意义。

二、构建社会主义和谐社会是新形势下开展伟大斗争的必然选择

构建社会主义和谐社会是抓住和用好重要战略机遇期,实现全面建设小康社会宏伟目标的必然要求。胡锦涛指出:"构建社会主义和谐社会,是我们党从全面建设小康社会、开创中国特色社会主义事业新局面的全局出发提出的一项重大任务,适应了我国改革发展进入关键时期的客观要求,体现了广大人民群众的根本利益和共同愿望。"② 随着改革开放事业的持续深入,我国经济社会发展取得了长足进步,国家面貌发生了翻天覆地的变化,人民的生活水平有了显著提高。但与此同时,我们必须清醒地认识到,一方面,我国仍然处于并将长期处于社会主义初级阶段的基本国情没有变,进一步解放和发展生产力仍然是摆在党和国家面前的一项重大历史任务和政治使命;另一方面,经济快速发展带来的不平衡、不协调、不可持续的问题在短期内难以得到根本解决,各种社会矛盾日益凸显。因此,我们党在带领人民抓住经济社会发展重大历史机遇期的同时,必须处理好改革发展稳定的关系,坚持以经济建设为中心,把构建社会主义和谐社会摆在更加突出的位置。"这既是全面建设小康社会的重要内容,也是实现全面建设小康社会宏伟目标的重要前提。"③

---

① 《胡锦涛文选》第 2 卷,人民出版社 2016 年版,第 279 页。
② 《十六大以来重要文献选编》中,中央文献出版社 2011 年版,第 696 页。
③ 《胡锦涛文选》第 2 卷,人民出版社 2016 年版,第 276 页。

第六章　坚决破除一切妨碍科学发展的思想观念和体制机制弊端

构建社会主义和谐社会是妥善应对复杂多变的国内外斗争形势，打好防范化解各类风险挑战的战略主动战的必然要求。随着世界多极化和经济全球化趋势的不断深入，国际产业发展和转移速度持续加快，国际合作与竞争并存、机遇与挑战并存。在这样复杂多变的国际形势下，我们要保持战略定力，按确定的目标和部署推进工作，抓住机遇、迎接挑战，把国内的事情办好，始终保持国家统一、民族团结、社会稳定局面。"这是我们集中全党全民族智慧和力量、全面推进中国特色社会主义事业的重要保障。"①

构建社会主义和谐社会是恪守立党为公、执政为民理念，打好巩固党的执政基础总体战的必然要求。构建社会主义和谐社会，是中国特色社会主义事业的有机组成部分，是推进全面建设小康社会的重大战略举措，是妥善解决社会主义初级阶段人民内部矛盾、经济社会发展矛盾的实践办法。胡锦涛指出："构建社会主义和谐社会，是我们党坚持立党为公、执政为民的必然要求，是我们党实现好、维护好、发展好最广大人民根本利益的重要体现，也是我们党实现执政的历史任务的重要条件。"② 中国共产党始终坚持权为民所用、情为民所系、利为民所谋，紧紧依靠人民群众，切实关心人民生产生活，始终把实现好、维护好、发展好最广大人民群众的根本利益作为一切工作的根本出发点和落脚点。这就要求我们必须切实将构建社会主义和谐社会作为贯穿中国特色社会主义事业全过程的长期历史任务来抓，自觉承担起构建社会主义和谐社会的责任。

三、构建社会主义和谐社会必须继续发扬伟大斗争精神

党的领导是构建社会主义和谐社会的根本保证。构建社会主义和谐社会，关键在党，关键在于充分发挥党的领导核心作用。胡锦涛强调："构建社会主

---

① 《胡锦涛文选》第 2 卷，人民出版社 2016 年版，第 277 页。
② 《胡锦涛文选》第 2 卷，人民出版社 2016 年版，第 277 页。

读懂伟大斗争

义和谐社会是一项艰巨复杂的系统工程,需要全党全社会长期坚持不懈努力。各级党委和政府要增强使命感和责任感,加强和改善对构建社会主义和谐社会各项工作的领导。"[1]首先,必须坚持党的领导,以顽强毅力和坚定信心持续推动构建社会主义和谐社会。构建社会主义和谐社会"必须坚持在党的领导下全社会共同建设。坚持科学执政、民主执政、依法执政,发挥党的领导核心作用,维护人民群众的主体地位,团结一切可以团结的力量,调动一切积极因素,形成促进和谐人人有责、和谐社会人人共享的生动局面"[2]。其次,必须坚持以增进党内和谐促进社会和谐,不断扩大和保障党内民主以带动人民民主。尤其是在党的内部,各级党组织、党的领导干部之间要形成互相协调、互相配合、互相作用、互相促进的良性工作状态,以良好的党内政治生态,提高领导社会主义和谐社会建设的本领,提高基层党组织工作的科学性、有效性。再次,中国共产党作为中国特色社会主义事业的领导核心,各级领导干部必须坚持加强对社会主义和谐社会理论的学习。要在积极发扬理论联系实际、密切联系群众、批评与自我批评的工作作风中,不断推进马克思主义中国化时代化大众化,充分发扬党的自我革命精神、伟大斗争精神,把党的先进理论伟力转化为构建社会主义和谐社会的实践伟力。

科学发展是构建社会主义和谐社会的内在要求。科学发展与社会和谐是内在统一的。正如社会主义事业的发展必须建立在充分的物质生产条件基础之上,构建社会主义和谐社会,同样需要社会主义市场经济的健康发展。胡锦涛强调:"保持经济持续快速协调健康发展,创造更丰富的社会物质财富,使国家整体实力不断增强,使人民群众生活水平不断提高,是构建社会主义和谐社会的物质基础。"[3]一方面,我们要构建的社会主义和谐社会是使人民群众生产生活需求得到极大满足的社会,而社会生产力的发展水平在很大程度上决定了

---

[1]《胡锦涛文选》第2卷,人民出版社2016年版,第296页。
[2]《十六大以来重要文献选编》下,中央文献出版社2011年版,第652页。
[3]《胡锦涛文选》第2卷,人民出版社2016年版,第287页。

第六章 坚决破除一切妨碍科学发展的思想观念和体制机制弊端

社会和谐的实现层度、发展深度和推进力度。因此，必须坚持用发展的办法解决前进中的问题，不断增强和谐社会建设的物质基础。另一方面，此时期，人民群众日益增长的物质文化需要同落后的社会生产之间的矛盾仍然是我国社会发展的主要矛盾，这是新形势下我国经济社会发展最大的现实，也是构建社会主义和谐社会所面临的最直接的问题。只有始终坚持发展才是硬道理，紧紧抓住发展这个党执政兴国的第一要务，扎扎实实做好构建社会主义和谐社会的各项工作，才能切实增强经济社会发展中的科学调控能力、风险防范能力和可持续发展能力，才能切实解决我国经济社会发展中的突出问题和主要矛盾，真正实现构建社会主义和谐社会的目标。

实现和维护社会公平正义，妥善处理人民内部矛盾是构建社会主义和谐社会的题中应有之义。构建社会主义和谐社会，必须是以促进人的全面而自由的发展为价值目标的。妥善处理人民内部矛盾，实现和维护社会公平正义，充分调动人民群众参与生产生活的积极性、主动性和创造性，是构建社会主义和谐社会的必然要求。胡锦涛指出："正确处理人民内部矛盾，是关系改革发展稳定的全局性课题，是促进社会和谐的基础性工作"[1]，"在促进发展的同时，把维护社会公平放到更加突出的位置"[2]。我们必须坚持将妥善处理人民内部矛盾作为解决发展中遇到的问题的一个重要抓手，正视社会变革过程中所带来的各项矛盾问题，在构建社会主义和谐社会的历史进程中，努力提高正确处理人民内部矛盾的能力和水平，切实实现和维护社会公平正义。

第三节　紧紧依靠人民群众

中国共产党是为人民奋斗的党，一切为了人民、一切依靠人民。胡锦涛

---

[1] 胡锦涛：《论构建社会主义和谐社会》，中央文献出版社2013年版，第200页。
[2]《胡锦涛文选》第2卷，人民出版社2016年版，第291页。

> **读懂伟大斗争**

指出:"来自人民、植根人民、服务人民,是我们党永远立于不败之地的根本。以人为本、执政为民是我们党的性质和全心全意为人民服务根本宗旨的集中体现,是指引、评价、检验我们党一切执政活动的最高标准。全党同志必须牢记,密切联系群众是我们党的最大政治优势,脱离群众是我们党执政后的最大危险。我们必须始终把人民利益放在第一位,把实现好、维护好、发展好最广大人民根本利益作为一切工作的出发点和落脚点,做到权为民所用、情为民所系、利为民所谋,使我们的工作获得最广泛最可靠最牢固的群众基础和力量源泉。"[1]党的十六大后,以胡锦涛同志为主要代表的中国共产党人深入研判国内外经济社会发展态势,提出在新形势下坚持全心全意为人民服务的根本宗旨,关键是要树立以人为本的科学发展观,始终坚持紧紧依靠人民谋发展,"做到谋划发展思路向人民群众问计,查找发展中的问题听人民群众意见,改进发展措施向人民群众请教,落实发展任务靠人民群众努力,衡量发展成效由人民群众评判"[2]。

一、人民拥护是党执政最牢固的政治基础

人民群众是社会历史发展的根本动力。唯物史观认为,人民群众是一切物质财富和精神财富的创造者。相信谁、为了谁,是否始终站在最广大人民的立场上,是区分唯物史观和唯心史观的分水岭,也是判断是否是马克思主义政党的试金石。胡锦涛指出:"人心向背,是决定一个政党、一个政权盛衰的根本因素。马克思主义政党的理论路线和方针政策以及全部工作,只有顺民意、谋民利、得民心,才能得到人民群众的支持和拥护,才能永远立于不败之地。"[3]始终实现好、维护好、发展好最广大人民群众的根本利益,是党一切工作的根本出发点和落脚点。紧紧以人民群众为依靠,坚持立党为公、执政为民的执政

---

[1]《胡锦涛文选》第3卷,人民出版社2016年版,第532页。
[2]《胡锦涛文选》第3卷,人民出版社2016年版,第99页。
[3]《十六大以来重要文献选编》上,中央文献出版社2011年版,第370页。

第六章　坚决破除一切妨碍科学发展的思想观念和体制机制弊端

理念，始终是党在任何历史条件下开展伟大斗争的强大武器。

人民的拥护是我们党最牢固的政治基础和最深厚的力量源泉。胡锦涛强调："一个政党，如果不能保持同人民群众的血肉联系，如果得不到人民群众的支持和拥护，就会失去生命力，更谈不上先进性。我们党的根基在人民、血脉在人民、力量在人民。保持党同人民群众的血肉联系，是我们党无往而不胜的法宝，也是我们党始终保持先进性的法宝。"[1]中国共产党自成立之日起，就自觉地将实现民族独立、人民解放作为奋斗目标。在庆祝中国共产党成立90周年大会上，胡锦涛指出，九十年来，中国共产党始终坚持紧紧依靠人民，完成和推进了三件大事：一是完成了新民主主义革命，实现了民族独立、人民解放；二是完成了社会主义革命，确立了社会主义基本制度；三是进行了改革开放新的伟大革命，开创、坚持、发展了中国特色社会主义。建党九十年来所取得的一切成就，归根到底"是一代一代中国共产党人同人民一道顽强拼搏、接续奋斗的结果"[2]。历史充分证明，党和人民事业能不能顺利进行，中国特色社会主义建设目标能不能充分实现，关键就在于我们党能不能始终做到紧紧依靠人民、团结人民，同人民群众保持血肉联系；能不能真正调动人民群众的积极性、主动性和创造性。

人民群众是实践的主体，是推动中国特色社会主义事业的主体力量。坚持紧紧依靠人民群众搞建设、谋发展，是我们党面对复杂的国内外形势，推进全面建设小康社会的重要保证。党的十六大以来，如何实现经济社会可持续发展、贯彻落实科学发展观，最核心的就是要树立以人为本的发展理念。坚持科学发展，归根到底就是要坚持发展为了人民、发展依靠人民、发展成果由人民共享。在发展中要始终做到尊重人民主体地位，发挥人民首创精神，相信人民、依靠人民、服务人民，切实推动人的全面发展。胡锦涛强调："人民群众

---

[1]《十六大以来重要文献选编》下，中央文献出版社2011年版，第535页。
[2]《胡锦涛文选》第3卷，人民出版社2016年版，第524页。

读懂伟大斗争

是推动科学发展的主体。科学发展取得了多大成效、是否真正实现了，人民群众感受最真切、判断最准确。推动科学发展，必须紧紧依靠人民群众"[1]，"我们党的一切奋斗和工作都是为了造福人民"[2]。

二、紧紧依靠人民群众贯彻以人为本的科学发展观

对客观形势的科学判断，始终是中国共产党坚持与时俱进、推进理论创新的基本前提。从党的十三大提出我国社会主义经济建设"三步走"战略，到党的十五大首次提出"两个一百年"奋斗目标，我国经济社会实现了跨越式发展，面临的社会发展环境也发生了深刻变化。在中央党校2002年春季开学典礼上，时任中央党校校长胡锦涛指出，当今世界和我们所处的时代已经和正在发生巨大而深刻的变化，无论是从国际还是从国内看，都面临许多新情况、新问题。[3] 党的十六大报告明确提出要立足中国现实，顺应时代潮流，强调"发展必须相信和依靠人民，人民是推动历史前进的动力。要集中全国人民的智慧和力量，聚精会神搞建设，一心一意谋发展"[4]。

紧紧依靠人民群众，就要牢固树立以人为本的科学发展理念。"以人为本、执政为民是马克思主义政党的生命根基和本质要求。"[5] 坚持以人为本，是党战胜一切风险挑战，坚定不移推进中国特色社会主义伟大事业最大的政治底气。面对国内外斗争形势的深刻变化，紧紧依靠人民群众，牢固树立以人为本的发展理念，根本地就是要把实现好、维护好、发展好最广大人民群众的根本利益作为一切工作的出发点和落脚点。针对一切损害人民群众切身利益的行为，要

---

[1]《胡锦涛文选》第3卷，人民出版社2016年版，第99页。
[2]《胡锦涛文选》第3卷，人民出版社2016年版，第96页。
[3]《自觉实践"三个代表"重要思想 不断推进中国先进生产力和先进文化的发展》，《人民日报》2002年3月2日第1版。
[4]《十六大以来重要文献选编》上，中央文献出版社2011年版，第11页。
[5]《胡锦涛文选》第3卷，人民出版社2016年版，第475页。

第六章　坚决破除一切妨碍科学发展的思想观念和体制机制弊端

敢于斗争、善于斗争，时刻牢记全心全意为人民服务的根本宗旨，始终尊重人民主体地位，发挥人民首创精神，切实保障人民各项权益。胡锦涛强调："以人为本，体现了马克思主义历史唯物论的基本原理，体现了我们党全心全意为人民服务的根本宗旨和我们推动经济社会发展的根本目的。"① "坚持以人为本，就是要以实现人的全面发展为目标，从人民群众根本利益出发谋发展、促发展，不断满足人民群众日益增长的物质文化需要，切实保障人民群众经济、政治、文化权益，让发展成果惠及全体人民。"②

紧紧依靠人民群众，就要始终把人民群众放在心中最高位置，这是中国共产党光荣的历史传统，是党的性质宗旨的直接体现，是对党的百年奋斗历史经验的深刻总结。把人民群众放在心中最高位置，实质上就是要在发展中向人民学习、倾听人民声音，坚持问政于民、问需于民、问计于民；就是要求党员领导干部牢固树立群众观点和公仆意识，深刻认识到党的最大政治优势是密切联系群众，最大危险是脱离群众，真正把群众工作做深做实做细。胡锦涛在论及党员领导干部与人民群众关系时强调："只有我们把群众放在心上，群众才会把我们放在心上；只有我们把群众当亲人，群众才会把我们当亲人。各级党政机关和干部要坚持工作重心下移，经常深入实际、深入基层、深入群众，做到知民情、解民忧、暖民心。要把基层一线作为培养锻炼干部的基础阵地，引导干部在同群众朝夕相处中增进对群众的思想感情、增强服务群众本领。要把服务群众、做群众工作作为基层党组织的核心任务和基层干部的基本职责，使基层党组织成为推动发展、服务群众、凝聚人心、促进和谐的坚强战斗堡垒。"③

紧紧依靠人民群众，根本方法是牢固树立党的群众观点，贯彻党的群众路线。党的群众观点就是坚持人民至上的观点，就是坚信人民群众自己解放自己、自己发展自己的唯物史观的根本观点。党的群众路线就是坚持一切为了群

---

① 《胡锦涛文选》第3卷，人民出版社2016年版，第4页。
② 《胡锦涛文选》第2卷，人民出版社2016年版，第166—167页。
③ 《胡锦涛文选》第3卷，人民出版社2016年版，第532页。

读懂伟大斗争

众,一切依靠群众,从群众中来、到群众中去,把党的正确主张变为群众自觉行动的路线。群众观点和群众路线是被实践证明了的党夺取各项革命斗争胜利的重要法宝,彰显了人民是创造历史根本动力的历史唯物主义基本观点,体现了"从群众中来、到群众中去"的思想方法和工作方法。2011年2月19日,胡锦涛在省部级主要领导干部社会管理及其创新专题研讨班上明确指出,当前正确把握国内外形势新变化新特点,解决社会管理中的突出问题,关键是"要坚持贯彻党的群众路线,坚持人民主体地位,发挥人民首创精神,坚持问政于民、问需于民、问计于民,充分调动人民群众积极性、主动性、创造性,紧紧依靠人民群众开创新形势下社会管理新局面"①。

三、群众拥护是开展伟大斗争的力量源泉

胡锦涛关于党的群众工作的重要论述,是对新形势下党领导人民开展伟大斗争、推进中国特色社会主义伟大事业的继续和深化。党的十六大后,胡锦涛深刻践行毛泽东、邓小平、江泽民等老一辈党和国家领导人关于党的群众观点、群众路线的重要精神,强调"坚持一切为了群众、一切依靠群众,坚持权为民所用、情为民所系、利为民所谋,坚持把实现好、维护好、发展好最广大人民的根本利益作为我们一切工作的根本出发点和落脚点,是我们做好各项工作的保证,任何时候都不能动摇"②。

坚持立党为公、执政为民的执政理念,为新形势下开展伟大斗争奠定坚实政治基础。坚持立党为公、执政为民,根本地就是要求全体党员尤其是党的各级领导干部要始终恪守党的宗旨原则,牢牢保持同人民群众的血肉联系,以不断实现人民对美好生活的向往为奋斗目标。胡锦涛指出:"建设中国特色社会主义的根本目的是不断实现好、维护好、发展好最广大人民的根本利益,党的

---

① 《胡锦涛文选》第3卷,人民出版社2016年版,第500页。
② 《十六大以来重要文献选编》中,中央文献出版社2011年版,第317页。

第六章 坚决破除一切妨碍科学发展的思想观念和体制机制弊端

理论、路线、纲领、方针、政策和工作必须以符合最广大人民的根本利益为最高衡量标准。"①

坚持权为民所用、情为民所系、利为民所谋的权力观、地位观、利益观，为新形势下开展伟大斗争营造良好政治生态。中国共产党作为马克思主义政党，是由无产阶级的先进分子组成的，它来自人民，它的一切权力都是由人民赋予的。党代表人民行使国家权力，就要自觉践行全心全意为人民服务的宗旨。2007年6月，胡锦涛在中央党校省部级干部进修班上强调，要坚持权为民所用、情为民所系、利为民所谋，真诚倾听群众呼声，真实反映群众愿望，真情关心群众疾苦，多为群众办好事、办实事。②树立正确的权力观，要坚持权为民所赋、权为民所用的马克思主义权力观，清醒认识到自己手中的权力、所处的岗位，是党和人民赋予的，要为党和人民所用。树立正确的地位观，要对人民有感情、对党和国家事业发展有感情，要带着深厚的感情做群众工作，真正做到"思想上尊重群众、感情上贴近群众、工作上依靠群众，深入了解民情，充分反映民意，广泛集中民智，切实珍惜民力，把群众满意不满意作为加强和创新社会管理的出发点和落脚点"③。树立正确的利益观，要始终坚持以人民为中心，同人民群众保持血肉联系，把人民群众的利益放在首位，做到发展为了人民、发展依靠人民、发展成果由人民共享。

树牢"三种意识"，为新形势下开展伟大斗争夯实过硬政治本领。2007年3月8日，胡锦涛在参加十届全国人大五次会议重庆代表团审议时提出，越是形势好了，越要保持清醒头脑；越是条件好了，越要发扬优良传统。各级干部特别是领导干部要进一步增强忧患意识，始终保持开拓进取的锐气；要进一步增强公仆意识，始终牢记全心全意为人民服务的宗旨；要进一步增强节俭意

---

① 《十六大以来重要文献选编》上，中央文献出版社2011年版，第364页。
② 《坚定不移走中国特色社会主义伟大道路 为夺取全面建设小康社会新胜利而奋斗》，《人民日报》2007年6月26日第1版。
③ 《胡锦涛文选》第3卷，人民出版社2016年版，第500页。

识，始终发扬艰苦奋斗的精神。① 这是对党紧紧依靠群众搞建设、贴近群众谋发展理念的重要阐释，是新形势下对党的工作作风、工作方法的新发展。增强忧患意识，就是要时刻保持头脑清醒，做到居安思危、未雨绸缪，时刻准备战胜一切艰难险阻；增强公仆意识，就是要深刻领会"群众利益无小事"的内涵，虚心向人民学习，全心全意为人民服务，从群众中来、到群众中去，始终坚持一切为了人民、一切依靠人民；增强节俭意识，就是要树立正确的发展观，养成合理的消费习惯，营造良好的文化氛围，从而推动社会主义市场经济更好发展。

第四节　积极防范风险

风险是伴随现代社会发展产生的一种特有的社会发展形态。马克思、恩格斯认为，从工业资本主义社会开始，"一切固定的僵化的关系以及与之相适应的素被尊崇的观念和见解都被消除了，一切新形成的关系等不到固定下来就陈旧了"②。可以说，风险是人类社会进入工业经济时代不可避免的。随着社会主义市场经济的不断发展，对内改革、对外开放的力度、广度、深度的不断扩大，我国经济发展和各项社会事业取得举世瞩目的伟大成就，但同时带来了不少风险挑战。这就要求中国共产党不断提高应对风险挑战的能力和水平，不断增强科学执政、民主执政、依法执政的本领。

一、新形势下风险挑战更加严峻

随着改革开放的持续深入，社会主义市场经济的不断发展，世情、国情、党情发生深刻变化。对此，胡锦涛强调："全党必须清醒看到，在世情、国情、

---

① 《胡锦涛吴邦国温家宝贾庆林曾庆红吴官正分别参加审议》，《人民日报》2007年3月9日第1版。
② 《马克思恩格斯选集》第1卷，人民出版社2012年版，第403页。

第六章　坚决破除一切妨碍科学发展的思想观念和体制机制弊端

党情发生深刻变化的新形势下，提高党的领导水平和执政水平、提高拒腐防变和抵御风险能力，加强党的执政能力建设和先进性建设，面临许多前所未有的新情况新问题新挑战，执政考验、改革开放考验、市场经济考验、外部环境考验是长期的、复杂的、严峻的。精神懈怠的危险，能力不足的危险，脱离群众的危险，消极腐败的危险，更加尖锐地摆在全党面前，落实党要管党、从严治党的任务比以往任何时候都更为繁重、更为紧迫。"①

20世纪80年代，邓小平提出"和平与发展是当今世界的两大问题"；党的十三大上，正式提出"和平与发展是当代世界的主题"。然而，随着世界多极化和经济全球化趋势的不断加深，"影响和平与发展的不稳定不确定因素增多，综合国力竞争日趋激烈，我们仍将长期面对发达国家在经济科技等方面占优势的压力"②。这个判断包含两方面内涵。一方面，国际经济合作不断加深，国际总体环境趋向平稳，为我国经济社会发展创造了难得的历史机遇。另一方面，伴随多极化的国际政治格局和全球化的国际经济形势的推进，各种不稳定不确定因素增多；加之我国经济结构仍不健全、产业体系仍不完善等，参与国际竞争的整体实力仍有待加强。

2007年3月，胡锦涛在主持十六届中央政治局第四十次集体学习时指出，当前"我国正处于改革发展的关键时期，经济体制深刻变革，社会结构深刻变动，利益格局深刻调整，思想观念深刻变化"③。经济体制的变革、社会结构的变动和思想观念的变化，必然带来利益格局的调整。这在为我国经济社会发展带来巨大活力的同时，必然会带来各种各样的问题。妥善应对经济社会发展风险，已然成为党和国家必须带领全体人民完成的时代任务。

中国共产党历来不惧怕任何风险挑战，要防范风险、应对挑战，就必须敢于斗争、善于斗争。新形势下，如何有效防范党和国家发展中潜在的政治经济

---

① 《胡锦涛文选》第3卷，人民出版社2016年版，第528页。
② 《胡锦涛文选》第2卷，人民出版社2016年版，第524页。
③ 《胡锦涛文选》第2卷，人民出版社2016年版，第585页。

风险，成为加强党的建设和发展中国特色社会主义事业面临的重大时代课题。对此，胡锦涛强调："形势的发展、事业的开拓、人民的期待，都要求我们以改革创新精神全面推进党的建设新的伟大工程，全面提高党的建设科学化水平。"① 提高风险防范能力，主动应对各类风险挑战，是提高党的建设科学化水平，实现党和国家事业平稳有序发展的必然要求。

二、妥善应对风险挑战是加强党的执政能力建设的重要内容

新形势下，面对前所未有的风险挑战，我们党敢于斗争、敢于胜利，不断创造新的辉煌。胡锦涛强调，面对复杂局势，党的各级领导干部要"全面分析和准确把握世界发展大势，树立世界眼光，加强战略思维，不断提高统筹国内国际两个大局的能力，不断提高把握发展机遇、应对风险挑战的能力，始终掌握发展的主动权"②。胡锦涛着眼长远，从提高党的执政能力和风险防范能力的角度，提出一系列新思想新观点新论断，从战略高度对改革发展中的风险挑战作出积极应对。

妥善应对风险挑战，不断提高党的科学执政水平，是贯彻党的科学执政理念的题中应有之义。2003年2月中下旬开始，中国内地24个省（区、市）先后发生非典疫情，共波及266个县和市（区）。面对严峻的疫情，中共中央、国务院提出沉着应对、措施果断，依靠科学、有效防治，加强合作、完善机制的总体要求，发出奋力夺取抗击非典和促进发展双胜利的号召。国务院先后召开10多次常务会议，研究制定了一系列重要防治措施。4月24日，成立全国防治非典型肺炎指挥部，统一指挥和协调全国防治工作。5月9日，《突发公共卫生事件应急条例》公布实施，将防治工作纳入依法、科学、规范、有序的轨道。在危难时刻和紧要关头，全党全军全国各族人民紧急行动起来，全国

---

① 《胡锦涛文选》第3卷，人民出版社2016年版，第653页。
② 《十七大以来重要文献选编》上，中央文献出版社2009年版，第568页。

第六章　坚决破除一切妨碍科学发展的思想观念和体制机制弊端

一盘棋，群策群力、守望相助，群防群控、联防联控，打响了一场抗击非典的人民斗争。经过不懈努力，逐步有效控制住了非典疫情。从 5 月中旬开始，疫情趋于平缓。6 月 24 日，世界卫生组织宣布解除对北京的旅行警告，中国取得抗击非典的胜利。① 抗击非典，既是对中国综合国力的重大检验和巨大考验，也是广大民众紧急动员、全社会高效运转的胜利。7 月 28 日，在全国防治非典工作会议上，胡锦涛深刻总结了党在抗击非典斗争中的经验教训，指出："我国经济发展和社会发展、城市发展和农村发展还不够协调；公共卫生事业发展滞后，公共卫生体系存在缺陷；突发事件应急机制不健全，处理和管理危机能力不强；一些地方和部门缺乏应对突发事件的准备和能力，极少数党员、干部作风不实，紧急情况下工作不力、举措失当。"② 对此，在党中央的统一部署下，我们加快转变经济发展方式，促进经济社会科学发展，推进决策科学化、民主化、法治化，提高应对各类风险挑战的能力。

妥善应对风险挑战，不断提高党的民主执政水平，是倾听人民呼声、回应群众关切的必然要求。党是为人民执政的党，妥善应对关乎群众生产生活和社会大局稳定的风险挑战，是党践行初心使命的体现。随着改革开放的深入，改革攻坚面临深层次矛盾和问题。具体来讲，人民生活虽然总体上达到小康水平，但收入分配差距拉大的趋势还未根本扭转；协调发展虽然取得显著成绩，但农业基础薄弱，工业产业结构不合理，城乡、区域发展不协调、不充分；虽然社会主义民主政治不断发展，但民主法制建设与扩大人民民主和经济社会发展的要求还不完全适应；等等。胡锦涛强调，由于经济体制深刻变革、社会结构深刻变动、利益格局深刻调整、思想观念深刻变化，由于发展不平衡、不协调、不可持续问题短期内难以根本解决，人民内部各种具体利益矛盾难以避免地会经常地大量地表现出来。虽然人民内部矛盾是在全体人民根本利益一致基

---

① 《中华人民共和国简史》，人民出版社、当代中国出版社 2021 年版，第 302—303 页。
② 《胡锦涛文选》第 2 卷，人民出版社 2016 年版，第 65 页。

础上的矛盾，但必须高度重视，下大气力做好工作，以激发社会活力、增强人民团结，促进党和国家事业更好发展。①

妥善应对风险挑战，不断提高党的依法执政水平，是确保中国特色社会主义事业行稳致远的重要法宝。发展是党执政兴国的第一要务，是解决一切问题的关键。但与此同时，经济社会越是向前发展，我们面临的风险挑战就会越多。胡锦涛强调，改革发展稳定的任务越是繁重，越要增强依法治国、依法执政的自觉性和坚定性，越要注重维护法制的统一和尊严，依法处理和解决各种矛盾和问题，引导和规范各种社会行为，为全面建设小康社会、不断开创中国特色社会主义事业新局面提供有力的法制保证。②2011年3月10日，吴邦国在十一届全国人大四次会议上宣布，以宪法为统帅，以宪法相关法、民法商法等多个法律部门的法律为主干，由法律、行政法规、地方性法规等多个层次的法律规范组成的中国特色社会主义法律体系已经形成。这标志着依法治国、依法执政取得新成就。

三、积极防范风险挑战是新形势下开展伟大斗争的题中之义

中国共产党是中国特色社会主义事业的领导核心，是战胜一切困难和风险的"定海神针"。新形势下，面对世情、国情、党情的深刻变化，胡锦涛反复强调，中国特色社会主义事业发展进入新阶段，党面临的执政考验、改革开放考验、市场经济考验、外部环境考验是长期的、复杂的、严峻的，精神懈怠的危险、能力不足的危险、脱离群众的危险、消极腐败的危险更加尖锐地摆在全党面前，落实党要管党、从严治党的任务比以往任何时候都更为繁重，更为紧迫。

---

① 《扎实做好正确处理人民内部矛盾工作　为经济社会发展创造良好社会环境》，《人民日报》2010年9月30日第1版。
② 《始终坚持依法治国依法执政　提高全社会法制化管理水平》，《人民日报》2004年4月28日第1版。

第六章　坚决破除一切妨碍科学发展的思想观念和体制机制弊端

时刻保持党的先进性，提高党的建设科学化水平，是防范风险挑战的根本保证。提高党的建设科学化水平，是胡锦涛针对新形势下党面临的艰巨历史任务提出来的。在庆祝中国共产党成立 90 周年大会上，胡锦涛对提高党的建设科学化水平作了系统阐述，他指出："我们必须从新的实际出发，坚持以科学理论指导党的建设，以改革创新精神研究和解决党的建设面临的重大理论和实际问题，着眼于全面建设小康社会、加快推进社会主义现代化，全面认识和自觉运用马克思主义执政党建设规律，全面推进党的建设新的伟大工程，不断提高党的建设科学化水平。"① 党的十八大进一步提出提高党的建设科学化水平的"八项任务"：坚定理想信念，坚守共产党人精神追求；坚持以人为本、执政为民，始终保持党同人民群众的血肉联系；积极发展党内民主，增强党的创造活力；深化干部人事制度改革，建设高素质执政骨干队伍；坚持党管人才原则，把各方面优秀人才集聚到党和国家事业中来；创新基层党建工作，夯实党执政的组织基础；坚定不移反对腐败，永葆共产党人清正廉洁的政治本色；严明党的纪律，自觉维护党的集中统一。② 由此可见，提高党的建设科学化水平与增强全党防范风险挑战能力是内在统一的，是党在新形势下开展伟大斗争、增强拒腐防变能力的关键之举。

增强风险意识，提高防范化解风险的能力与水平，是防范风险挑战的内在要求。没有革命的理论，就不会有革命的行动。思想是行动的先导，只有首先树立了科学的风险防范意识，坚定不移地用伟大斗争精神和斗争意志来武装全党，才能够在思想上、行动上统一起来。胡锦涛告诫全党，要"始终忧患在心、准备在先、居安思危、防患未然"③。在经济社会发展过程中，各类风险挑战是不可避免的，这就需要我们党不断适应社会主义事业发展需要，

---

① 《胡锦涛文选》第 3 卷，人民出版社 2016 年版，第 528 页。
② 《胡锦涛文选》第 3 卷，人民出版社 2016 年版，第 654—658 页。
③ 《努力把党的十七大精神落到实处　切实推动经济社会又好又快发展》，《人民日报》2008 年 3 月 6 日第 1 版。

读懂伟大斗争

以改革创新精神加强党的自身建设，与时俱进地加强党的实践创新、理论创新、制度创新，全面提升防范化解重大风险的能力。正如胡锦涛所强调的，面对新形势新问题新挑战，能不能始终带领人民走在时代前列，能不能始终保持同人民群众的血肉联系，能不能始终成为中国特色社会主义事业的坚强领导核心，是对党的最根本的考验。要经受住这个最根本的考验，关键是要坚持以改革创新精神全面推进党的建设新的伟大工程，使党的建设工作更富有时代气息、更富有实际成效。①

牢记"四个一定要"，发扬斗争精神，增强斗争本领，是防范风险挑战的必由之路。党的十七大立足全面建设小康社会关键时期，着眼实现社会主义现代化目标，指出新形势下党和国家事业发展所面临的各类风险挑战是复杂的、严峻的，国内外政治风波、经济风险相互交织、相互影响，是深入推进各项事业、实现全体人民共同富裕必须解决的关键问题。因此，一定要居安思危、增强忧患意识，一定要戒骄戒躁、艰苦奋斗，一定要刻苦学习、埋头苦干，一定要加强团结、顾全大局。②"四个一定要"是党在新的斗争形势下对全党同志提出的能力要求，体现了党对时代变化和经济社会发展要求的准确把握，是党对自身建设规律认识的进一步深化。

中国共产党在应对风险挑战并不断取得胜利的斗争实践中，提高了防范化解风险的能力。2008年初，一场50年来罕见的低温雨雪冰冻灾害袭击了中国南方大部分地区。灾情发生后，中共中央、国务院迅速部署开展大规模抗灾救灾工作，在全社会共同努力下，取得了抗击低温雨雪冰冻灾害斗争的胜利。③面对具有突发性、紧迫性和高度威胁性的低温雨雪冰冻灾害，中国式全民动员又一次发挥了其巨大威力。在严峻的雪灾形势面前，各地区、各部门和

---

① 《以改革创新精神全面推进党的建设 带领人民不断开创事业发展新局面》，《人民日报》2008年2月19日第1版。
② 《胡锦涛文选》第2卷，人民出版社2016年版，第658页。
③ 《中华人民共和国简史》，人民出版社、当代中国出版社2021年版，第303页。

第六章 坚决破除一切妨碍科学发展的思想观念和体制机制弊端

各单位高度重视,通过行政系统进行深入动员,使社区、高校、乡镇、工地和企业迅速进入联合抗灾状态。有大量的社区单位、城市居民、农村群众和普通志愿者在辖区党委和政府的有效动员和组织下,参加了清扫道路积雪的抗灾活动。①2008年5月12日14时28分,四川省汶川县发生了震惊世界的特大地震,引发的崩塌、滑坡、泥石流、堰塞湖等次生灾害举世罕见。大地震后仅1小时,国务院水利部旋即成立抗震救灾指挥部,随后短短几小时内,以时任国务院总理温家宝为总指挥、时任国务院副总理李克强和回良玉为副总指挥的国务院抗震救灾总指挥部成立,指挥部下设救援组、预报监测组等8个工作小组;总指挥部统一领导人员搜救、卫生防疫、震情监测和灾后重建等各项工作,为抗震救灾和灾后重建工作提供了有力的组织保障。震后第14天,党中央作出"建立对口支援机制,举全国之力,加快恢复重建"的决策。到2010年9月底,重建任务基本完成,受灾地区的基础设施和群众的生产生活超过灾前水平,创造了灾后重建的奇迹。在同特大自然灾害的艰苦搏斗中,中华民族和中国人民在中国共产党的领导下展现了敢于斗争、敢于胜利的精神,在抢救生命、重建家园、振兴发展的过程中不断取得胜利。

第五节 深入开展反腐败斗争

中国共产党是马克思主义政党,它的性质和宗旨决定了它是一个以实现全体人民根本利益为价值追求的使命型政党。胡锦涛指出,我们党历来高度重视反腐倡廉工作,特别是在革命、建设、改革的重大历史关头和关键发展阶段,更是高度自觉地把反腐倡廉工作摆在非常重要的位置。② 马克思主义政党的本

---

① 孙晓晖:《风险社会视域下的应急处置与动员研究(1978—2011)》,广东人民出版社2018年版,第119页。
② 《加强以完善惩治和预防腐败体系为重点的反腐倡廉建设 努力为发展中国特色社会主义提供有利条件和坚强保障》,《人民日报》2008年1月16日第1版。

质决定了，必须始终保持党的先进性和纯洁性，必须始终得到人民群众的拥护和支持，这是党的建设重要的历史经验，也是我们开展伟大斗争、夺取伟大胜利的重要条件。人民群众拥护不拥护、支持不支持，就在于中国共产党以及党的各级领导干部能不能够真真切切地回应人民群众的呼声；能不能够做到克己奉公、清正廉洁，立党为公、执政为民。深入开展反腐败斗争，构建反腐倡廉制度体系，成为党实现自身建设目标和价值追求的核心要件。

一、反腐败关系人心向背和党的生死存亡

腐败是伴随社会资源、公共权力而产生的，有着历史、文化、经济、社会、制度、生态等多方面的土壤和条件，是一种复杂的社会现象。在改革开放和社会主义现代化建设新时期，中国经济社会发展迎来历史机遇的同时，面临诸多风险挑战。"摸着石头过河"即是邓小平对这一时期中国推进改革开放伟大实践方法和路径的一个形象表述。我们必须认识到，政治经济体制的变革，社会发展模式的演进，以及党的执政方式的转变在推动经济社会快速发展的同时，由于缺少监督和约束，腐败的产生就难以避免。反腐败斗争既是攻坚战也是持久战，只要存在腐败问题产生的土壤和条件，反腐败斗争就一刻不能停。

腐败损害人民群众的根本利益，影响经济社会发展，同时是对社会公平正义的极大破坏。一方面，腐败行为往往伴随着对社会资源的不公平占有，不利于社会资源的合理分配，会导致资源的浪费和发展机会的流失；另一方面，腐败行为与权钱交易、利益输送相联系，影响社会公平正义，引发社会不稳定。切实有效惩治腐败，深入推进反腐败斗争，构筑拒腐防变制度体系，是党的长期战略、永恒课题。胡锦涛指出，"如果腐败得不到有效惩治，党就会丧失人民信任和支持"，各级领导干部务必时刻牢记，"我们手中的权力是人民赋予的，只能用来为人民谋利益。行使权力就必须为人民服务、对人民负责并自觉接受人民监督，决不能把权力变成牟取个人或少数人私利的工具。各级干部都要自重、自省、自警、自励，讲党性、重品行、作表率，做到立身不忘做人之

第六章　坚决破除一切妨碍科学发展的思想观念和体制机制弊端

本、为政不移公仆之心、用权不谋一己之私，永葆共产党人政治本色"①。

腐败是党长期执政的最大威胁，是推进全面小康社会建设，实现全面建设社会主义现代化国家奋斗目标最大的障碍。胡锦涛强调："历史和现实都表明，一个政党，如果不坚决反对和有效预防腐败，听任腐败现象在党内滋长蔓延，就不可能取得政权，即使取得政权后也不可能保持政权稳定。"②我们党自成立之日起，就旗帜鲜明地开展反腐败斗争。在新的历史条件下，反腐败斗争仍然是全党必须面对的一项重大政治任务。反对腐败、建设廉洁政治，是我们党一以贯之的鲜明政治立场；同时是新形势下，党深入推进自我革命，践行立党为公、执政为民的执政理念的必然要求。

二、构建科学严密完备管用的反腐倡廉制度体系

胡锦涛高度重视党风廉政建设和反腐败斗争，深刻总结党在革命、建设、改革时期开展反腐败斗争的先进经验，提出要从世情、国情、党情出发，认清形势、抓住重点，深刻认识党的反腐败斗争任务的长期性、复杂性和艰巨性，始终以保持马克思主义政党的先进性和纯洁性为目标，在新的历史条件下，深入开展党风廉政建设和反腐败斗争，不断提高党的建设科学化水平。胡锦涛进一步提出在全党深化反腐倡廉建设的目标任务，要求抓紧建立健全与社会主义市场经济体制相适应的教育、制度、监督并重的惩治和预防腐败体系，从源头上不断铲除腐败滋生蔓延的土壤。③

将反腐倡廉作为党的建设的重要组成部分，深入推进反腐倡廉建设。2007年6月25日，在中央党校省部级干部进修班上，胡锦涛强调要把反腐倡廉建设放在更加突出位置。党的十七大将反腐倡廉建设同思想建设、组织

---

① 《胡锦涛文选》第3卷，人民出版社2016年版，第533页。
② 《十六大以来重要文献选编》中，中央文献出版社2011年版，第592页。
③ 《从提高党的执政能力的战略高度　标本兼治加大预防腐败工作力度》，《人民日报》2005年1月12日第1版。

读懂伟大斗争

建设、作风建设、制度建设一起,作为新形势下党的建设重要组成部分,充分显示了党对于清除党内腐败风气,构建风清气正、务实担当的党员干部队伍的决心。党的十七大将反腐倡廉的重要性提到一个新高度,使反腐倡廉工作进一步常态化,体现了我们党对管党治党规律、反腐败斗争规律认识的不断深化。

将加强廉政文化建设作为推进反腐败斗争的关键举措,加快形成拒腐防变教育长效机制,持续构建反腐倡廉制度体系和权力运行监控机制。2005年颁布的《建立健全教育、制度、监督并重的惩治和预防腐败体系实施纲要》明确提出,"大力加强廉政文化建设,积极推动廉政文化进社区、家庭、学校、企业和农村"[1]。党的十七大进一步将廉政文化建设纳入党的反腐倡廉建设体系中,提出要"坚持深化改革和创新体制,加强廉政文化建设,形成拒腐防变教育长效机制、反腐倡廉制度体系、权力运行监控机制"[2]。这表明了我们党不仅积极推进反腐败斗争的制度化、体系化建设,而且坚决筑牢拒腐防变的思想防线,在筑牢思想基础、强化制度建设上下功夫,坚定不移推进党风廉政建设和反腐败斗争。

大力推进反腐败斗争系统化、法治化,建立健全与社会主义市场经济体制相适应的教育、制度、监督并重的惩治和预防腐败体系。2003年1月,胡锦涛在主持中央政治局会议时明确提出,开展党风廉政建设和反腐败斗争的关键是"注重制度建设和创新","从源头上预防和解决腐败问题"[3]。在十六届中央纪委二次全会上,胡锦涛进一步指出,开展党风廉政建设和反腐败工作,要进一步加大惩处力度,依纪依法严厉打击腐败分子;进一步加强和改进党的作风建设,以党风建设带动政风和社会风气的好转;进一步加强思想政治建设,构筑

---

[1]《十六大以来重要文献选编》中,中央文献出版社2011年版,第539页。
[2]《胡锦涛文选》第2卷,人民出版社2016年版,第657页。
[3]《中共中央政治局召开会议 研究部署党风廉政建设和反腐败工作》,《人民日报》2003年1月29日第1版。

第六章 坚决破除一切妨碍科学发展的思想观念和体制机制弊端

牢固的思想道德防线;进一步深化体制改革,建立健全防范腐败体制机制;进一步发展党内民主,加强对领导干部行使权力的制约和监督。① 这就从反腐败制度体系建设、思想道德建设、体制机制改革等方面,为党继续深入开展反腐败斗争提供了一套系统化、法治化的体系,是党在新的历史条件下,为适应复杂多变的社会主义市场经济发展状况作出的反腐败战略部署。党的十六届四中全会将这一体系进一步概括为"坚持标本兼治、综合治理,惩防并举、注重预防,抓紧建立健全与社会主义市场经济体制相适应的教育、制度、监督并重的惩治和预防腐败体系"②。这是我们党对共产党执政规律和反腐倡廉工作规律的最新认识,表明了党的反腐败斗争进入新的历史阶段。

三、在伟大斗争中开创反腐败新局面

深入开展反腐败斗争,全面推进反腐倡廉建设,建立健全以惩治和预防腐败为核心的反腐败斗争体系,是党在新的历史条件下,围绕党的先进性和纯洁性建设作出的重要部署。

深入推进党建工作格局,建立科学的反腐倡廉制度体系。中国共产党是中国特色社会主义事业的领导核心,这就要求必须坚持党要管党、全面从严治党,构建起体系完整、科学严密的反腐倡廉制度体系。此外,还要将党的反腐倡廉建设与党内干部人事制度改革、党的作风建设等问题联系起来,"坚持德才兼备、以德为先用人标准,完善干部选拔任用机制,提高领导班子和领导干部推动科学发展、促进社会和谐能力,培养造就大批优秀年轻干部,健全干部管理机制"③。要保证党的干部队伍能上能下,在实践中,增强政治本领,夯实政治能力。要从严从实推动党的纪律检查机关对反腐倡廉工作的监督检查,严

---

① 《把握大局坚定信心推进党风廉政建设和反腐败工作 为实现全面建设小康社会的宏伟目标提供有力保证》,《人民日报》2003年2月20日第1版。
② 《十六大以来重要文献选编》中,中央文献出版社2011年版,第295页。
③ 《中国共产党第十七届中央委员会第四次全体会议公报》,人民出版社2009年版,第9页。

读懂伟大斗争

肃查处滥用职权、贪污受贿、腐化堕落、失职渎职等群众反映强烈的问题,让腐败分子没有藏身之地。

紧紧依靠人民群众,始终同人民群众保持血肉联系,是我们党开展反腐败斗争最大的政治优势。胡锦涛强调,党的权力是由人民赋予的,"行使权力就必须为人民服务、对人民负责并自觉接受人民监督,决不能把权力变成牟取个人或少数人私利的工具。各级干部都要自重、自省、自警、自励,讲党性、重品行、作表率,做到立身不忘做人之本、为政不移公仆之心、用权不谋一己之私,永葆共产党人政治本色"[1]。开展反腐败斗争,归根到底是为了维护最广大人民群众的根本利益。这就要求我们党必须着力解决人民群众反映强烈的突出问题,持续发力纵深推进反腐败斗争。各级纪检监察机关和广大纪检监察干部要始终坚持以人为本,坚持立党为公、执政为民的执政理念,着力解决发生在群众身边的腐败问题。

坚持求真务实、实事求是的工作作风。求真务实是中国共产党的优良传统和共产党人应当具备的政治品格,是我们党的思想路线的核心内容。胡锦涛强调,全党上下要大力弘扬求真务实精神,大兴求真务实工作作风,始终做到"求我国社会主义初级阶段基本国情之真,务坚持长期艰苦奋斗之实;求社会主义建设规律和人类社会发展规律之真,务抓好发展这个党执政兴国的第一要务之实;求人民群众历史地位和作用之真,务发展最广大人民根本利益之实;求共产党执政规律之真,务全面加强和改进党的建设之实"[2]。

---

[1]《胡锦涛文选》第3卷,人民出版社2016年版,第533页。
[2]《胡锦涛文选》第2卷,人民出版社2016年版,第156页。

第七章

依靠顽强斗争打开事业新天地

进行具有许多新的历史特点的伟大斗争，是全面建设社会主义现代化国家、全面推进中华民族伟大复兴的必然要求。习近平总书记指出："中华民族伟大复兴，绝不是轻轻松松、敲锣打鼓就能实现的，实现伟大梦想必须进行伟大斗争。"[①] 新时代新征程，习近平总书记立足中华民族伟大复兴战略全局和世界百年未有之大变局，反复强调要进行具有许多新的历史特点的伟大斗争，并对斗争内涵、斗争方向、斗争目的、斗争对象、斗争本领等作出深刻阐释，系统回答了"为什么要进行伟大斗争""依靠谁进行伟大斗争""谁来组织伟大斗争""要进行哪些伟大斗争""怎样进行伟大斗争"等问题，丰富和发展了中国特色社会主义理论体系，为新时代开展伟大斗争提供了重要遵循。

---

① 《习近平著作选读》第 2 卷，人民出版社 2023 年版，第 257 页。

读懂伟大斗争

第一节　进行伟大斗争是实现中华民族伟大复兴之路上的必修课

党的十八大以来，国内外形势的变化和我国各项事业的发展充分表明，进行伟大斗争是实现中华民族伟大复兴之路上的必修课，也是必须修好的一门主课。新时代以来，习近平总书记统筹国内国际两个大局，从实现中华民族伟大复兴的战略高度，提出了进行伟大斗争的一系列重要论述，丰富和发展了马克思主义的斗争理论，对于推进马克思主义中国化时代化具有重要理论意义。

一、应对百年未有之大变局必须进行伟大斗争

2017年1月17日，习近平主席在世界经济论坛2017年年会开幕式上，援引英国文学家狄更斯的话"这是最好的时代，也是最坏的时代"来描述当前世界形势。当前，世界百年未有之大变局加速演进，世界多极化、经济全球化深入发展，社会信息化、文化多样化持续推进，新一轮科技革命和产业革命正在孕育成长，同时，各种传统与非传统的国际安全威胁错综复杂、层出不穷。

从政治格局看，冷战结束以后的世界政治格局呈现多极化趋势。以美国为首的西方国家奉行单边主义或是排他性的多边主义，对其他国家进行霸凌和极限施压，将自身的国家利益包装成全球利益，按照自己的意志随心所欲地处理国际事务，威胁大多数国家的主权和利益，破坏世界和平，阻碍人类社会的进步和发展。应对世界多极化新特点，必须敢于斗争、善于斗争。从经济格局看，经济全球化是第二次世界大战以来世界经济发展的重要趋势，但经济全球化也面临着深层次的矛盾和问题。近些年来，"逆全球化"思潮从最初的反全球化抗议活动逐渐升级为一些国家的国家意志和政府政策，单边主义、贸易保护主义大行其道，"黑天鹅""灰犀牛"等事件频繁发生。应对经济全球化新趋势，必须敢于斗争、善于斗争。从科技发展格局看，新一轮科技革命改变了现有发展模式，以空前的广度和深度变革人类生产生活方式。但以美国为首的西方国家大搞垄断打压、技术封锁的科技霸权，危害他国的信息安全、国防安全

和正当发展权益。应对科技革命新挑战,必须敢于斗争、善于斗争。从国际安全格局看,外部安全与发展环境的不确定性不稳定性空前加大,传统安全威胁和非传统安全威胁相互交织,我国面临更为严峻的国家安全形势。应对国际安全格局新变化,必须敢于斗争、善于斗争。党的十八大以来,以习近平同志为核心的党中央团结带领全国各族人民,统筹推进"五位一体"总体布局,协调推进"四个全面"战略布局,取得了丰硕成果,为我们党在新时代进行伟大斗争积累了信心和底气。

二、实现中华民族伟大复兴必须进行伟大斗争

党的二十大报告指出:"从现在起,中国共产党的中心任务就是团结带领全国各族人民全面建成社会主义现代化强国、实现第二个百年奋斗目标,以中国式现代化全面推进中华民族伟大复兴。"实现中华民族伟大复兴是近代以来中国人民最伟大的梦想,它决定了伟大斗争的方向。中国共产党自成立以来,就牢牢肩负起实现中华民族伟大复兴的历史使命。中国共产党的发展史,就是一部为中国人民谋幸福、为中华民族谋复兴的斗争史。

革命战争年代,无数革命先烈流血牺牲,才实现了民族独立、人民解放;新中国成立后,面对西方国家的外部封锁,越是打压越是抬头,逐步建立起独立的比较完整的工业体系,对此后经济发展发挥了重要的促进作用;改革开放和社会主义现代化建设新时期,我国实现了从生产力相对落后的状况到经济总量跃居世界第二的历史性突破,实现了人民生活从温饱不足到总体小康、奔向全面小康的历史性跨越,推进了中华民族从站起来到富起来的伟大飞跃。党的十八大发出了向"两个一百年"奋斗目标进军的时代号召,明确提出在中国共产党成立一百年时全面建成小康社会,在新中国成立一百年时建成富强民主文明和谐的社会主义现代化国家。党的十九大报告对实现第二个百年奋斗目标作出分两个阶段推进的战略安排,明确提出到2035年基本实现社会主义现代化,到21世纪中叶把我国建成富强民主文明和谐美丽的社会主义现代化强国。这

个战略安排,把基本实现现代化的时间比原先提前了15年,首次提出"全面建成社会主义现代化强国"概念,战略目标上增加了"美丽"这一代表生态文明的内容,使现代化的内涵更加全面,并与"五位一体"总体布局相对应。在全面建成小康社会、实现第一个百年奋斗目标的基础上,党的二十大报告对全面建成社会主义现代化强国两步走战略安排进行宏观展望,细化了实现第二个百年奋斗目标的步骤和路径。

中华民族伟大复兴,绝不是轻轻松松、敲锣打鼓就能实现的,实现伟大梦想必须进行伟大斗争。我们正在进行的中国特色社会主义事业是前无古人的开创性事业,前进道路不可能一帆风顺,我们必须准备进行具有许多新的历史特点的伟大斗争。今天,我们比历史上任何时期都更接近、更有信心和能力实现中华民族伟大复兴的目标,同时必须准备付出更为艰巨、更为艰苦的努力。要以居安思危的政治清醒、坚如磐石的战略定力、勇于斗争的奋进姿态,战胜前进道路上的各种艰难险阻。伟大斗争为伟大梦想开辟道路、为伟大工程扫清障碍、为伟大事业化解风险,实现中华民族伟大复兴,必须进行伟大斗争。

三、加强新时代党的建设必须进行伟大斗争

进行伟大斗争是中国共产党长期执政的必然选择。百余年来,中国共产党团结带领中国人民发扬斗争精神,依靠斗争取得了辉煌成就。党的历史就是一部党团结带领人民为实现中华民族伟大复兴而进行伟大斗争的历史。新民主主义革命时期,党领导人民开展以实现民主革命为历史任务的伟大斗争,历经艰难、浴血奋战,推翻三座大山,建立了中华人民共和国;社会主义革命和建设时期,党领导人民开展以实现社会主义革命和建设为历史任务的伟大斗争,实现了从新民主主义到社会主义的历史性转变;改革开放和社会主义现代化建设新时期,中国共产党领导人民开展以推进改革开放、开辟和建设中国特色社会主义为主要历史任务的伟大斗争;中国特色社会主义进入新时代,习近平总书记反复强调伟大斗争的重要性,要求全党充分认识斗争的长期性、复杂

第七章　依靠顽强斗争打开事业新天地

性、艰巨性，发扬斗争精神，提高斗争本领，不断夺取伟大斗争新胜利。恩格斯指出，德国工人要想继续处于无产阶级斗争的前列，"就必须在斗争和鼓动的各个方面都加倍努力"①。习近平总书记告诫全党："全党同志务必不忘初心、牢记使命，务必谦虚谨慎、艰苦奋斗，务必敢于斗争、善于斗争，坚定历史自信，增强历史主动，谱写新时代中国特色社会主义更加绚丽的华章。"②中国共产党要始终赢得人民拥护、巩固长期执政地位，必须持之以恒地把伟大斗争推向深入，依靠顽强斗争打开事业发展新天地。

进行伟大斗争是解决大党独有难题的必然要求。在二十届中央纪委二次全会上，习近平总书记用"六个如何始终"深入阐述"大党必须解决的独有难题"，告诫全党要时刻保持解决大党独有难题的清醒和坚定。当前，斗争形势依然严峻复杂。一些党员干部理想信念不坚定、宗旨意识不强，精神懈怠、不思进取，给党和国家事业发展带来消极影响。习近平总书记指出："没有什么外力能够打倒我们，能够打倒我们的只有我们自己。"③中国共产党人必须牢记初心使命、坚定理想信念，永葆蓬勃朝气、始终走在时代前列，增强忧患意识、责任意识，以更加谦虚的姿态、更加进取的精神和更加自觉的行动，投入党和国家各项事业中去，防范化解各类风险挑战。

第二节　坚持以人民为中心推进伟大斗争

习近平总书记指出："我们讲的斗争，不是为了斗争而斗争，也不是为了一己私利而斗争，而是为了实现人民对美好生活的向往、实现中华民族伟大复

---

① 《马克思恩格斯文集》第 2 卷，人民出版社 2009 年版，第 218—219 页。
② 习近平：《高举中国特色社会主义伟大旗帜　为全面建设社会主义现代化国家而团结奋斗——在中国共产党第二十次全国代表大会上的报告》，人民出版社 2022 年版，第 1—2 页。
③ 《十九大以来重要文献选编》中，中央文献出版社 2021 年版，第 120 页。

读懂伟大斗争

兴知重负重、苦干实干、攻坚克难。"[1] 历史与实践充分证明，人民群众是推动事业发展的力量源泉，是推动社会变革的决定性力量。前进道路上，我们要从人民群众最关心最直接最现实的利益问题入手，同危害人民根本利益的各类风险挑战作坚决斗争，不断增强人民群众获得感幸福感安全感。

一、为了造福人民进行伟大斗争

在庆祝中国共产党成立100周年大会上，习近平总书记指出："中国共产党始终代表最广大人民根本利益，与人民休戚与共、生死相依，没有任何自己特殊的利益，从来不代表任何利益集团、任何权势团体、任何特权阶层的利益。"[2] 历史和实践充分证明，我们党干革命、搞建设、抓改革、促发展，始终坚守人民立场，与一切损害党和人民利益的行为作斗争。

中国特色社会主义进入新时代，党和国家面临的形势之复杂、斗争之严峻、改革发展稳定任务之艰巨世所罕见、史所罕见。但党的根本宗旨没有变，党的初心使命没有变，始终同人民同呼吸、共命运、心连心。习近平总书记指出："为人民而生，因人民而兴，始终同人民在一起，为人民利益而奋斗，是我们党立党兴党强党的根本出发点和落脚点。"[3] 坚持斗争为了人民，就要始终牢记中国共产党的性质宗旨、初心使命。坚守以人民为中心的根本政治立场，与人民风雨同舟、生死与共，始终保持血肉联系，是党战胜一切困难和风险的根本保证。

---

[1] 习近平：《在"不忘初心、牢记使命"主题教育总结大会上的讲话》，《求是》2020年第13期。
[2] 习近平：《在庆祝中国共产党成立100周年大会上的讲话》，《人民日报》2021年7月2日第2版。
[3] 习近平：《在党史学习教育动员大会上的讲话》，《求是》2021年第7期。

第七章　依靠顽强斗争打开事业新天地

二、紧紧依靠人民进行伟大斗争

唯物史观认为，人民群众是历史的创造者，是推动社会发展的根本动力。回顾人类社会发展的历史，无论是从原始社会进入奴隶社会，还是从封建社会过渡到资本主义社会、社会主义社会，都是依靠人民群众的智慧与力量，都是建立在人民群众所创造的社会物质财富和精神财富基础之上的。今天，面对具有许多新的历史特点的伟大斗争，必须紧紧依靠人民群众，尊重人民群众主体地位，发扬斗争精神，一切为了人民，一切依靠人民。

紧紧依靠人民进行伟大斗争，就是要尊重人民首创精神，从人民群众的生活实践中汲取智慧。2020年10月10日，习近平总书记在中央党校（国家行政学院）中青年干部培训班开班式上指出，要尊重群众首创精神，把加强顶层设计和坚持问计于民统一起来，从生动鲜活的基层实践中汲取智慧。[1] 从"枫桥经验"到小岗村大包干，从塞罕坝植树造林到"小木耳、大产业"，新生事物的产生和发展、思想认识的深化和突破、实践经验的创造和积累，无不来自亿万人民的实践和智慧。中国特色社会主义进入新时代，无论是打赢脱贫攻坚战、全面建成小康社会，还是开展抗击新冠疫情人民战争、总体战、阻击战；无论是围绕党的全国代表大会相关工作开展网络征求意见，还是基层治理中加强调查研究、畅通民意渠道，我们党都坚持以人民为中心，紧紧依靠人民，问需于民、问计于民，充分激发蕴藏在人民群众中的创造伟力，在总结群众经验、汇聚群众智慧中获得新认识、作出新概括、形成新成果、推动新发展。

紧紧依靠人民进行伟大斗争，就是要集中力量解决前进道路上的各种困难与挑战。中国特色社会主义进入新时代，我们所面临问题的复杂程度、解决问题的艰巨程度明显加大。这就要求我们紧紧依靠人民，扎实践行以人民为中心的发展思想，把人民群众主体地位贯穿落实到治国理政的各领域各方面。

---

[1]《年轻干部要提高解决实际问题能力　想干事能干事干成事》，《人民日报》2020年10月11日第1版。

习近平总书记强调："人民群众有着无尽的智慧和力量，只有始终相信人民，紧紧依靠人民，充分调动广大人民的积极性、主动性、创造性，才能凝聚起众志成城的磅礴之力。"① 面对前进道路上的各种风险挑战，我们要不忘初心、牢记使命，始终把人民放在心中最高位置，与人民风雨同舟、生死与共，凝聚起亿万人民团结奋进的磅礴力量。

第三节　锻造敢于斗争、敢于胜利的伟大政党

中国共产党是敢于斗争、敢于胜利的伟大政党。中国共产党一经成立，就铭刻着斗争的烙印，一路走来，都是在斗争中求得生存、获得发展、赢得胜利的。敢于斗争、敢于胜利，是中国共产党不可战胜的强大精神力量。

一、中国共产党组织和领导人民进行伟大斗争的历史必然

坚持斗争、不懈斗争、在斗争中前进，是中国共产党人的本色，也是我们党克敌制胜、不断取得胜利的重要法宝。中国共产党百余年的奋斗历史，就是一部"在斗争中诞生、在斗争中发展、在斗争中壮大"的斗争史，斗争精神贯穿革命、建设、改革各个时期。

新民主主义革命时期，中国共产党领导人民进行了艰苦卓绝的斗争，为实现中华民族伟大复兴创造了根本社会条件。1840年鸦片战争以后，中国逐步成为半殖民地半封建社会，中华民族遭受了前所未有的劫难。为了挽救民族危亡，中国人民奋起反抗，各种救国方案轮番出台，但都以失败告终。十月革命一声炮响，给中国送来了马克思列宁主义。1921年7月，中国共产党成立，中国革命的面貌从此焕然一新。以毛泽东同志为主要代表的中国共产党人充分

---

① 习近平：《在纪念红军长征胜利80周年大会上的讲话》，《人民日报》2016年10月22日第2版。

发扬斗争精神，带领中国人民进行艰苦卓绝的英勇斗争。通过开展以"新民主主义革命"为主要内容、以"武装斗争"为主要形式的伟大斗争，推翻了三座大山，成立了中华人民共和国，从根本上改变了中国社会的发展方向。

社会主义革命和建设时期，中国共产党领导人民进行社会主义革命，推进社会主义建设，为实现中华民族伟大复兴奠定了根本政治前提和制度基础。新中国成立后，面对国内外严峻的复杂形势和种种考验，中国共产党领导人民以毫不妥协的斗争精神迎接新的挑战。通过开展以"社会主义革命和建设"为主要内容、以"和平改造""和平建设"为主要形式的伟大斗争，确立了社会主义基本制度，实现了中华民族有史以来最为广泛而深刻的社会变革。

改革开放和社会主义现代化建设新时期，中国共产党领导人民继续探索建设社会主义的正确道路，为实现中华民族伟大复兴提供了体制保障和物质条件。"文革"结束后，中国共产党以敢于斗争的精神打破"两个凡是"的思想桎梏，领导人民推进改革开放的伟大社会革命。通过开展以"改革开放和社会主义现代化"为主要内容、以"对内改革""对外开放"为主要形式的伟大斗争，极大解放和发展了社会生产力，极大增强了社会发展活力，使中国真正赶上了时代。

中国特色社会主义进入新时代，中国共产党带领人民进行具有许多新的历史特点的伟大斗争，解决了许多长期想解决而没有解决的难题，办成了许多过去想办而没有办成的大事，推动党和国家事业发生历史性变革，使中华民族迎来了从站起来、富起来到强起来的伟大飞跃。新的征程上，要实现第二个百年奋斗目标、实现中华民族伟大复兴，必须始终坚持中国共产党领导，敢于斗争、不懈斗争，继续进行具有许多新的历史特点的伟大斗争。

二、中国共产党组织和领导人民进行伟大斗争的坚实基础

中国共产党始终代表最广大人民的根本利益，这是党能够领导伟大斗争的根本所在。民心是最大的政治。中国共产党始终坚持全心全意为人民服务的宗

读懂伟大斗争

旨,坚持党的群众路线,保持同人民群众的血肉联系,坚持人民主体地位,尊重人民首创精神,维护社会公平正义,着力解决发展不平衡不充分问题和人民群众急难愁盼问题,不断实现好、维护好、发展好最广大人民根本利益,团结带领全国各族人民不断为实现美好生活而奋斗。为此,必须坚决反对一切损害人民利益、脱离群众的行为,清除一切损害党的先进性和纯洁性的因素,坚持把党和人民赋予的权力用来为人民谋幸福,永葆共产党人的政治本色。

中国共产党注重实践基础上的理论创新,这是党能够领导伟大斗争的重要方面。马克思、恩格斯在《共产党宣言》中指出:"在实践方面,共产党人是各国工人政党中最坚决的、始终起推动作用的部分;在理论方面,他们胜过其余无产阶级群众的地方在于他们了解无产阶级运动的条件、进程和一般结果。"① 习近平总书记也强调:"拥有马克思主义科学理论指导是我们党坚定信仰信念、把握历史主动的根本所在。"② 中国共产党的奋斗史就是一部不断推进马克思主义中国化时代化的理论创新史。100多年来,我们党不断推进马克思主义中国化时代化,不断推进理论创新、进行理论创造,把马克思主义基本原理同中国具体实际相结合,坚持用马克思主义中国化最新成果武装头脑、指导实践,取得一个又一个斗争的胜利。党的十八大以来,面对国内外形势新变化和实践新要求,必须坚持理论和实践的统一,用中国化时代化的马克思主义来分析问题、解决问题,在新的伟大斗争实践基础上不断推进理论创新。

中国共产党具有马克思主义的斗争精神,这是党能够领导伟大斗争的重要品质。马克思主义是在斗争中发展的,斗争精神是马克思主义固有的理论品格,也是共产主义事业的生命力所在。我们党团结带领全国各族人民夺取新民主主义革命伟大胜利、完成社会主义革命和推进社会主义建设、进行改革开放和社会主义现代化建设、开创中国特色社会主义新时代的奋斗历程表明,只有

---

① 《马克思恩格斯文集》第2卷,人民出版社2009年版,第44页。
② 习近平:《高举中国特色社会主义伟大旗帜 为全面建设社会主义现代化国家而团结奋斗——在中国共产党第二十次全国代表大会上的报告》,人民出版社2022年版,第16页。

不断发扬斗争精神、把握斗争方向、讲求斗争艺术，才能在历经磨难中成长、在攻坚克难中壮大。

中国特色社会主义进入新时代，为了确保我们党始终走在时代前列、始终是全国人民的主心骨、始终是中国特色社会主义事业的坚强领导核心，必须坚定理想信念，必须用好党在百余年奋斗历程中形成的敢于斗争经验，继续敢于进行具有许多新的历史特点的伟大斗争。

三、中国共产党组织和领导人民进行伟大斗争的经验总结

习近平总书记指出，敢于斗争是我们党的鲜明品格。我们党依靠斗争走到今天，也必然要依靠斗争赢得未来。① 中国共产党是在斗争中诞生，并在斗争中走向成熟和强大的马克思主义政党。新时代新征程，我们面临难得机遇，也面临严峻挑战，必须继续发扬斗争精神、掌握斗争策略、练就斗争本领，时刻准备应对重大挑战、抵御重大风险、克服重大阻力、解决重大矛盾，在党的领导下不断夺取新时代伟大斗争新胜利。

中国共产党的坚强领导是夺取伟大斗争胜利的根本保证。党的领导是做好党和国家各项工作的根本保证，是战胜一切困难和风险的"定海神针"。在伟大斗争实践中，坚持党的领导是不可动摇的政治原则。习近平总书记指出："坚持和加强党的全面领导。坚决维护党中央权威和集中统一领导，把党的领导落实到党和国家事业各领域各方面各环节，使党始终成为风雨来袭时全体人民最可靠的主心骨，确保我国社会主义现代化建设正确方向，确保拥有团结奋斗的强大政治凝聚力、发展自信心，集聚起万众一心、共克时艰的磅礴力量。"② 新

---

① 《立志做党光荣传统和优良作风的忠实传人　在新时代新征程中奋勇争先建功立业》，《人民日报》2021年3月2日第1版。
② 习近平：《高举中国特色社会主义伟大旗帜　为全面建设社会主义现代化国家而团结奋斗——在中国共产党第二十次全国代表大会上的报告》，人民出版社2022年版，第26—27页。

读懂伟大斗争

时代新征程，要直面"四大考验""四种危险"，把坚持党的领导与从严管党治党、不断提高党治国理政能力和水平有机统一起来，不断增强党的政治领导力、思想引领力、群众组织力、社会号召力，确保党始终成为中国特色社会主义事业的坚强领导核心。

自我革命是中国共产党团结带领人民夺取伟大斗争胜利的重要法宝。面对纷繁复杂的外部环境变化，我们党要想取得伟大斗争的胜利，就必须坚定不移推进自我革命，始终坚持党要管党、全面从严治党，这是党保持旺盛生机和活力的内在要求。习近平总书记指出："在百年奋斗历程中，党领导人民取得一个又一个伟大成就、战胜一个又一个艰难险阻，历经千锤百炼仍朝气蓬勃，得到人民群众支持和拥护，原因就在于党敢于直面自身存在的问题，勇于自我革命，始终保持先进性和纯洁性，不断增强创造力、凝聚力、战斗力，永葆马克思主义政党本色。"[1] 勇于自我革命，从严管党治党，是我们党最鲜明的品格，也是我们党最大的优势。100多年来，中国共产党始终坚持党要管党、全面从严治党，不断推进自我革命，勇于坚持真理、修正错误，勇于刀刃向内、刮骨疗毒，始终保持肌体健康和生机活力。面向未来，坚定不移推进自我革命，加强先进性和纯洁性建设，提高党的领导水平和执政水平，增强拒腐防变和抵御风险能力，我们党就一定能永葆旺盛生命力和强大战斗力，不断从胜利走向新的胜利。

面向新征程，必须把坚持党的领导和党的自我革命有机统一起来，既以彻底的自我革命精神推进全面从严治党，又在推进伟大斗争中更加坚定地加强党的全面领导，从而切实在党的领导下战胜一切可以预见和难以预见的风险挑战，在夺取伟大斗争胜利过程中不断创造更加光明的美好未来。

---

[1] 习近平：《更好把握和运用党的百年奋斗历史经验》，《求是》2022年第13期。

第七章　依靠顽强斗争打开事业新天地

第四节　积极推进不同领域的伟大斗争

马克思主义认为，斗争性是矛盾的重要特征，斗争无所不在、无时不有。中国特色社会主义进入新时代，我国面临的世情、国情、党情发生了巨大变化，"伟大斗争"也打上了新时代的烙印。习近平总书记指出："当前和今后一个时期，我国发展进入各种风险挑战不断积累甚至集中显露的时期，面临的重大斗争不会少，经济、政治、文化、社会、生态文明建设和国防和军队建设、港澳台工作、外交工作、党的建设等方面都有，而且越来越复杂。"① 新时代新征程，必须发扬斗争精神，持续推进伟大斗争。

一、在经济领域进行伟大斗争

经济领域的斗争主要是指为了维护国家和人民经济利益而进行的斗争，核心是发展问题。目前，我国经济已由高速增长阶段转为高质量发展阶段。然而在新发展阶段，我国依然面临着防范和化解重大经济风险、打赢脱贫攻坚战、优化经济结构等问题。党的十八大以来，以习近平同志为核心的党中央敢于进行伟大斗争来化解经济领域的矛盾和问题，为我国经济持续健康发展保驾护航。

开展防范和化解重大经济风险方面的斗争。经济工作是党的中心工作，能否有效防范和化解重大经济风险，关系到我国全面建成社会主义现代化强国的宏伟目标能否如期变为现实。改革开放以来，我国在经济领域取得快速发展的同时，产生了一系列经济结构性体制性矛盾，发展不平衡、不协调、不可持续问题突出，在增长速度换挡期、结构调整阵痛期、前期刺激政策消化期"三期叠加"的复杂局面下，传统发展模式难以为继，重大经济风险爆发的概率大大增加。为此，以习近平同志为核心的党中央毫不动摇巩固和发展公有制经济，

---

① 《习近平谈治国理政》第3卷，外文出版社2020年版，第226页。

读懂伟大斗争

增强国有经济竞争力、创新力、控制力、影响力、抗风险能力；坚持实施创新驱动发展战略，实施供给侧结构性改革，加快发展现代产业体系，着力解决"卡脖子"问题；完善宏观经济治理，创新宏观调控思路和方式，保障粮食安全、能源资源安全、产业链供应链安全，防范化解经济金融领域风险，防止资本无序扩张，保护广大劳动者和消费者权益。通过一系列防范和化解各种经济风险的机制和措施，我们对重大经济风险进行有效防范和控制，为确保我国经济社会高质量发展提供安全屏障和有利条件。

进行转方式、调结构的斗争。随着经济环境的恶化，我国经济发展面临需求收缩、供给冲击、预期转弱三重压力。因此，党中央要求立足新发展阶段，贯彻创新、协调、绿色、开放、共享的新发展理念，加快构建以国内大循环为主体、国内国际双循环相互促进的新发展格局，与不平衡不充分的发展进行斗争，推动经济高质量发展。党的十八大以来，针对改革开放后一些地方和部门存在片面追求速度规模、发展方式粗放等问题，党中央科学判断我国经济形势，不断深化对经济发展规律的认识，要求积极主动适应和引领经济发展新常态，适应综合国力竞争新形势，以供给侧结构性改革为主线，加大重要领域和关键环节改革力度，推出一批具有重大牵引作用的改革举措，积极稳妥地化解产能过剩等问题，防范和化解金融风险。创新是经济发展的动力。党的十八大以来，我们党把科技创新摆在国家发展全局的核心位置，加快建设创新型国家和世界科技强国，为我国经济发展注入强大动力。实现经济高质量发展，是适应我国社会主要矛盾变化和全面建设社会主义现代化国家的必然要求。为构建新发展格局，实现高质量发展，我们必须进行转方式、调结构的斗争，不断增强我国经济创新力和竞争力，让高质量发展之路越走越宽广。

打赢脱贫攻坚战。"三农"问题长期以来都是党的一切工作的重中之重，让农村贫困人口摆脱贫困是党中央治国理政的最紧要任务。习近平总书记强调："中国是世界上最大的发展中国家，一直是世界减贫事业的积极倡导者和有力推动者。改革开放三十多年来，中国人民积极探索、顽强奋斗，走出了一

第七章　依靠顽强斗争打开事业新天地

条中国特色减贫道路。"① 打赢脱贫攻坚战，是全面建成小康社会的重要任务和要求。党的十八大以来，以习近平同志为核心的党中央站在全面建成小康社会、实现中华民族伟大复兴中国梦的战略高度，把脱贫攻坚摆在治国理政的突出位置，带领全党全国各族人民打响了脱贫攻坚战。从目标看，新时代脱贫攻坚的目标是到 2020 年实现"两个确保"，即确保农村贫困人口实现脱贫，确保贫困县全部脱贫摘帽。2020 年 11 月，贵州宣布最后 9 个深度贫困县退出贫困县序列，这不仅标志着贵州省 66 个贫困县实现整体脱贫，而且标志着国务院扶贫办确定的全国 832 个贫困县全部脱贫摘帽，全国脱贫攻坚目标任务已经完成。从发展战略看，党实施区域协调发展战略和乡村振兴战略，加快推进农业农村现代化，将扶贫同扶志、扶智相结合，实现"造血"与"输血"相协同，形成脱贫和振兴双轮驱动，依托乡村振兴战略巩固脱贫成果。我们党团结带领全国各族人民坚持与贫困作斗争，打赢了脱贫攻坚战，历史性地解决了绝对贫困问题，创造了人类减贫史上的奇迹。

二、在文化领域进行伟大斗争

文化领域的斗争主要是指为了保护和传承本国家本民族的文化传统、保持自身文化定力而进行的斗争，核心是意识形态领域的斗争。2013 年 8 月 19 日，习近平总书记在全国宣传思想工作会议上指出，经济建设是党的中心工作，意识形态工作是党的一项极端重要的工作。他还强调我们正在进行具有许多新的历史特点的伟大斗争，面临的挑战和困难前所未有，必须坚持巩固壮大主流思想舆论，弘扬主旋律，传播正能量，激发全社会团结奋进的强大力量。② 只有敢于在文化领域，尤其是意识形态领域进行伟大斗争，才能加强党中央集中统一领导和巩固社会主义政权。

---

① 《十八大以来重要文献选编》中，中央文献出版社 2016 年版，第 718 页。
② 《胸怀大局把握大势着眼大事　努力把宣传思想工作做得更好》，《人民日报》2013 年 8 月 21 日第 1 版。

读懂伟大斗争

进行掌握意识形态工作领导权的斗争。意识形态是上层建筑，在中国特色社会主义事业中具有重要地位。意识形态关乎旗帜、关乎道路、关乎国家政治安全，因此必须进行伟大斗争。长期以来，意识形态领域存在诸多问题，包括错误的思想认识问题、错误的价值观问题、腐朽落后的文化侵蚀问题，如针对马克思主义出现的"过时论""无用论""有害论"，针对中国特色社会主义出现的"西化论"，针对共产主义远大目标出现的"渺茫论"，等等。党的十八大以来，以习近平同志为核心的党中央准确把握世界范围内思想文化相互激荡、我国社会思想观念深刻变化的趋势，强调意识形态工作是为国家立心、为民族立魂的工作，召开全国宣传思想工作会议、文艺工作座谈会、全军政治工作会议、全国党校工作会议、哲学社会科学工作座谈会、学校思想政治理论课教师座谈会、党史学习教育动员大会、全国宣传思想文化工作会议等，增强了党在意识形态领域的领导权、主动权和话语权，有效扭转了意识形态领域一度出现的被动局面，进一步凝聚了党心民心。习近平总书记语重心长地指出："苏联为什么解体？苏共为什么垮台？一个重要原因就是意识形态领域的斗争十分激烈，全面否定苏联历史、苏共历史，否定列宁，否定斯大林，搞历史虚无主义，思想搞乱了，各级党组织几乎没任何作用了，军队都不在党的领导之下了。最后，苏联共产党偌大一个党就作鸟兽散了，苏联偌大一个社会主义国家就分崩离析了。这是前车之鉴啊！"[①] 这深刻指明了新时代中国共产党牢牢掌握意识形态工作领导权的重要意义。

同各种错误思潮作斗争。一是同歪曲中华优秀传统文化的思潮作斗争。近些年来，国内外部分媒体提出"去马归儒""以儒反马""回归孔孟道统"等主张，认为马克思主义的"异族文化"是中国民族文化传统的断裂和民族精神根基的缺失，提出要"儒化当代中国"。对于这种攻击马克思主义的错误思潮，要予以坚决回击。二是同否定中国革命文化的思潮作斗争。历史虚无主义者利用

---

① 《十八大以来重要文献选编》上，中央文献出版社2014年版，第113页。

第七章　依靠顽强斗争打开事业新天地

一些片面的历史材料，颂扬改良，否定革命的历史进步性；宣扬民族虚无主义；颂扬侵略有功，否定中国人民反侵略的救亡斗争；颠倒对历史人物功过是非的评价；否定中国共产党领导人民进行革命、建设和改革所取得的历史成就。① 中国革命的历史不容否定，中国走上社会主义道路是历史的必然，是人民的选择；革命文化是中国共产党带领人民创造的宝贵精神财富，必须对否定革命文化的思潮予以严厉抵制。三是同攻击中国特色社会主义的思潮作斗争。当前，以美国为首的一些西方国家以意识形态的对立划线，攻击中国共产党和中国特色社会主义制度，极力推销其所谓的普世价值，妄图解构中国的精神支柱和核心价值追求。对此，我们不能被动等待，而要主动出击，旗帜鲜明地进行坚决斗争，揭露西方资本主义意识形态的本质，坚决打赢各种敌对势力对我国发动的没有硝烟的思想战、舆论战，推动意识形态领域形势发生全局性、根本性转变。

三、在社会领域进行伟大斗争

社会领域的斗争主要是指为了维护社会公平正义、维持安定团结有序局面而进行的斗争，核心是解决民生问题。新时代以来，党和国家在社会领域进行了一系列伟大斗争，取得了显著成效。

进行社会体制改革的伟大斗争。党的十八大以来，以习近平同志为核心的党中央将民生体系建设摆在突出位置，通过深化社会体制改革，维护社会公平正义，保障和改善民生，增进人民福祉，扎实推动实现共同富裕。如今，脱贫攻坚取得全面胜利，幼有所育、学有所教、劳有所得、病有所医、老有所养、住有所居、弱有所扶取得明显进展；但同时，城乡区域发展差距和居民收入分配差距依然较大，关系群众切身利益的问题依然较多，需要我们继续突破社会体制改革障碍，统筹推进城乡社会保障体系建设，办好人民满意的教育，实现

---

① 梁柱：《历史虚无主义思潮的泛起、特点及其主要表现》，《马克思主义研究》2013年第10期。

读懂伟大斗争

更高质量的就业,健全基本公共服务体系,提高人民健康水平,加强和创新社会管理。

进行实现共同富裕的伟大斗争。2022年11月17日,习近平主席在亚太经合组织工商领导人峰会上发表书面演讲,指出:"中国古人说:'治国之道,富民为始。'中国已经打赢脱贫攻坚战、全面建成小康社会,现在要继续推进全体人民共同富裕。我们的共同富裕,是要更好满足人民美好生活需要,逐步实现整体富裕、普遍富裕,坚持政府和市场相结合、效率和公平相统一,在做大蛋糕的同时分好蛋糕,打造橄榄型分配结构。"[1]新时代以来,中国共产党团结带领人民打赢了脱贫攻坚的人民战争,取得了重大历史性成就。但从现实情况来看,当前面临的挑战依然严峻。立足新发展阶段,我们要以习近平总书记关于共同富裕的重要论述为指引,将实现全体人民共同富裕摆在更加重要的位置,正确把握新时代社会主要矛盾,直面问题,补齐短板,通过不懈斗争,稳步朝着共同富裕目标迈进。

坚决同破坏法治的行为作斗争。法治是人类文明的重要成果,对于国家治理和社会治理有着普遍意义。当前,中国特色社会主义法治体系建设虽取得了历史性成就,但还存在一些短板和不足:法律规范体系不够完备,重点领域、新兴领域相关法律制度存在薄弱点和空白区;法治实施体系不够高效,执法司法职权运行机制不够科学;法治监督体系不够严密,各方面监督没有真正形成合力;等等。我们要深刻把握社会主义法治的本质,始终坚持人民主体地位,确保人民群众赋予的权力只能用来为人民谋利益。

四、在生态文明建设领域进行伟大斗争

生态文明建设领域的斗争主要是指为了保护生态系统、实现人与自然和谐

---

[1] 习近平:《坚守初心 共促发展 开启亚太合作新篇章》,《人民日报》2022年11月18日第2版。

第七章 依靠顽强斗争打开事业新天地

共生而进行的斗争,核心是正确处理人与自然的关系问题。

同破坏生态环境的行为进行斗争。良好的生态环境是最普惠的民生福祉。人类社会与自然界是一个矛盾的对立统一体。自然界是人类生存的基础,人类必须在尊重规律的基础上改造自然。党的二十大报告指出:"我们坚持绿水青山就是金山银山的理念,坚持山水林田湖草沙一体化保护和系统治理,全方位、全地域、全过程加强生态环境保护,生态文明制度体系更加健全,污染防治攻坚向纵深推进,绿色、循环、低碳发展迈出坚实步伐,生态环境保护发生历史性、转折性、全局性变化,我们的祖国天更蓝、山更绿、水更清。"随着经济的发展,人为导致的资源约束趋紧、环境污染严重、生态系统退化等生态问题日益突出。党的十八大以来,我们党在大气污染防治、水资源保护、土地资源保护、污染废弃物处理、森林资源保护等多个方面进行斗争,有效遏制了破坏生态环境的行为。新征程上,我们必须坚持和加强党对生态文明建设的全面领导,坚定落实以美丽中国建设全面推进人与自然和谐共生的现代化的战略部署。

同自然灾害进行斗争。自然灾害本质上反映了人与自然的关系,人类社会的发展史始终伴随着自然灾害的威胁,自然灾害不会停止也不会被彻底消除。中国地形、气候复杂,自然灾害分布的地域广,自然灾害类型多样,如地震、洪涝、旱灾、低温冷害等。作为世界上自然灾害严重的国家之一,中国一直在同自然灾害进行顽强斗争。2016年7月28日,习近平总书记在河北唐山考察时强调,同自然灾害抗争是人类生存发展的永恒课题。要更加自觉地处理好人和自然的关系,正确处理防灾减灾救灾和经济社会发展的关系,不断从抵御各种自然灾害的实践中总结经验,落实责任、完善体系、整合资源、统筹力量,提高全民防灾抗灾意识,全面提高国家综合防灾减灾救灾能力。① 在同自然灾害作斗争的过程中,我们要充分认识自然灾害的长期性、艰巨性、复杂性,始终把人民群众生命安全和身体健康放在首位,坚持以防为主、多方协同的斗争

---

① 《全面提高国家综合防灾减灾救灾能力》,《人民日报》2016年7月29日第1版。

读懂伟大斗争

策略,在抗御自然灾害方面努力达到现代化水平。

五、在军队建设领域进行伟大斗争

军事手段是维护国家主权、安全和发展利益的重要手段,军事斗争也是我们党在新时代进行伟大斗争必不可少的重要组成部分。当前,我国发展前进中的阻力和压力与日俱增,国家安全形势比历史上任何时期都要复杂。习近平总书记强调:"强国必须强军,军强才能国安。"[①] 新时代只有敢于在军事领域进行伟大斗争,才能有力捍卫国家和人民的安全。

坚持用习近平强军思想指导军事斗争。习近平强军思想蕴含着关于军事斗争方向、军事斗争任务、军事斗争规律、军事斗争方法等深刻的理论内容,丰富了马克思主义关于军事斗争的学说,为我们切实增强军事斗争本领提供了认识论和方法论上的指导。要始终坚持以习近平强军思想为指导,学懂弄通做实党的军事指导理论,掌握马克思主义立场观点方法,夯实敢于斗争、善于斗争的思想根基;始终坚持增强忧患意识和保持战略定力相统一、坚持战略判断和战术决断相统一、坚持军事斗争过程和军事斗争实效相统一,牢牢掌握军事斗争主动权。

研深悟透党中央推进军事斗争的战略意图。"不谋全局者,不足谋一域",正是由于谋全局抓重点思想方法的极端重要性,我们必须善于观大势、谋大事,自觉在大局下想问题、做工作。推进军事斗争准备,必须坚持从政治高度思考和处理军事问题,善于着眼国家利益全局筹划和指导军事行动,坚决服从党中央战略布局统筹军事发展。越是在民族复兴这个关键发展阶段,越要保持战略清醒,增强战略定力。要深刻领会把握中央和军委的战略意图,把军事斗争放在实现中华民族伟大复兴这个大目标下来认识和筹划,始终做到军事服从政治、战略服从政略。要紧紧跟上党中央的思想步伐,用党的意志主张统一斗

[①]《习近平谈治国理政》第 2 卷,外文出版社 2017 年版,第 55 页。

争思想、指导斗争行动、掌控斗争进程，确保党中央的战略意图最终实现。

用攻坚克难的实际行动坚决贯彻落实军事斗争的决策部署。以勇于担当的精神攻坚克难，是进入新时代的通行证，也是斗争精神的集中体现。担当才是忠诚，落实方见本色。全军官兵要提高政治站位，深刻认识"军队首先是一个战斗队"所赋予的职能使命，牢牢把握军事斗争的基本格局、重大原则、战略路径、效果要求，以实践实干实效彰显军事斗争准备的根本价值。要坚持军事斗争准备的龙头地位不动摇，始终聚焦备战打仗，把提高战斗力作为军队发展的出发点和落脚点，统筹推进各项工作。要坚持把中央的军事斗争部署同职责和具体工作结合起来，创造性地贯彻落实，在推进军事斗争准备上有新作为，在提高军事斗争本领上有新进步，在创新军事斗争方法上有新突破，不断拓展深化军事斗争准备，当好国家发展和人民利益的"守护神"。

六、在外交工作领域进行伟大斗争

外交工作领域是涉及国家政权稳定和全球共同发展的重要领域。新时代以来，国际局势急剧变化，国际力量对比深刻调整，单边主义、保护主义、霸权主义、强权政治对世界和平与发展威胁上升，逆全球化思潮抬头，世界进入动荡变革期。面对复杂严峻的国际形势和前所未有的外部风险挑战，中国外交坚定信心、迎难而上，以正确的战略策略牢牢掌握我国发展和安全主动权，采取一系列有力举措构筑起维护国家核心利益和重大利益的坚固防线，进行了具有许多新的历史特点的伟大斗争，打开了外交事业发展新天地。

坚定捍卫国家主权、安全、发展利益。党的十八大以来，以习近平同志为核心的党中央高度重视国家主权问题，坚持从中华民族整体利益的高度，围绕涉台、涉港、涉疆等具体事务与境外分裂势力展开外交斗争。首先，铸牢中华民族共同体意识，旗帜鲜明地与分裂行径作斗争。中华民族共同体是各族人民在长期历史发展中形成的政治上团结统一、文化上兼容并蓄、经济上相互依存、情感上相互亲近，你中有我、我中有你的民族共同体，要引导各族人民牢固树立休戚与共、荣辱与共、生死与共、命运与共的共同体理念。其次，上下齐心，开展反渗透斗争。长期以来，我们党高度重视我国边疆地区的反渗透工作，并展开长久斗争。2015年7月1日，我国颁布并实施《中华人民共和国国家安全法》，为反对境外渗透势力提供了法律依据和行动指南。

与霸权主义、强权政治作坚决斗争，维护世界和平稳定。我国倡导以对话弥合分歧、以合作化解争端，坚决反对一切形式的霸权主义和强权政治，主张以团结精神和共赢思维应对新时代复杂交织的安全挑战，营造公道正义、共建共享的安全格局。此外，我国坚决维护发展中国家的共同利益，积极促进南南合作，倡导南北对话，推动构建国际经济新秩序。新时代新征程，中国必须做好在经济、政治、文化、外交和军事领域进行全方位斗争的准备，维护和践行真正的多边主义，积极推动经济全球化朝着更加开放、包容、普惠、平衡、共赢的方向发展。

七、在党的建设领域进行伟大斗争

伟大的事业必须有坚强的党来领导。党的建设领域的伟大斗争集中在党风廉政建设和反腐败斗争方面。随着改革开放的不断深入，腐败现象滋生蔓延，呈现出顽固性、多发性的特点。党的十八大以来，以习近平同志为核心的党中央对反腐败斗争的长期性、复杂性、艰巨性有了更加全面深刻的认识，把党风廉政建设和反腐败斗争提到关系党和国家生死存亡的高度。习近平总书记指出："当前一些领域消极腐败现象仍然易发多发，一些重大违纪违法案件影响恶劣，反腐败斗争形势依然严峻，人民群众还有许多不满意的地方。党风廉政建设和反腐败斗争是一项长期的、复杂的、艰巨的任务。"① 因此，我们要继续以正风肃纪反腐为重要抓手，坚持一体推进不敢腐、不能腐、不想腐，坚决打赢反腐败斗争攻坚战持久战，努力开创党的建设新局面。

---

① 《习近平谈治国理政》第1卷，外文出版社2014年版，第385—386页。

第七章　依靠顽强斗争打开事业新天地

突出政治引领,强化不敢腐的震慑力。面对长期存在的考验和危险,我们党必须时刻保持解决大党独有难题的清醒和坚定,坚持以严的基调强化正风肃纪,坚定不移推进全面从严治党,切实把思想和行动统一到习近平总书记关于党的自我革命的重要思想上来,永葆党的旺盛生命力和强大战斗力。要以坚持党中央集中统一领导为根本保证,强化党对反腐败工作全覆盖、全方位、全过程的领导,充分发挥党的政治优势、组织优势、制度优势、群众优势、纪律优势,确保党中央牢牢掌握正风肃纪反腐的领导权、主动权。要发挥好纪检监察机关的监督保障执行、促进完善发展作用。纪检监察机关是推进党的自我革命的重要力量,肩负特殊政治责任和光荣使命任务,要主动担起作为党和国家监督专责机关的责任,持续发力、纵深推进反腐败斗争,继续紧盯重点问题、重点领域、重点对象、新型腐败和隐性腐败,把严惩政商勾连的腐败作为攻坚战重中之重,坚决惩治群众身边腐败,集中整治跨境腐败问题,不断提升正风肃纪反腐的实际成效。

完善制度保障,强化不能腐的约束力。党的十八大以来,党中央与时俱进,对《中国共产党纪律处分条例》先后进行三次修订,不断完善纪律规矩;深化国家监察体制改革,构建集中统一、权威高效的国家监察体系,通过施行《中华人民共和国监察法》,实现对所有行使公权力的公职人员监察全覆盖,为打赢反腐败斗争攻坚战持久战提供了坚强制度保障。前进道路上,必须继续扎细扎密扎牢制度的笼子,让权力受到监督和制约,强化不能腐的约束力,铲除不良作风和腐败现象滋生蔓延的土壤。要进一步健全反腐败法规制度,持续推进反腐败国家立法,与时俱进修改监察法,以学习贯彻新修订的《中国共产党纪律处分条例》为契机,开展好集中性纪律教育,推动国家立法和党内法规的纪法贯通、法法衔接;同时,要加强重点法规制度执行情况的监督检查,确保一体遵循、一体执行。

提升思想自觉,强化不想腐的感召力。一体推进不敢腐、不能腐、不想腐,"不想"是根本,必须聚焦思想源头,在不想腐上巩固提升,更加注重正本清源、固本培元。要坚定理想信念，用党的创新理论武装头脑，坚持不懈用习近平新时代中国特色社会主义思想凝心铸魂，在真学真懂真信真用中筑牢信仰之基、补足精神之钙、把稳思想之舵，不断提高政治判断力、政治领悟力、政治执行力，以坚强的政治定力反对腐败、杜绝腐败，从思想上增强党员干部不想腐的"免疫力"和"抵抗力"。要严肃党内政治生活，净化政治生态。不正之风和腐败风腐同源、风腐一体，必须始终以严明纪律改进作风、惩治腐败，推动形成清清爽爽的同志关系、规规矩矩的上下级关系、亲清统一的新型政商关系，促进政治生态山清水秀；此外，还要旗帜鲜明抵制和反对关系学、厚黑学、官场术、"潜规则"等庸俗腐朽的政治文化，自觉抵制商品交换原则对党内生活的侵蚀，坚决防止和反对个人主义、分散主义、自由主义、本位主义、好人主义，筑牢不想腐的思想堤坝。

第五节　务必敢于斗争、善于斗争

在庆祝中国共产党成立100周年大会上，习近平总书记指出："新的征程上，我们必须增强忧患意识、始终居安思危，贯彻总体国家安全观，统筹发展和安全，统筹中华民族伟大复兴战略全局和世界百年未有之大变局，深刻认识我国社会主要矛盾变化带来的新特征新要求，深刻认识错综复杂的国际环境带来的新矛盾新挑战，敢于斗争，善于斗争，逢山开道、遇水架桥，勇于战胜一切风险挑战！"[1]习近平总书记关于伟大斗争的重要论述，不仅是对斗争经验的深刻总结，而且是对未来继续进行伟大斗争的系统深入的思考。新时代新征程，会有更多风险挑战需要战胜，更多艰难险关需要攻克，这就要求我们必须发扬斗争精神，务必敢于斗争、善于斗争。

---

[1] 习近平：《在庆祝中国共产党成立100周年大会上的讲话》，《人民日报》2021年7月2日第2版。

第七章　依靠顽强斗争打开事业新天地

一、发扬斗争精神

斗争精神是马克思主义政党的宝贵理论品格和精神特质。只有全党继续发扬担当和斗争精神，才能实现中华民族伟大复兴的宏伟目标。习近平总书记指出："中华民族伟大复兴绝不是轻轻松松、顺顺当当就能实现的，我们越发展壮大，遇到的阻力和压力就会越大，面临的外部风险就会越多。"① 新时代新征程，我们必须坚持敢于斗争，在发扬斗争精神中把握历史主动，在把握历史主动中进行伟大斗争，把伟大斗争贯穿建设伟大工程、推进伟大事业、实现伟大梦想的始终。发扬斗争精神，就是要坚持敢于斗争，在实践中强化斗争意志。习近平总书记强调："领导干部不论在哪个岗位、担任什么职务，都要勇于担当、攻坚克难，既当指挥员、又当战斗员，培养和保持顽强的斗争精神、坚韧的斗争意志、高超的斗争本领。"②

发扬斗争精神需要在实践中强化斗争意志，淬炼坚毅心态。斗争精神的本质就是一种意志，坚韧不拔、锲而不舍是其核心要义。敢于斗争历来是我们党的鲜明品格，也是对党员干部的内在要求。面对各种风险挑战，广大党员干部必须与之进行坚决斗争，以"踏平坎坷成大道，斗罢艰险又出发"的顽强意志，在斗争中化解矛盾、破解难题。习近平总书记指出："坚定斗争意志，当严峻形势和斗争任务摆在面前时，骨头要硬，敢于出击，敢战能胜。"③ 当前，由于受长期和平环境影响，一些党员干部斗争精神不足、斗争经验缺乏；有的在困难矛盾面前畏难惧进，不敢亮剑；有的党员身份意识淡化，党性原则弱化，甘愿当"好好先生"；等等。针对这些缺乏责任、缺少担当的表现，习近平总书记强调，"坚持原则、敢于担当是党的干部必须具备的基本

---

① 《习近平关于防范风险挑战、应对突发事件论述摘编》，中央文献出版社2020年版，第4页。
② 《习近平谈治国理政》第3卷，外文出版社2020年版，第227—228页。
③ 《习近平谈治国理政》第3卷，外文出版社2020年版，第226页。

读懂伟大斗争

素质"①。坚持原则和敢于斗争是有机统一的,就是在大是大非、风险危机、歪风邪气面前立场坚定、坚持原则、敢于担当、坚决斗争。

发扬斗争精神需要在实践中强化问题意识,勇于战胜一切可以预见和难以预见的风险挑战。习近平总书记指出,我们共产党人的斗争,从来都是奔着矛盾问题、风险挑战去的。②新征程上,我们要增强忧患意识和风险意识,在科学把握世情、国情、党情的基础上,提高风险研判、分析和解决问题的能力。当前,面对云谲波诡的国际形势、复杂敏感的周边环境、艰巨繁重的改革发展稳定任务,绝不能犯战略性、颠覆性错误,必须坚持问题导向、强化问题意识,积极应对前进道路上的各种风险挑战,做到未雨绸缪、有备无患,牢牢把握主动权。

发扬斗争精神需要在实践中加强思想淬炼,坚定政治使命。政治上的坚定源于理论上的清醒。锤炼坚强党性,就是要头脑清醒,立场坚定,牢牢把握斗争方向。习近平总书记指出,共产党人的斗争是有方向、有立场、有原则的,大方向就是坚持中国共产党领导和我国社会主义制度不动摇。③方向决定成败,把握斗争方向是关乎斗争成败的首要问题。广大党员干部在斗争实践中必须坚定政治方向,在事关中国特色社会主义前途命运的大是大非问题上坚定不移,在改革发展稳定工作中敢于碰硬,在全面从严治党上敢于动硬,在维护国家核心利益上敢于针锋相对,不在困难面前低头,不在挑战面前退缩,不拿原则做交易,不在任何压力下吞下损害中华民族根本利益的苦果。

前进道路上,凡是危害中国共产党领导和我国社会主义制度的各种风险挑战,凡是危害我国主权、安全、发展利益的各种风险挑战,凡是危害我国核心

---

① 《习近平谈治国理政》第 1 卷,外文出版社 2018 年版,第 415 页。
② 《发扬斗争精神增强斗争本领　为实现"两个一百年"奋斗目标而顽强奋斗》,《人民日报》2019 年 9 月 4 日第 1 版。
③ 《发扬斗争精神增强斗争本领　为实现"两个一百年"奋斗目标而顽强奋斗》,《人民日报》2019 年 9 月 4 日第 1 版。

第七章　依靠顽强斗争打开事业新天地

利益和重大原则的各种风险挑战，凡是危害我国人民根本利益的各种风险挑战，凡是危害我国实现第二个百年奋斗目标、实现中华民族伟大复兴的各种风险挑战，只要来了，我们就必须进行坚决斗争，毫不动摇，毫不退缩，直至取得胜利。

二、掌握斗争策略

斗争是一门艺术，也是一门关于政党如何更好发挥自身优势的学问。我们党之所以能够在斗争中取得胜利，就是因为注重策略方法，讲求斗争艺术。习近平总书记指出，斗争是一门艺术，要善于斗争。在各种重大斗争中，我们要坚持增强忧患意识和保持战略定力相统一、坚持战略判断和战术决断相统一、坚持斗争过程和斗争实效相统一。① 这一重要论述深刻揭示了斗争的辩证法，是注重策略方法、讲求斗争艺术的重要方法论原则。

坚持增强忧患意识和保持战略定力相统一。"备豫不虞，为国常道。"我们党在内忧外患中诞生，在艰难曲折中成长，在风险考验中壮大，始终有着强烈的忧患意识、持久的战略定力。当前，我国发展面临新的战略机遇，发展的形势总体向好，但"前进道路不可能一帆风顺，越是取得成绩的时候，越是要有如履薄冰的谨慎，越是要有居安思危的忧患，绝不能犯战略性、颠覆性错误"②。一方面，要牢固树立底线思维。习近平总书记指出："我们必须增强忧患意识，坚持底线思维，做到居安思危、未雨绸缪，准备经受风高浪急甚至惊涛骇浪的重大考验。"③ 在任何时候任何情况下，我们在看到事物发展的积极因素的同时，要看到事物发展可能带来的消极影响，坚持底线思维，强化风险意

---

① 《发扬斗争精神增强斗争本领　为实现"两个一百年"奋斗目标而顽强奋斗》，《人民日报》2019年9月4日第1版。
② 《习近平谈治国理政》第3卷，外文出版社2020年版，第73页。
③ 习近平：《高举中国特色社会主义伟大旗帜　为全面建设社会主义现代化国家而团结奋斗——在中国共产党第二十次全国代表大会上的报告》，人民出版社2022年版，第26页。

读懂伟大斗争

识、忧患意识。需要注意的是，坚持底线思维并不是保守被动，被风险吓住不敢作为，而是心中有数、处变不惊，把应对预案准备得更充分更具体。另一方面，要加强理论武装，坚定理想信念。理想信念是共产党人的世界观、价值观和人生观在前进方向和奋斗目标上的具体体现，如果没有强大的理论武装、坚定的理想信念，就可能对党的事业丧失信心。坚定理想信念，是保持战略定力，敢于斗争、善于斗争的根本保证。

坚持战略判断和战术决断相统一。战略判断意指对斗争全局和长远问题的谋划。习近平总书记指出："战略上判断得准确，战略上谋划得科学，战略上赢得主动，党和人民事业就大有希望。"[1] 推进伟大斗争，要善于从战略高度，把握斗争方向，在充分认识和把握事物发展规律的基础上，通过历史看现实，透过现象看本质，找到事物之间的内在联系，正确处理好局部与全局的关系，科学评判大势，作出正确的战略规划。2019 年 5 月 21 日，习近平总书记在推动中部地区崛起工作座谈会上强调："领导干部要胸怀两个大局，一个是中华民族伟大复兴的战略全局，一个是世界百年未有之大变局，这是我们谋划工作的基本出发点。"[2] 新时代中国特色社会主义是全面发展、全面进步的事业，只有站在时代前沿和战略全局的高度，才能在解决突出问题中实现战略突破，在把握战略全局中推进各项工作。战术决断指的是依据战略判断采取的具体的斗争决策。当前，斗争领域广泛而深刻，斗争类型复杂而多样，斗争形势紧迫而尖锐。我们要根据形势需要，及时调整斗争策略，提高斗争艺术。战略判断决定和统摄战术决断，并对战术决断的主要任务、发展方向起制约和支配作用；战术决断则是对战略判断的实际运用和具体实施，二者相互统一，相互依赖，缺一不可。在新时代伟大斗争中，要坚持战略判断和战术决断相统一，坚持有理有利有节，在原则问题上寸步不让，在策略问题上灵活机动，准确把握斗争

---

[1]《习近平谈治国理政》第 2 卷，外文出版社 2017 年版，第 10 页。
[2]《习近平谈治国理政》第 3 卷，外文出版社 2020 年版，第 77 页。

第七章　依靠顽强斗争打开事业新天地

的时、度、效，夺取新时代伟大斗争新胜利。

坚持斗争过程和斗争实效相统一。斗争的前途是光明的，道路是曲折的，这就要求我们必须充分认识斗争过程的长期性、复杂性、艰巨性，做好付出更为艰巨、更为艰苦的努力的准备。正如习近平总书记所指出的，"中国特色社会主义不是从天上掉下来的，是党和人民历尽千辛万苦、付出巨大代价取得的根本成就"①。因此，要充分认识和把握斗争的必然性和规律性，迎难而上，在复杂严峻的斗争过程中经风雨、见世面、壮筋骨。斗争实效是评判斗争成败的根本标准。在实践中，要及时对照斗争实效，总结斗争经验，吸取斗争教训，及时调整斗争策略，掌握斗争主动，在敢于斗争中争取更大胜利。

三、增强斗争本领

党在新时代进行的伟大斗争要讲求斗争方法，不断增强斗争本领。

抓主要矛盾和矛盾的主要方面，这是马克思主义唯物辩证法的要求。辩证唯物主义认为，矛盾具有普遍性，存在于一切事物发展过程之中。社会是在矛盾运动中前进的，有矛盾就会有斗争。斗争贯穿整个中国特色社会主义伟大事业之中，涉及各个领域、各条战线。习近平总书记指出，我们要有全局观，对各种矛盾做到了然于胸，同时又要紧紧围绕主要矛盾和中心任务，优先解决主要矛盾和矛盾的主要方面，以此带动其他矛盾的解决，抓住社会主要矛盾和中心任务带动全局工作。②党的十八大以来，以习近平同志为核心的党中央正确把握我国社会主要矛盾的变化，领导推进新时代具有许多新的历史特点的伟大斗争。十九大更是明确新时代我国社会主要矛盾是人民日益增长的美好生活需要和不平衡不充分的发展之间的矛盾，进一步明确了斗争的重点和方向。新征程上，要深刻认识我国社会主要矛盾变化带来的新特征新要求，深刻认识错综

---

① 《习近平谈治国理政》第 2 卷，外文出版社 2017 年版，第 36 页。
② 《继续把党史总结学习教育宣传引向深入　更好把握和运用党的百年奋斗历史经验》，《人民日报》2022 年 1 月 12 日第 1 版。

读懂伟大斗争

复杂的国际环境带来的新矛盾新挑战,紧紧围绕主要矛盾和中心任务,优先解决主要矛盾和矛盾的主要方面,以此带动其他矛盾的解决,从而实现伟大斗争目标。

坚持有理有利有节,根据形势需要,及时调整斗争策略,把战略坚定性和策略灵活性结合起来。中国共产党是公认的斗争高手,在历史上特别是在革命战争年代,积累了一整套关于斗争规律、斗争艺术和斗争本领的经验做法。尽管时代发生了变化,但这些经验做法经过创造性发展和转化,依然具有重要指导意义。今天,我国进入发展关键期、改革攻坚期、矛盾凸显期,面临的国内外形势更为严峻和复杂。在这样的形势下,实现我们党确定的目标任务,光有勇气是不够的,盲打莽撞是不可能取得胜利的。这就要求我们在各种重大斗争中,坚持增强忧患意识和保持战略定力相统一、坚持战略判断和战术决断相统一、坚持斗争过程和斗争实效相统一。"善战者,求之于势。"对大局和大势的准确把握,历来是我们赢得斗争的先决条件。对领导干部来说,要谋子之前先谋势、着眼全局看局部,同时决断和行动要又快又准,精准把握斗争进程、判断出招时机,将斗争的主动权牢牢掌握在自己手中。

团结一切可以团结的力量,调动一切积极因素。团结奋斗是中国共产党和中国人民最显著的精神标识。百余年来,我们党坚持用理想信念凝聚全党共识,坚持在斗争中增进团结统一。习近平总书记指出:"要发扬斗争精神,敢于斗争、善于斗争,根据形势变化及时调整斗争策略,团结一切可以团结的力量,调动一切积极因素,不断夺取具有许多新的历史特点的伟大斗争新胜利。"[1] 面对前进道路上的各种风险挑战,必须把握好斗争和团结的关系,团结一切可以团结的力量,调动一切积极因素,在斗争中争取团结,在斗争中谋求合作,在斗争中争取共赢。

---

[1] 习近平:《在全国抗击新冠肺炎疫情表彰大会上的讲话》,《人民日报》2020年9月9日第2版。

第七章　依靠顽强斗争打开事业新天地

斗争本领不是与生俱来的，只有在斗争中才能学会斗争，在斗争中才能成长提高。习近平总书记指出："加强干部斗争精神和斗争本领养成，着力增强防风险、迎挑战、抗打压能力，带头担当作为，做到平常时候看得出来、关键时刻站得出来、危难关头豁得出来。"① 新时代新征程，党员干部要在复杂严峻的斗争中经风雨、见世面、壮筋骨，着力增强推动高质量发展本领、服务群众本领、防范化解风险本领，着力增强防风险、迎挑战、抗打压能力，练就敢于斗争、善于斗争的硬脊梁、铁肩膀、真本事，在与各种困难和风险的斗争中冲锋在前、建功立业，继续敢于进行具有许多新的历史特点的伟大斗争。

---

① 习近平：《高举中国特色社会主义伟大旗帜　为全面建设社会主义现代化国家而团结奋斗——在中国共产党第二十次全国代表大会上的报告》，人民出版社2022年版，第66—67页。

读懂伟大斗争

结 语

一部马克思主义发展史就是一部斗争史,是同各种敌对势力和错误思潮的斗争中过来的;一部中国共产党的百余年奋斗史,同样是一部伟大斗争史。中国共产党在内忧外患中诞生、在历经磨难中成长、在攻坚克难中壮大,斗争精神贯穿于各个历史时期和全部奋斗实践。历史反复证明,敢于斗争、善战能胜,是中国共产党的制胜法宝和精神密码。习近平总书记在党的二十大报告中强调:"全党同志务必不忘初心、牢记使命,务必谦虚谨慎、艰苦奋斗,务必敢于斗争、善于斗争,坚定历史自信,增强历史主动,谱写新时代中国特色社会主义更加绚丽的华章。"新时代新征程,我们必须把握伟大斗争新的历史特点,发扬斗争精神,坚定斗争意志,掌握斗争规律,增强斗争本领,不断夺取新时代伟大斗争新胜利。

推进伟大斗争,必须充分认识斗争的长期性、复杂性、艰巨性。习近平总书记强调必须勇于进行具有许多新的历史特点的伟大斗争,指出:"'新的历史特点'这个概念,含义是很深刻的,是全面审视和判断国内国际两个大局发展大势得出的重要判断。"[1] 我们要从国内国际两个大局发展大势出发,深刻把握伟大斗争新的历史特点,充分认识伟大斗争的长期性、复杂性、艰巨性。其

---

[1]《习近平著作选读》第 1 卷,人民出版社 2023 年版,第 129 页。

结　语

一，要充分认识长期性。从世情来看，世界百年未有之大变局加速演进，世界之变、时代之变、历史之变正以前所未有的方式展开。从国情来看，我国社会主要矛盾已经转化为人民日益增长的美好生活需要和不平衡不充分的发展之间的矛盾，但我国仍处于并将长期处于社会主义初级阶段的基本国情没有变，我国是世界最大发展中国家的国际地位没有变。解决发展不平衡不充分的问题，不断缩小同世界先进水平的差距，必须进行长期不懈的努力。从党情来看，党面临的执政考验、改革开放考验、市场经济考验、外部环境考验将长期存在，精神懈怠危险、能力不足危险、脱离群众危险、消极腐败危险将长期存在，全面从严治党永远在路上，党的自我革命永远在路上。可见，我们面临的各种斗争不是短期的而是长期的，至少要伴随我们实现第二个百年奋斗目标全过程。其二，要充分认识复杂性。新征程上，我国发展面临新的战略机遇、新的战略任务、新的战略阶段、新的战略要求、新的战略环境，需要应对的风险和挑战、需要解决的矛盾和问题比以往更加错综复杂。党的二十大报告提出："我国改革发展稳定面临不少深层次矛盾躲不开、绕不过，党的建设特别是党风廉政建设和反腐败斗争面临不少顽固性、多发性问题，来自外部的打压遏制随时可能升级。我国发展进入战略机遇和风险挑战并存、不确定难预料因素增多的时期，各种'黑天鹅'、'灰犀牛'事件随时可能发生。"错综复杂的风险和挑战、矛盾和问题对进行伟大斗争提出了更高要求。其三，要充分认识艰巨性。我们比以往任何时候都更接近实现中华民族伟大复兴的目标。但也要认识到，越接近民族复兴越不会一帆风顺，越会充满风险挑战，甚至会遇到难以想象的惊涛骇浪。可以说，我们现在所处的，是一个船到中流浪更急、人到半山路更陡的时候，是一个愈进愈难、愈进愈险而又不进则退、非进不可的时候。我们务必敢于斗争、善于斗争，有效应对重大挑战、抵御重大风险、克服重大阻力、化解重大矛盾、解决重大问题。当危害中国共产党领导和我国社会主义制度，危害我国主权、安全、发展利益，危害我国核心利益和重大原则，危害我国人民根本利益，危害我国实现第二个百年奋斗目标、实现中华民族伟大复兴

读懂伟大斗争

的各种风险挑战来临时，我们必须敢于出击，敢于碰硬，敢战能胜。

推进伟大斗争，必须增强进行伟大斗争的信心和底气。"夫战，勇气也。"信心就是勇气，有信心才会有力量。党的二十大报告提出："坚持发扬斗争精神。增强全党全国各族人民的志气、骨气、底气，不信邪、不怕鬼、不怕压，知难而进、迎难而上，统筹发展和安全，全力战胜前进道路上各种困难和挑战，依靠顽强斗争打开事业发展新天地。"今天，面对具有许多新的历史特点的伟大斗争，我们有信心、有底气、有把握赢得伟大斗争新胜利。其一，信心来自中国共产党的坚强领导。习近平总书记指出，风雨袭来时，党的坚强领导、党中央的权威是最坚实的靠山。[①] 中国共产党是敢于斗争、善于斗争并在斗争中锻炼成长起来的政党。中国共产党的坚强领导是我们战胜一切困难和风险的根本保证。党的百余年奋斗史表明，在党的坚强领导下，我们能够克服一切艰难险阻、战胜一切强大敌人。新征程上，我们要深刻领悟"两个确立"的决定性意义，增强"四个意识"、坚定"四个自信"、做到"两个维护"，坚决维护党中央权威和集中统一领导，不断增强党的政治领导力、思想引领力、群众组织力、社会号召力，从容应对各种复杂局面和风险挑战，不断赢得伟大斗争新胜利。其二，信心来自习近平新时代中国特色社会主义思想的科学指引。理论是行动的先导。理论上清醒，政治上才能坚定，斗争才有底气、有力量。习近平总书记在党的二十大报告中强调："实践告诉我们，中国共产党为什么能，中国特色社会主义为什么好，归根到底是马克思主义行，是中国化时代化的马克思主义行。拥有马克思主义科学理论指导是我们党坚定信仰信念、把握历史主动的根本所在。"新征程上，我们要坚持用习近平新时代中国特色社会主义思想武装头脑、指导实践、推动工作，战胜前进道路上各种风险挑战。其三，信心来自中国特色社会主义制度的显著优势。制度优势是一个国家的最大

---

① 《充分发挥全面从严治党引领保障作用　确保"十四五"时期目标任务落到实处》，《人民日报》2021年1月23日第1版。

优势，制度竞争是国家间最根本的竞争。中国特色社会主义制度是当代中国发展进步的根本制度保障，是具有鲜明中国特色、明显制度优势、强大自我完善能力的先进制度。正是依靠中国特色社会主义制度的显著优势，我们党领导人民创造了经济快速发展和社会长期稳定两大奇迹。新征程上，要坚持发挥中国特色社会主义制度的显著优势，善于运用制度力量应对风险挑战冲击，确保在世界百年未有之大变局中始终立于不败之地，不断从胜利走向胜利。其四，信心来自全国人民团结奋斗的磅礴伟力。团结奋斗是中国人民创造历史伟业的必由之路。党和人民取得的一切成就都是团结奋斗的结果，团结奋斗是中国共产党和中国人民最显著的精神标识。党的十八大以来，以习近平同志为核心的党中央坚持大团结大联合，团结一切可以团结的力量，调动一切可以调动的积极因素，攻克了许多长期没有解决的难题，办成了许多事关长远的大事要事，党和国家事业取得历史性成就、发生历史性变革。新征程上，只要在党的领导下全国各族人民团结一心、众志成城，敢于斗争、善于斗争，我们就一定能够战胜前进道路上的一切风险挑战，继续创造令人刮目相看的新的奇迹。

推进伟大斗争，必须抓住新时代伟大斗争的主攻方向。其一，要以坚强战略定力应对外部风险挑战。当今世界正处于大发展大变革大调整时期，经济全球化潮流不可阻挡。但同时，全球发展失衡、治理困境、公平赤字等问题更加突出，一些国家逆全球化思潮涌动、保护主义和内顾倾向抬头，我国应对外部风险、维护国家安全和利益的压力与挑战前所未有。面对百年未有之大变局，以习近平同志为核心的党中央敢于斗争、善于斗争，坚决反对形形色色的保护主义和霸权主义，坚决维护自由贸易和多边贸易体制，努力为实现中华民族伟大复兴创造安定和平的国际环境。实现中华民族伟大复兴是一项长期而艰巨的历史任务，完成这一任务必然要经历一个漫长而艰巨的历史过程。必须进一步增强战略定力，以昂扬斗志进行伟大斗争，应对来自外部的各种风险、压力和挑战，更加自觉地维护我国主权、安全、发展利益。其二，要以强大政治勇气在改革中攻坚克难。中国特色社会主义进入新时代，我们党以前所未有的决心和力度推进全面深化改革。事实证明,改革开放是决定当代中国命运的关键一招,也是决定实现"两个一百年"奋斗目标、实现中华民族伟大复兴的关键一招。随着改革进入攻坚期和深水区,发展中的问题和发展起来后的问题、一般矛盾和深层次矛盾、有待完成的任务和新提出的任务交织叠加。改革愈向前推进,愈要触及深层次矛盾和问题,愈要勇于逢山开路、遇水架桥。必须以永不懈怠的精神状态和一往无前的奋斗姿态进行伟大斗争,以更大的政治勇气和智慧攻坚克难,着力解决改革发展进程中遇到的各种矛盾、问题和阻力。要更加自觉地投身改革创新时代潮流,敢于啃硬骨头,敢于涉险滩,坚决破除一切顽瘴痼疾;要更加自觉地防范化解各种风险,坚决战胜一切在政治、经济、文化、社会等领域和自然界出现的困难和挑战;要更加自觉地坚持党的领导和社会主义制度,旗帜鲜明地同一切削弱、歪曲、否定党的领导和社会主义制度的错误言行作坚决斗争,以强大政治勇气将改革进行到底。其三,要以自我革命精神推进全面从严治党。党的十八大以来,以习近平同志为核心的党中央一以贯之、坚定不移推进全面从严治党,党内政治生态展现新气象,反腐败斗争取得压倒性胜利,全面从严治党取得重大成果。但也应看到,反腐败斗争形势依然严峻复杂,全面从严治党依然任重而道远。实现中华民族伟大复兴,要求党必须勇于直面问题,敢于刀刃向内,以自我革命的精神同党内各种错误言行作斗争,消除一切损害党的先进性和纯洁性的因素,更加自觉地维护人民利益。要把党的政治建设摆在首位,坚持作风建设永远在路上,深刻认识反腐败斗争的长期性、复杂性、艰巨性,以"猛药去疴、重典治乱"的决心,以"刮骨疗毒、壮士断腕"的勇气,坚决把党风廉政建设和反腐败斗争进行到底。

推进伟大斗争,必须把握开展新时代伟大斗争的方法路径。在全面建设社会主义现代化国家、向第二个百年奋斗目标进军的新征程上,我们必须增强忧患意识,坚持底线思维,坚定斗争意志,增强斗争本领,以正确的战略策略应变局、育新机、开新局,依靠顽强斗争打开事业发展新天地,不断夺取新时代伟大斗争的新胜利。其一,要增强忧患意识,坚持底线思维。这是我们党战胜

结　语

风险挑战、不断从胜利走向胜利的重要思想方法、工作方法。党的二十大报告提出:"我们必须增强忧患意识,坚持底线思维,做到居安思危、未雨绸缪,准备经受风高浪急甚至惊涛骇浪的重大考验。"面对云谲波诡的国际形势、复杂敏感的周边环境、艰巨繁重的改革发展稳定任务,要防患未然,未雨绸缪,宁可把形势想得更复杂一点,把挑战看得更严峻一些,把困难估计得更充分一些,做好应对复杂局面的准备。时刻保持高度警惕,既要高度警惕"黑天鹅"事件,也要防范"灰犀牛"事件;既要有防范风险的先手,也要有应对和化解风险挑战的高招;既要打好防范和抵御风险的有准备之战,也要打好化险为夷、转危为机的战略主动战。其二,要坚定斗争意志,增强斗争本领。习近平总书记指出:"在重大风险、强大对手面前,总想过太平日子、不想斗争是不切实际的,得'软骨病'、患'恐惧症'是无济于事的。"[1] 党的二十大报告提出:"加强干部斗争精神和斗争本领养成,着力增强防风险、迎挑战、抗打压能力,带头担当作为,做到平常时候看得出来、关键时刻站得出来、危难关头豁得出来。"前进道路上,广大党员干部要坚定斗争意志,敢于直面风险挑战,以坚韧不拔的意志和无私无畏的勇气战胜前进道路上的一切艰难险阻。努力克服能力不足、本领恐慌,积极投身斗争一线,善于在斗争中学会斗争,牢牢掌握斗争主动权,以顽强斗争精神、高超斗争本领,奋力在新的赶考路上交出优异答卷。其三,要坚定战略自信,保持战略定力。战略问题是一个政党、一个国家的根本性问题。党和人民的事业之所以始终立于不败之地,一个重要原因就在于我们党战略上判断得准确,战略上谋划得科学,战略上赢得主动。前进道路上,我们既要有任凭风浪起、稳坐钓鱼船的战略自信,又要有千磨万击还坚劲、任尔东西南北风的战略定力,做到在各种重大斗争考验面前不畏浮云遮望眼、乱云飞渡仍从容。把战略的坚定性和策略的灵活性结合起来,既善于从战略高度和全局维度思考处理问题,又善于从策略上解难题,灵活调整斗争策

---

[1]《习近平著作选读》第 2 卷,人民出版社 2023 年版,第 558 页。

略,努力追求斗争实效,不断夺取新时代伟大斗争的新胜利。

当前,我们比历史上任何时期都更接近实现中华民族伟大复兴的目标,比历史上任何时期都更有信心、更有能力实现这个目标。同时要看到,中华民族伟大复兴绝不是轻轻松松、敲锣打鼓就能实现的,仍面临许多重大挑战、重大风险、重大阻力、重大矛盾,必须用好党的敢于斗争经验,继续敢于进行具有许多新的历史特点的伟大斗争,在夺取伟大斗争胜利过程中不断创造更加光明的美好未来。

后　记

《读懂伟大斗争》一书系国家社科基金重大招标项目"中国共产党百年奋斗中坚持敢于斗争经验研究"（22ZDA015）的阶段性成果。本书的立意、构思和相关观点都得益于课题组的多次学术交流和研讨，得益于课题组成员富有创见的思想观点的启发。

本书在撰写过程中，中山大学马克思主义学院博士生邹志鹏、李鹍鹏、邹再金、周红梅、吴肖兵、廖亮、于雅茹、王梦雪、殷艺娜，博士后陈金龙，硕士生李思涵、查骏晟、林孜行、刘天骊，参与了课题调研、资料收集、部分初稿撰写、后期统稿和校对工作，感谢他们的辛勤付出。

本书在撰写过程中，得到多位领导和学界前辈的关心指导，在此表示感谢。

笔者在写作过程中参阅了相关文献及著作，在此谨向这些作者致以衷心的感谢！

本书的出版得到了人民日报出版社领导和编辑的大力支持，在此表示谢意。

本书在繁忙的教学和科研工作之余完成，由于水平和能力有限，书中难免有疏漏和谬误之处，敬请理论界各位专家学者批评指正。

张　浩

2024年3月